ニューウェーブ昇任試験対策シリーズ

イラストでわかりやすい

擬律判断・刑法

〔第2版〕

ニューウェーブ昇任試験対策委員会　著

管理職・警部・警部補・巡査部長・副主査・主任
記述式試験対策・SA対策

東京法令出版

序　　　文

◇　窃盗か強盗か。窃盗か詐欺か。未遂か既遂か。共同正犯の刑責を負うか。

警察官は現場で判断が求められます。的確な判断力は、様々な事例の想定と結論をイメージすることによって養われます。

◇　本書は、現場の警察官が直面する事例をピックアップしました。左ページのイラストを見ながら、「自分ならどうする」とイメージトレーニングをしてください。実務能力のワンランクアップを約束します。

◇　また、本書は昇任試験対策にも有効です。実務能力の向上と昇任試験対策は「車の両輪」です。実務と試験を両立しながら勉強してください。必ず良い結果が出ます。

◇　今回、改訂に当たり、近時の判例や質疑を踏まえ、事例や解説を大幅に追加しました。

旧版同様、本書が皆さんの役に立てれば、これ以上の喜びはありません。

令和６年２月

ニューウェーブ昇任試験対策委員会

目　次

総　論

正当防衛

緊急避難

故　意

自　首

未　遂

罪　数

共同正犯

教唆・幇助

各　　論

窃 盗 罪

強　盗　罪

事後強盗罪

詐 欺 罪

総　　論

第36条・正当防衛

1　正当防衛の意義

急迫不正の侵害に対し、自己又は他人の権利を守るために、やむを得ず行った防衛行為を正当防衛（刑法36条）という。

仮に、防衛行為によって相手に傷害等を与えた場合であっても、当該防衛行為が刑法第36条の要件を充足している限り、正当防衛として違法性が阻却され、犯罪は成立しない。

2　正当防衛と緊急避難

正当防衛が、不正な侵害に対する防衛行為であることに対し、緊急避難は、危機に直面した場合において、自己又は第三者の法益を守るために、善良な第三者の財産等を犠牲にして避難することをいい、正当防衛が「正対不正」であるのに対し、緊急避難は「正対正」となる。

3　正当防衛の成立要件

⑴　急迫不正の侵害

ア　「急迫」の意義

法益の侵害が現に存在しているか、又は直前に迫っていることをいう。したがって、過去の侵害に対する正当防衛は許されず、また、未来の侵害に対して反撃行為を行うことも正当防衛にならない。

ただし、威力のある防犯施設を設置する場合、同施設が、現に発生した不正な侵害に対して相当な効果を発揮するものであれば許される。

イ　「不正」の意義

不正とは、違法であればよく、有責である必要はない。したがって、責任能力がない精神病者や触法少年による侵害行為に対しても、正当防衛が成立する。

なお、正当防衛は「不正な侵害」に対して成立するものであるから、人の行為でなければならず、動物の攻撃や天災等の自然現象に対する防御は正当防衛にならない（この場合には緊急避難となる。）。

ウ　侵害の意義

侵害とは、生命・身体に危険を生じさせる違法な行為をいい、故意、過失を問わない。

この場合の侵害行為は、作為、不作為を問わないが、積極的な侵害行為でなければならない。

不作為による積極的な侵害行為とは、他人の住居から正当な理由なく退去しない場合などのことをいう。

エ　やむを得ずにした行為

急迫不正の侵害に対する防衛行為が、自己又は他人の権利を守るために必要最小限度であること。

ただし、反撃行為によって相手に重傷を負わせた場合であっても、正当防衛は、緊急避難と違って「補充の原則」、「法益の権衡の原則」は適用されないことから、正当防衛として違法性が阻却される。

なお、防衛行為が相当な範囲を超えた場合は、過剰防衛（刑法36条２項）として、刑の任意的減軽、免除の対象となるにすぎない。

4　盗犯等防止法における正当防衛の特例

⑴　第１条第１項

窃盗犯人や住居侵入犯人と鉢合わせし、自己又は他人の生命、身体又は貞操を守るために犯人を殺傷した場合は、刑法第36条第１項の防衛行為とみなされる。

⑵　第１条第２項

自己又は他人の生命、身体又は貞操に対する現在の危険がない場合であっても、恐怖等によって犯人を殺傷した場合には、これを罰しない。

ただし、この規定は、恐怖等によって行われた誤想防衛のみに適用され、現在の危険についての誤想がない場合には、適用されない。

正当防衛と緊急避難の差異

	正当防衛	緊急避難	両者の異同	
切迫性	侵害の「急迫」性	危難の「現在」性	同	現に法益が侵害されていること、又はその危険が切迫していることをいい、両者とも同じ意味に解されている。
対象	不正の侵害	危難	異	正当防衛は「正対不正」の関係、緊急避難は「正対正」の関係である。
保護法益	自己又は他人の権利	自己又は他人の生命・身体・自由・財産	同	第37条は例示列挙と解されており、保全法益について両者に差異はない。
補充の原則	なし	あり	異	緊急避難では、他人の法益を侵害する以外にとるべき方法がなかったことを要する。正当防衛では、侵害を避けられたとしても、これを避ける必要はない。
法益権衡の原則	緩やか	厳格	異	緊急避難では、「保全しようとした法益≧侵害された法益」であることが必要。正当防衛は、両者が著しく不均衡でなければ認められる。
行為	防衛行為	避難行為	異	防衛行為は侵害者に対する反撃の場合に限られる。緊急避難はそのような限定はない。

<刑法ノート>

第36条・正当防衛

第１項　急迫不正の侵害に対して、自己又は他人の権利を防衛するため、やむを得ずにした行為は、罰しない。

第２項　防衛の程度を超えた行為は、情状により、その刑を減軽し、又は免除することができる。

1　正当防衛の意義

①　急迫不正の侵害に対し、

②　自己又は他人の権利を防衛するため、

③　やむを得ずにした行為

については、正当防衛として、違法性が阻却される。

2　急迫不正の侵害とは

○　急迫とは、法益の侵害が現に存在するか、目前に迫っていることをいう。

○　不正とは、違法性があればよく、有責性は必要ない。

○　侵害とは、人の行為に限られ、災害や動物からの避難は緊急避難となる。

3　やむを得ずにした行為とは

防衛行為が、必要最小限度であることをいう。ただし、正当防衛は、不正な侵害に対する防衛行為であることから、緊急避難に必要とされる、「補充の原則」、「法益の権衡の原則」は必要とされない。

4　過剰防衛の意義

情状により、その刑を減軽し又は免除することができる（任意的減免事由）。

5　関係判例

○　口論からけんかに発展した場合であっても、全般的に観察してやむを得ずにした防衛行為であれば、その防衛行為が正当防衛となる場合もある（最判昭32.1.22）。

○　当事者相互が、初めから攻撃する意思をもって闘争した場合、あたかも正当防衛のような外観を有していても、正当防衛にはならない（最判昭23.7.7）。

○　警察官の逮捕を免れようとして棒を振り上げ、襲いかかってきた窃盗犯人に対し、転倒した警察官が発砲した場合、正当防衛に当たる（東京高判昭32.11.11）。

○　面識のない者が侵入してきたことから防ごうとして両肩を押した結果、相手が転倒して負傷した場合でも、侵入を防ごうとした行為は正当防衛に当たるから、暴行罪を構成しない（東京高判昭62.1.20）。

○　いったん平穏に入室した場合でも、退去を求められてからは住居の平穏が害され、急迫の不正の侵害があることから、これを退去させる行為は、正当防衛に当たる（東京高判昭62.1.20）。

【暴行を受けていすを突き出した】

居酒屋で飲んでいた甲に、隣の席のAが因縁をつけてきたので口論となり、激高したAが陶器の皿をつかんで殴りかかってきたので、甲がとっさに店のいすを突き出したところ、いすがAの顔に当たり、Aが軽傷を負った。甲の行為は、正当防衛に当たるか。

関係判例

口論からけんかに発展した場合であっても、全般的に観察してやむを得ずにした防衛行為であれば、その防衛行為が正当防衛となる場合もある（最判昭32.1.22）。

論文答案例

1　結　論

正当防衛である。

2　争　点

○　とっさにいすを突き出して傷害を負わせた行為が正当防衛に当たるか。

○　正当防衛に当たる場合、甲の行為は過剰防衛になるか。

3　法的検討

(1)　正当防衛の意義

①　急迫不正の侵害に対し、

②　自己又は他人の権利を防衛するため、

③　やむを得ずにした行為

については、正当防衛として、違法性が阻却される。

(2)　急迫不正の侵害とは

○　急迫とは、法益の侵害が現に存在するか、目前に迫っていることをいう。

○　不正とは、違法性があればよく、有責性は必要ない。

○　侵害とは、人の行為に限られ、災害や動物からの避難は緊急避難となる。

(3)　やむを得ずにした行為とは

防衛行為が、必要最小限度であることをいう。ただし、正当防衛は、不正な侵害に対する防衛行為であることから、緊急避難に必要とされる、「補充の原則」、「法益の権衡の原則」は必要とされない。

(4)　過剰防衛の意義

情状により、その刑を減軽し又は免除することができる（任意的減免事由）。

4　関係判例

口論からけんかに発展した場合であっても、全般的に観察してやむを得ずにした防衛行為であれば、その防衛行為が正当防衛となる場合もある（最判昭32.1.22）。

5　事例検討

○　事例の場合、上記法的検討、関係判例から、正当防衛に当たる。

○　甲は、暴行を受けた際に、とっさにいすを突き出した結果、いすが相手の顔に当たって軽傷を与えたのであるから、過剰防衛にはならない。

【ナイフで反撃した】

暴走族の甲は、仲の悪いAが「甲をつぶす」と宣言していることを知り、反撃用のナイフを携帯していたところ、道路で鉢合わせしたAが殴ってきたので、甲はナイフを突き出してAの腕に傷害を与えた。甲の行為は、正当防衛に当たるか（銃刀法違反は別論）。

関係判例

当事者相互が、初めから攻撃する意思をもって闘争した場合、あたかも正当防衛のような外観を有していても、正当防衛にはならない（最判昭23.7.7）。

論文答案例

1　結　論

正当防衛ではない。

2　争　点

甲が、反撃する意思をもって凶器を携帯し、傷害を負わせた場合、正当防衛に当たるか。

3　法的検討

(1)　正当防衛の意義

①　急迫不正の侵害に対し、

②　自己又は他人の権利を防衛するため、

③　やむを得ずにした行為

については、正当防衛として、違法性が阻却される。

(2)　急迫不正の侵害とは

○　急迫とは、法益の侵害が現に存在するか、目前に迫っていることをいう。

○　不正とは、違法性があればよく、有責性は必要ない。

○　侵害とは、人の行為に限られ、災害や動物からの避難は緊急避難となる。

(3)　やむを得ずにした行為とは

防衛行為が、必要最小限度であることをいう。ただし、正当防衛は、不正な侵害に対する防衛行為であることから、緊急避難に必要とされる、「補充の原則」、「法益の権衡の原則」は必要とされない。

(4)　過剰防衛の意義

情状により、その刑を減軽し又は免除することができる（任意的減免事由）。

4　関係判例

当事者相互が、初めから攻撃する意思をもって闘争した場合、あたかも正当防衛のような外観を有していても、正当防衛にはならない（最判昭23.7.7）。

5　事例検討

事例の場合、甲は、当初から闘争の意思をもって武器を携帯し、相手の攻撃に対して反撃を行ったのであり、上記法的検討、関係判例のとおり、甲の行為は、正当防衛に該当しない。

【バットで殴ってきたのでけん銃で撃った】

雑居ビルの警報装置が作動し、警察官甲が急行したところ、外国人の男Aがいきなりバットで殴ってきたのでとっさに避けたが、その際、転倒した甲をAが更にバットで殴ってきたので、甲は身の危険を感じてけん銃を発射し、Aを負傷させた後、逮捕した。甲の行為は、正当防衛に当たるか。

関係判例

警察官の逮捕を免れようとして棒を振り上げ、襲いかかってきた窃盗犯人に対し、転倒した警察官が発砲した場合、正当防衛にあたる（東京高判昭32.11.11)。

論文答案例

1　結　論

正当防衛に当たる。

2　争　点

バットで襲われた際に、警察官甲がけん銃を発砲し、Aに傷害を負わせた場合、甲の行為は正当防衛に当たるか。

3　法的検討

(1)　正当防衛の意義

①　急迫不正の侵害に対し、

②　自己又は他人の権利を防衛するため、

③　やむを得ずにした行為

については、正当防衛として、違法性が阻却される。

(2)　急迫不正の侵害とは

○　急迫とは、法益の侵害が現に存在するか、目前に迫っていることをいう。

○　不正とは、違法性があればよく、有責性は必要ない。

○　侵害とは、人の行為に限られ、災害や動物からの避難は緊急避難となる。

(3)　やむを得ずにした行為とは

防衛行為が、必要最小限度であることをいう。ただし、正当防衛は、不正な侵害に対する防衛行為であることから、緊急避難に必要とされる、「補充の原則」、「法益の権衡の原則」は必要とされない。

(4)　過剰防衛の意義

情状により、その刑を減軽し又は免除することができる（任意的減免事由）。

4　関係判例

警察官の逮捕を免れようとして棒を振り上げ、襲いかかってきた窃盗犯人に対し、転倒した警察官が発砲した場合、正当防衛にあたる（東京高判昭32.11.11）。

5　事例検討

事例の場合、Aからの攻撃に対し、自己の身体を防護するためにとっさに武器を使用したのであり、上記法的検討、関係判例のとおり、甲の行為は、正当防衛に該当する。

【交番から押し出した】

警察官甲が交番で立番中、酒に酔ったAが「電車がないから泊めろ。」と叫びながら近づいてきたので制止したが、Aが甲を押しのけて交番に入ろうとしたので甲がとっさに押し返した結果、Aがバランスを崩して転倒し、負傷した。甲の行為は、正当防衛に当たるか。

関係判例

面識のない者が侵入してきたことから防ごうとして両肩を押した結果、相手が転倒して負傷した場合でも、侵入を防ごうとした行為は正当防衛にあたるから、傷害罪を構成しない（東京高判昭62.1.20）。

論文答案例

1　結　論

正当防衛に当たる。

2　争　点

甲が、交番に侵入しようとしたAを押して傷害を負わせた行為は、正当防衛に当たるか。

3　法的検討

⑴　正当防衛の意義

①　急迫不正の侵害に対し、

②　自己又は他人の権利を防衛するため、

③　やむを得ずにした行為

については、正当防衛として、違法性が阻却される。

⑵　急迫不正の侵害とは

○　急迫とは、法益の侵害が現に存在するか、目前に迫っていることをいう。

○　不正とは、違法性があればよく、有責性は必要ない。

○　侵害とは、人の行為に限られ、災害や動物からの避難は緊急避難となる。

⑶　やむを得ずにした行為とは

防衛行為が、必要最小限度であることをいう。ただし、正当防衛は、不正な侵害に対する防衛行為であることから、緊急避難に必要とされる、「補充の原則」、「法益の権衡の原則」は必要とされない。

⑷　過剰防衛の意義

情状により、その刑を減軽し又は免除することができる（任意的減免事由）。

4　関係判例

面識のない者が侵入してきたことから防ごうとして両肩を押した結果、相手が転倒して負傷した場合でも、侵入を防ごうとした行為は正当防衛にあたるから、傷害罪を構成しない（東京高判昭62.1.20）。

5　事例検討

事例の場合、甲は、交番内に不法に侵入しようとした相手に対し、やむを得ずに最小限度の有形力を行使して防ごうとしたのであるから、上記法的検討、関係判例のとおり、甲の行為は、正当防衛に該当する。

【不退去者を家から連れ出した】

甲は、車のセールスマンAを自宅の居間に入れた後に、買う気がないと言ったところ、Aが「なめんじゃねえぞ、てめえ。」と脅迫をしたことから、甲が退去するように告知した。しかし、Aは甲の言うことを聞かずに居間に居座ったため、甲がAの腕をつかんで無理やり外に出した。甲の行為は正当防衛に当たるか。

関係判例

いったん平穏に入室した場合でも、退去を求められてからは住居の平穏が害され、急迫の不正の侵害があることから、これを退去させる行為は、正当防衛にあたる（東京高判昭62.1.20）。

論文答案例

1　結　論

正当防衛である。

2　争　点

甲が、自宅から退去しようとしないAを、無理やり外に連れ出した行為は、正当防衛に当たるか。

3　法的検討

(1)　正当防衛の意義

①　急迫不正の侵害に対し、

②　自己又は他人の権利を防衛するため、

③　やむを得ずにした行為

については、正当防衛として、違法性が阻却される。

(2)　急迫不正の侵害とは

○　急迫とは、法益の侵害が現に存在するか、目前に迫っていることをいう。

○　不正とは、違法性があればよく、有責性は必要ない。

○　侵害とは、人の行為に限られ、災害や動物からの避難は緊急避難となる。

(3)　やむを得ずにした行為とは

防衛行為が、必要最小限度であることをいう。ただし、正当防衛は、不正な侵害に対する防衛行為であることから、緊急避難に必要とされる、「補充の原則」、「法益の権衡の原則」は必要とされない。

(4)　過剰防衛の意義

情状により、その刑を減軽し又は免除することができる（任意的減免事由）。

4　関係判例

いったん平穏に入室した場合でも、退去を求められてからは住居の平穏が害され、急迫の不正の侵害があることから、これを退去させる行為は、正当防衛にあたる（東京高判昭62.1.20）。

5　事例検討

事例の場合、甲は、自宅の平穏を害するAを外に出すためにやむを得ず有形力を行使したのであるから、上記法的検討、関係判例のとおり、甲の行為は、正当防衛に該当する。

第37条・緊急避難

1　緊急避難の意義（刑法37条１項）

自己又は他人の生命、身体、自由又は財産に対する現在の危難を避けるため、やむを得ず行った行為であって、他にその危難を避ける方法がなく、またその行為から生じた損害が、守ろうとした法益を超えなかった場合には、緊急避難として違法性が阻却される（違法性阻却説・通説）。

2　緊急避難の成立要件

⑴　「現在」の意義

「現在」とは、正当防衛における「急迫」と同じ意味であり、危難が現在し、又は間近に迫った状態をいう。

⑵　危難とは

「危難」とは、法益に対する侵害又は侵害の危険性のある状態をいうが、この場合「不正な侵害」に限られないことから、動物の攻撃や自然現象であっても緊急避難の対象となる。

また、人の行為による「急迫不正の侵害」も「現在の危難」に含まれる。したがって、「急迫不正の侵害」を受けた者が、侵害者に対して反撃を行えば正当防衛になり、第三者に対して避難行為を行えば緊急避難となる。

⑶　避難行為の相当性

緊急避難は、自己が直面した危難を避けるために、第三者の法益を犠牲にして避難行為を行うことから、厳格な相当性が要求される。

ア　補充の原則

補充の原則とは、その避難行為が唯一無二の手段であって他に方法がなく、真にやむを得ない行為であったこと。

イ　法益権衡の原則

法益権衡の原則とは、小さな法益を守るために、大きな法益を侵害することは許されないこと。

3　業務上特別の義務のある者

業務上特別の義務のある者には、緊急避難の規定は適用されない（刑法37条２項）。

この場合の義務のある者とは、警察官、消防官、自衛隊員、船長等のことをいい、これらの職にある者は、業務そのものが危険を伴うものであることから、その危険を回避するために、他人の法益を侵害することは許されない。

ただし、警察官等であっても、自己の身体等を保護するために、他人の軽微な法益を侵害することは、当然に許される。

<刑法ノート>

第37条・緊急避難

第１項　自己又は他人の生命、身体、自由又は財産に対する現在の危難を避けるため、やむを得ずにした行為は、これによって生じた害が避けようとした害の程度を超えなかった場合に限り、罰しない。ただし、その程度を超えた行為は、情状により、その刑を減軽し、又は免除することができる。

第２項　前項の規定は、業務上特別の義務がある者には、適用しない。

1　緊急避難の要件（１項）

⑴　保護法益

自己又は他人の生命、身体、自由又は財産

⑵　現在の危難

○　現在とは、正当防衛の急迫と同じであり、危難が現在し、又は間近に迫っている状態をいう。

○　危難とは、法益侵害の危険性のある状態をいい、人の行為に限られない。

⑶　補充の原則

その避難行為が唯一の手段であり、真にやむを得ない行為であったこと。

⑷　法益権衡の原則

小さな法益を守るために、大きな法益の侵害をしなかったこと。

2　法益権衡の原則に違反した場合（１項後段）

情状により、その刑を減軽し、又は免除することができる（任意的減免事由）。

3　除外事由（２項）

業務上特別の義務がある者には、緊急避難の規定は適用しない。

4　関係判例

○　危難が自己の有責行為によって生じた場合、やむを得ないで行った行為には当たらないことから、緊急避難は成立しない（大判大13.12.12）。

○　病気で苦しむ友人を病院に搬送するために無免許運転をした場合、たとえタクシーが来なかった等の事情があったとしても、緊急避難にはならない（東京高判昭46.5.24）。

○　病気の夫が興奮したため、病気が悪化すると考えた妻が夫を逮捕・監禁した場合、それ以外に方法がなかったとはいえないから、緊急避難には当たらない（東京高判昭29.1.13）。

○　車を蹴られる等の暴行を受け、避難するために交差点に進入して他車と衝突した場合、他車に対する安全運転義務を履行することができたのだから、補充の原則を充足しておらず、緊急避難には当たらない（大阪高判平7.12.22）。

【夫が錯乱状態に陥った妻を逮捕・監禁した】

夫甲は、ヒステリー症を持つ妻Aと口論となり、Aが錯乱状態に陥ったため、このままでは近隣に迷惑がかかると考えて倉庫に監禁したところ、倉庫内のAの声を聞いた隣人が110番通報してAが救出された。この場合、甲の行為は、緊急避難に当たるか。

関係判例

病気の夫が興奮したため、病気が悪化すると考えた妻が夫を逮捕・監禁した場合、それ以外に方法がなかったとはいえないから、緊急避難には当たらない（東京高判昭29.1.13）。

論文答案例

1　結　論

緊急避難にはならない。

2　争　点

甲が、妻を監禁した行為が、緊急避難の要件を充足するか。

3　緊急避難の要件

(1)　保護法益

自己又は他人の生命、身体、自由又は財産

(2)　現在の危難

○　現在とは、正当防衛の急迫と同じであり、危難が現在し、又は間近に迫っている状態をいう。

○　危難とは、法益侵害の危険性のある状態をいい、人の行為に限られない。

(3)　補充の原則

その避難行為が唯一の手段であり、真にやむを得ない行為であったこと。

(4)　法益権衡の原則

小さな法益を守るために、大きな法益の侵害をしなかったこと。

4　関係判例

病気の夫が興奮したため、病気が悪化すると考えた妻が夫を逮捕・監禁した場合、それ以外に方法がなかったとはいえないから、緊急避難には当たらない（東京高判昭29.1.13）。

5　事例検討

事例の場合、110番や119番通報等、他の方法があったのだから「補充の原則」を充足しておらず、上記法的検討、関係判例のとおり、甲の行為は、緊急避難にはならない。

【交通のゴタから逃走する際に交通事故を惹起した】

甲が信号待ちをした際、割り込んできた車にクラクションを鳴らしたところ、車からA、Bが降りてきて甲車に足蹴りをしてきたので、甲が逃げようとして急発進をした結果、後方から進行してきたバイクCと衝突した。この場合、甲の行為は、緊急避難に当たるか。

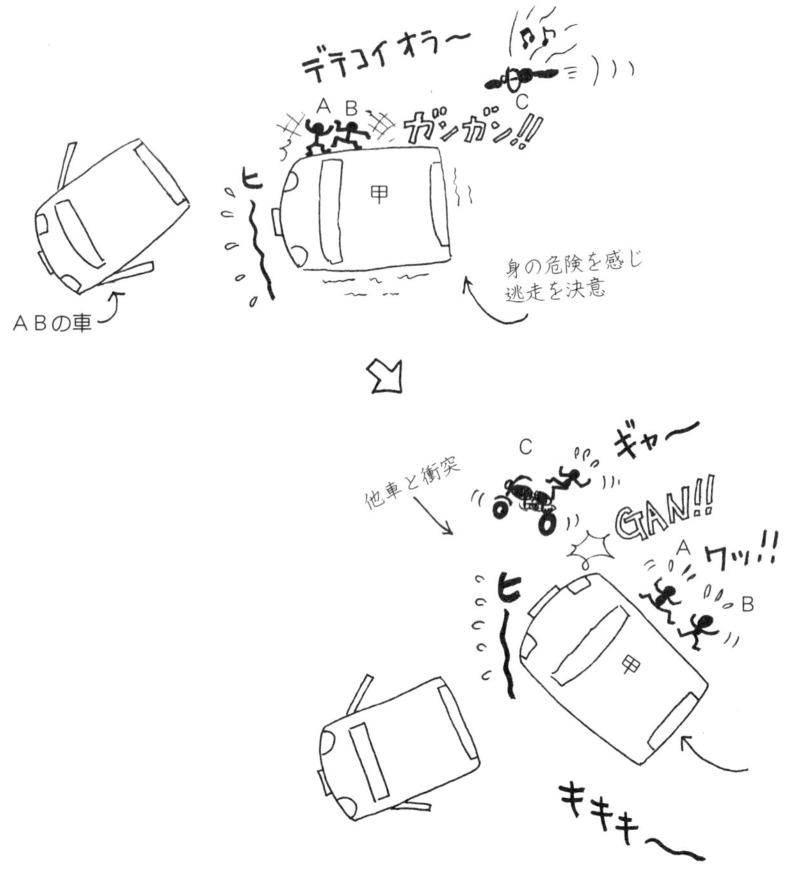

関係判例

車を蹴られる等の暴行を受け、避難するために交差点に進入して他車と衝突した場合、他車に対する安全運転義務を履行することができたのだから、補充の原則を充足しておらず、緊急避難には当たらない（大阪高判平7.12.22)。

論文答案例

1　結　論

緊急避難にはならない。

2　争　点

甲が、A・Bの暴行から逃げるために急発進し、交通事故を惹起した行為が、緊急避難の要件を充足するか。

3　緊急避難の要件

(1)　保護法益

自己又は他人の生命、身体、自由又は財産

(2)　現在の危難

○　現在とは、正当防衛の急迫と同じであり、危難が現在し、又は間近に迫っている状態をいう。

○　危難とは、法益侵害の危険性のある状態をいい、人の行為に限られない。

(3)　補充の原則

その避難行為が唯一の手段であり、真にやむを得ない行為であったこと。

(4)　法益権衡の原則

小さな法益を守るために、大きな法益の侵害をしなかったこと。

4　関係判例

車を蹴られる等の暴行を受け、避難するために交差点に進入して他車と衝突した場合、他車に対する安全運転義務を履行することができたのだから、補充の原則を充足しておらず、緊急避難には当たらない（大阪高判平7.12.22）。

5　事例検討

事例の場合、110番通報したり、他の車に注意しながら避難することができたのだから「補充の原則」を充足しておらず、上記法的検討、関係判例のとおり、甲の行為は、緊急避難にはならない。

【子供を病院に無免許で搬送した】

甲は、交通違反の累積によって免許取消しとなっていたが、甲の子供（２歳）が風邪の熱によりけいれんを起こして意識不明となったことから、自家用車に子供を乗せて病院まで搬送した。この場合、甲の行為は、緊急避難に当たるか。

関係判例

病気で苦しむ友人を病院に搬送するために無免許運転をした場合、たとえタクシーが来なかった等の事情があったとしても、緊急避難にはならない（東京高判昭46.5.24）。

論文答案例

1　結　論

緊急避難にはならない。

2　争　点

甲が、子供を病院に搬送するため、無免許運転をした行為は、緊急避難に当たるか。

3　緊急避難の要件

(1)　保護法益

自己又は他人の生命、身体、自由又は財産

(2)　現在の危難

○　現在とは、正当防衛の急迫と同じであり、危難が現在し、又は間近に迫っている状態をいう。

○　危難とは、法益侵害の危険性のある状態をいい、人の行為に限られない。

(3)　補充の原則

その避難行為が唯一の手段であり、真にやむを得ない行為であったこと。

(4)　法益権衡の原則

小さな法益を守るために、大きな法益の侵害をしなかったこと。

4　関係判例

病気で苦しむ友人を病院に搬送するために無免許運転をした場合、たとえタクシーが来なかった等の事情があったとしても、緊急避難にはならない（東京高判昭46.5.24）。

5　事例検討

事例の場合、119番通報やタクシーを頼む等、他の方法があったのだから「補充の原則」を充足していない。よって、上記法的検討、関係判例のとおり、甲の行為は、緊急避難にならない。

【火災を起こしソファーを投げて人を負傷させた】

甲が、アパートの２階の自室で寝たばこをし、雑誌に引火して火災を引き起こしたため、このままでは家具が燃えてしまうと考え、２階から人通りの多い道路上にソファーを投げた結果、歩行中のＡの頭部にあたって負傷した。甲の行為は、緊急避難に当たるか。

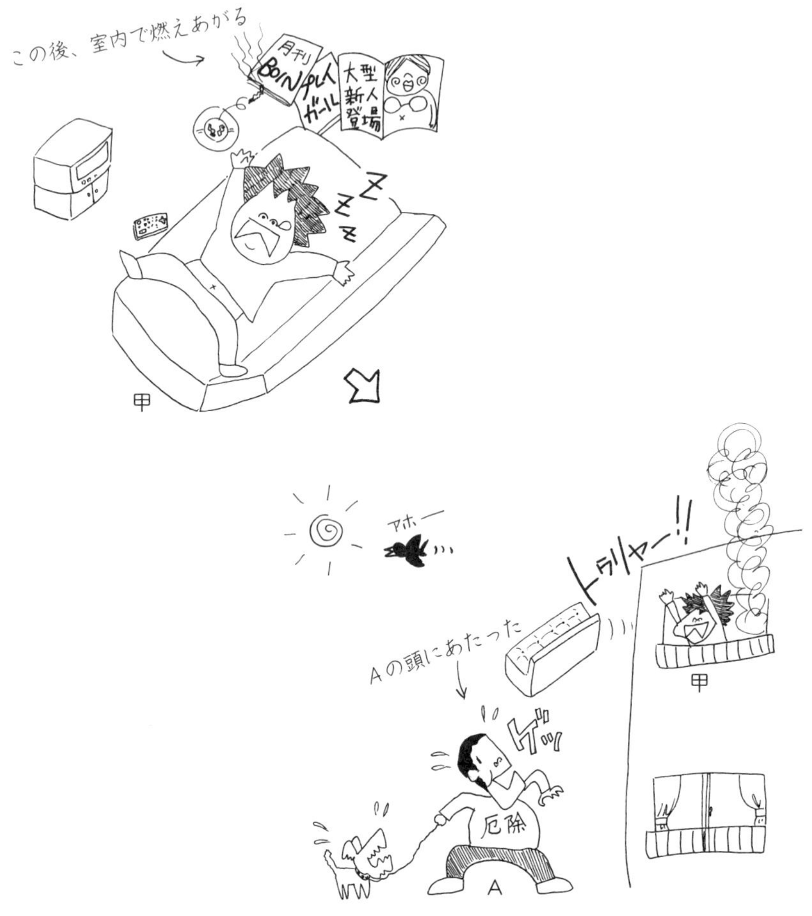

関係判例

危難が自己の有責行為によって生じた場合、やむを得ないで行った行為には当たらないことから、緊急避難は成立しない（大判大13.12.12）。

論文答案例

1　結　論

緊急避難に当たらない。

2　争　点

甲が、自分で火災を起こし、自己の家財道具を守るためにソファーを人通りの多い道路上に投げた結果、Aを負傷させた行為は、緊急避難に当たるか。

3　緊急避難の要件

⑴　保護法益

自己又は他人の生命、身体、自由又は財産

⑵　現在の危難

○　現在とは、正当防衛の急迫と同じであり、危難が現在し、又は間近に迫っている状態をいう。

○　危難とは、法益侵害の危険性のある状態をいい、人の行為に限られない。

⑶　補充の原則

その避難行為が唯一の手段であり、真にやむを得ない行為であったこと。

⑷　法益権衡の原則

小さな法益を守るために、大きな法益の侵害をしなかったこと。

4　関係判例

危難が自己の有責行為によって生じた場合、やむを得ないで行った行為には当たらないことから、緊急避難は成立しない（大判大13.12.12）。

5　事例検討

事例の場合、自己が起こした火災に対し、消火器等で消火を試みることもせず、自己の財産を守るために安易にソファーを投げた結果、Aを負傷させたのであるから「補充の原則」及び「法益権衡の原則」を充足しておらず、上記法的検討、関係判例のとおり、緊急避難とはならない。

第38条・故意

1　構成要件

社会に存在する違法な行為の中から、可罰的価値のある行為を抽出し、犯罪として規定したものを構成要件といい、「客観的構成要件」と「主観的構成要件」に分類される。

2　客観的構成要件（犯罪事実）

客観的構成要件には、行為、主体、客体、結果、因果関係がある。

⑴　行　　為

構成要件に規定されている行為を構成要件的行為（犯罪行為）といい、作為犯と不作為犯に分類される。

ア　作為犯

一定の行為を行うことを作為といい、作為によって構成される犯罪を作為犯という。

作為犯には、行為者自らが行う「直接正犯」と、他人を道具として利用し、犯罪を実行する「間接正犯」がある。

イ　不作為犯

一定の行為をしないことを不作為といい、不作為によって構成されている犯罪を真正不作為犯、不作為によって作為犯を実行することを不真正不作為犯という。

○　真正不作為犯～不退去罪、救護義務違反（道路交通法）

○　不真正不作為犯～放置行為による殺人等

⑵　主　　体

行為の主体は、原則として自然人をいうが、法人も行為の主体となることができる。

また、原則として主体である自然人に制限はないが、例外的に、主体に一定の身分を必要とする場合がある。これを「身分犯」という。

○　法人の処罰～両罰規定（道路交通法等）

○　身　分　犯～常習賭博罪、業務上横領罪等

⑶　客　　体

客体とは、行為の対象となる人又は物のことをいい、殺人罪における人や、窃盗罪における財物などが客体となる。

⑷　結　　果

ア　結果発生の必要性からの分類

㋐　結果犯

結果の発生を構成要件としている犯罪を結果犯という。

○　結果犯～殺人罪、傷害罪、窃盗罪、詐欺罪等

㋑　挙動犯

結果の発生を必要としない犯罪を挙動犯という。

○　挙動犯～住居侵入罪、偽証罪等

(ウ)　結果的加重犯

行為者が認識していた犯罪事実よりも重い結果が生じた場合に、その結果を処罰する犯罪を結果的加重犯という。

○　結果的加重犯～傷害致死罪、強盗致死罪等

イ　法益侵害の必要性からの分類

(ア)　実質犯

法益の侵害の発生を必要とする犯罪を実質犯という。

○　実質犯～殺人罪、傷害罪等

(イ)　危険犯

法益侵害の危険を生じさせることが構成要件となっている犯罪を危険犯といい、危険犯は、「具体的危険犯」と「抽象的危険犯」に分けられる。

a　具体的危険犯

法益侵害に対する具体的な危険の発生が構成要件となっている犯罪を具体的危険犯という。

○　具体的危険犯～自己所有建造物等放火

b　抽象的危険犯

具体的な危険の発生を要件とせず、一般的な危険の発生を構成要件とする犯罪を抽象的危険犯という。

○　抽象的危険犯～他人所有建造物等放火

(ウ)　形式犯

法益侵害の抽象的危険すらも必要としない犯罪を「形式犯」といい、道路交通法などの行政犯罪に多く規定されている。

○　形式犯～信号無視等の道路交通法違反等

ウ　法益侵害の態様による分類

(ア)　即時犯

結果の発生によって犯罪が既遂となり、その後、犯罪者の行為に関係なく、法益侵害状態が継続する犯罪を「即時犯」という。

○　即時犯～殺人、放火等

(イ)　状態犯

結果の発生によって既遂となるが、その後、行為者の行為によって法益侵害状態が継続する犯罪を「状態犯」という。この場合、その後の法益侵害行為は、不可罰的事後行為として別に犯罪を構成しない。

○　状態犯～窃盗、詐欺罪等

(ウ)　継続犯

結果の発生とともに犯罪は既遂となるが、その後も犯罪行為が続いている間は、犯罪が継続する犯罪である。

○　継続犯～逮捕監禁罪、住居侵入罪等

(5) 因果関係

因果関係とは、行為と結果との間にある関係のことをいう。

結果犯においては、行為と結果との間に因果関係が必要とされる。

ア　条件説

「AがなかったならばBもなかったであろう。」という場合に因果関係を認めるとするもので、行為と結果との間に条件関係があれば因果関係を認めるとする説

これまでの判例は、おおむねこの条件説によって判断されている。

イ　相当因果関係説（通説）

単に行為と結果との間に条件関係があるだけでは足らず、社会生活上の経験に照らし、その行為からその結果が生じることが相当であると認められる場合に、因果関係を認めるとする説である。

相当因果関係説は、従来の条件説では、条件の連鎖が無限に広がる可能性があることから、条件説に「相当性」という判断を入れることによって、因果関係の成立範囲に絞りをかけ、犯罪の成立に合理性を加味しようとするものである。したがって、因果関係の認められる範囲は、条件説よりも小さくなる。

ウ　「危険の現実化」説（近時の有力説）

近時の判例（最決平22.10.26、最決平24.2.8など）で有力となっている説。因果関係の判断に当たっては、「『被告人の行為の危険性が、結果となって現実化した』といえるかどうか」という判断によって決定するもの。

ただし、相当因果関係説と危険の現実化説で結論が変わることはほぼないと解されている。

3　主観的構成要件

主観的構成要件には、故意又は過失がある。

なお、すべての犯罪は、故意又は過失のいずれかを主観的構成要件としており、故意も過失もない犯罪は存在しない。

(1) 故　　意

ア　故意犯の意義

犯罪事実を認識・認容することをいい、故意によって行われる犯罪を故意犯という。

故意を認めるためには、原則として、行為者が犯罪事実全体を認識・認容する必要があるが、結果的加重犯については、基本となる犯罪事実に対する認識・認容があれば、重い結果に対する認識・認容は必要としない（通説・判例）。

認容説 （通説・判例）	犯罪の実現を積極的に望んではいないが、 「実現してもかまわない。」 「実現したとしても仕方がない。」 と犯罪事実の実現を認容する主観的な態度は、故意として評価されるべきである。	最高裁昭和23年３月16日判決

イ　故意の種類

㈠　確定的故意

行為者が、犯罪事実の実現を確定的に認識・認容している場合

㈡　不確定的故意

a　未必の故意

行為者が、犯罪事実の実現を可能なものとして認識・認容している場合

b　概括的故意

複数の客体のどれかに結果が発生することを認識しているが、どの客体に結果が発生するかを確定的に認識しておらず、概括的に認識・認容している場合

c　択一的故意

2個の客体のどちらかに結果が発生することを認識しているが、どちらに結果が発生するかを不確定に認識・認容している場合

ウ　事実の錯誤の意義

通常は、行為者が認識・認容したとおりに犯罪が実現するが、例外的に、行為者の認識・認容と違う犯罪事実が実現することがある。このように、行為者の認識・認容した犯罪事実の間に食い違いが生じた場合を、「事実の錯誤」という。

事実の錯誤は、行為者が認識した犯罪事実と発生した犯罪事実が同じ構成要件内にあるかどうかにより、「同一構成要件内の錯誤」と「異なる構成要件内の錯誤」に分かれる。

㈠　同一構成要件内の錯誤（具体的事実の錯誤）

行為者の認識と発生した犯罪事実が、どちらも同じ構成要件内にある場合をいう。

㈡　異なる構成要件内の錯誤（抽象的事実の錯誤）

行為者の認識と発生した犯罪事実が、異なる構成要件にまたがる場合をいう。

エ　客体の錯誤と方法の錯誤

「同一構成要件内の錯誤」と「異なる構成要件内の錯誤」のどちらの場合でも、「客体の錯誤」と「方法の錯誤」に区別することができる。

㈠　客体の錯誤

行為者が、客体を間違って、別の客体を攻撃した場合

㈡　方法の錯誤（打撃の錯誤）

客体は間違わなかったが、結果的に別の客体を攻撃してしまった場合

	同一構成要件内の錯誤	異なる構成要件内の錯誤
客体の錯　誤	①　Ａを殺すつもりだったが、ＢをＡと勘違いしたため、Ｂに発砲してＢを殺害した。	③　Ａを殺すつもりだったが、飼い犬をＡだと勘違いしたため、飼い犬に発砲して飼い犬を殺害した。
方法の錯　誤	②　Ａを殺すつもりでＡに発砲したが、手元が狂ってＢに当たり、Ｂを殺害した。	④　Ａを殺すつもりでＡに発砲したが、手元が狂って飼い犬に当たり、飼い犬を殺害した。

※　飼い犬を殺す行為は、器物損壊罪を構成する。

オ　法定的符合説（通説・判例）

事実の錯誤の場合に、どこまで故意を認めるかについては、法定的符合説が支持されている（通説・判例）。

法定的符合説とは、行為者が認識した犯罪事実と発生した犯罪事実の構成要件が一致する範囲内において、故意の成立を認めるとするものである。

(ア)　同一構成要件内の錯誤の場合

具体的事実の錯誤の場合、認識していた犯罪事実と発生した犯罪事実が同じ構成要件内にあることから、構成要件的故意が成立する。

したがって、前表の①、②の場合、Ａに対する殺人未遂罪、Ｂに対する殺人罪が成立する。

(イ)　異なる構成要件内の錯誤の場合

抽象的事実の錯誤の場合、認識していた犯罪事実と発生した犯罪事実が異なる構成要件にまたがることから、原則として故意の成立が否定される。

しかし、行為者が認識していた犯罪事実（構成要件）と発生した犯罪事実（構成要件）の一部が重なりあう場合については、重なる構成要件の範囲内において、軽い方の犯罪事実（同じ重さの場合には発生した犯罪事実）の故意が成立する。

したがって、前表③、④の場合、殺人と器物損壊の構成要件は異なり、重なり合う部分がないことから、器物損壊罪は成立しない（器物損壊罪には過失犯はない。）。

なお、異なる構成要件内の錯誤の態様については次のとおりである。

ａ　認識していた犯罪事実より発生した犯罪事実の方が重い場合

発生した重い犯罪事実に対する認識がないから、重い事実について故意を認めることはできないが、認識していた軽い犯罪事実について故意が成立する。

※　刑法第38条第２項の規定は、こういった場合を想定した注意規定であると解されている。

ｂ　認識していた犯罪事実の方が発生した犯罪事実よりも重い場合

発生した軽い犯罪事実について故意が成立し、その罪が成立する。

ｃ　認識していた犯罪事実と発生した犯罪事実の法定刑が同じ場合

発生した犯罪事実について故意が成立する。

カ　因果関係の錯誤

(ア)　因果関係の錯誤の意義

行為者が犯罪を実行した場合に、予想した経過とは異なる経過をたどったが、結果的に行為者が実現しようとした結果が生じた場合をいう。

例～甲は殺害する意思でＡの首を絞め、死んだと思って海に投げたら、Ａは気絶しただけで死んではおらず、海中で目を覚ましたが溺死した。

(イ)　相当因果関係説

因果関係の錯誤の場合、結果に対する法的な責任を行為者に課すかどうかについては、条件説と相当因果関係説が有力であるところ、通説は、相当因果関係説とされている。

相当因果関係説とは、「社会生活上の経験に照らし、その行為からその結果が生じることが相当であると認められる場合に、因果関係を認める」とする説である。

なお、上記(1)の甲の行為は、条件説によっても、相当因果関係説によっても、殺人罪となる。

(2) 過　失　犯

ア　過失犯とは

不注意により犯罪事実の認識・認容を欠き、その状態で一定の作為・不作為を行って犯罪事実を実現した場合を過失犯という。

なお、刑法は、第38条第１項において、原則として故意犯を処罰する旨を規定し、過失犯については、特別の規定がある場合に限り刑を科する旨を規定している。

イ　認識ある過失

犯罪事実の認識はあるが、その認容を欠いている場合をいう。

ウ　未必の故意と過失犯の区別

未必の故意は、故意の一形態であり、過失犯とは区別される。

交通事故を例にすると、

(ア)　未必の故意

「このまま進行すれば、歩行者をひくかもしれないが、それでもかまわない。」

結果の発生を認識・認容した状態で交通事故を惹起すること。

(イ)　認識ある過失

「このまま進行しても、歩行者をひくことはないだろう。」

客体を認識しているが、結果を認識・認容していない状態で交通事故を惹起すること。

(ウ)　認識なき過失

完全なわき見により歩行者の存在を全く認識がない状態で、交通事故を惹起すること。

<刑法ノート>

第38条・故意

第１項　罪を犯す意思がない行為は、罰しない。ただし、法律に特別の規定がある場合は、この限りでない。

第２項　重い罪に当たるべき行為をしたのに、行為の時にその重い罪に当たることとなる事実を知らなかった者は、その重い罪によって処断することはできない。

第３項　法律を知らなかったとしても、そのことによって、罪を犯す意思がなかったとすることはできない。ただし、情状により、その刑を減軽することができる。

１　刑法第38条第１項

⑴　**錯誤理論の意義**

○　犯罪行為者が予測しなかった結果が発生した場合、いわゆる「錯誤理論」によって「故意」が認定される。

○　錯誤には、「同一構成要件内の錯誤」と「異なる構成要件内の錯誤」があり、いずれも「法定的符合説」（通説・判例）が適用される。

⑵　**同一構成要件内の錯誤（具体的事実の錯誤）**

通説・判例である法定的符合説によると、行為と客体（財物又は人）が、法定の同一構成要件の範囲内にある限り、行為者の認識と結果の発生に食い違いがあっても故意は阻却されない。

⑶　**異なる構成要件の錯誤（抽象的事実の錯誤）**

通説・判例である法定的符合説によると、犯罪行為と発生した結果が異なる構成要件にまたがる場合、原則として故意は否定されるが、基本的な構成要件が重なる範囲内において、軽い犯罪が成立する。

⑷　**因果関係の錯誤**

ア　因果関係とは

結果の発生を必要とする犯罪が成立するためには、犯罪行為と結果発生の間に「因果関係」が必要である。

イ　因果関係の錯誤の意義

行為者が犯罪を実行した場合に、予想した経過とは異なる経過をたどったが、結果的に行為者が実現しようとした結果が生じた場合をいう。

⑸　**共同正犯の錯誤**

共同正犯の錯誤とは、共同正犯者の認識と、実行された犯罪行為が異なった場合をいい、法定的符合説によって判断される。

２　刑法第38条第２項の意義

○　軽い犯罪事実を犯す意思で、

○　重い犯罪事実を実現したときは、
○　重い罪の刑を科することができない。

3　刑法第38条第3項

⑴　認識不要説（従来の判例の立場）

最高裁は、基本的には「法の不知は弁解とはならない。」という立場である。

⑵　認識可能性説（最近の判例）

違法性の認識を欠いたことについて、相当の理由がある場合には、犯罪は成立しないとする（最決昭62.7.16）。

【Aにけん銃を撃ったところAとBを負傷させた】

暴力団員の甲は、対立抗争相手の暴力団幹部Aを殺害するために、マンションから出てきたAに向けてけん銃を発射したところ、弾がAの肩にあたり、貫通した弾が後方を歩いてた主婦Bの足にあたって両名とも重傷を負った。この場合、甲の負う刑責は何か。

関係判例

Aを殺害する目的でけん銃を撃った結果、予期しないBを負傷させた事案につき、A及びBに対し、殺人未遂罪が成立する（最判昭53.7.28）。

論文答案例

1　結　論

A及びBに対する殺人未遂罪が成立する。

2　争　点

Aだけでなく、Bに対する殺人未遂罪も成立するか。

3　法的検討

(1)　錯誤理論の意義

○　犯罪行為者が予測しなかった結果が発生した場合、いわゆる「錯誤理論」によって「故意」が認定される。

○　錯誤には、「同一構成要件内の錯誤」と「異なる構成要件内の錯誤」があり、いずれも「法定的符合説」（通説・判例）が適用される。

(2)　同一構成要件内の錯誤（具体的事実の錯誤）

通説・判例である法定的符合説によると、行為と客体（財物又は人）が、法定の同一構成要件の範囲内にある限り、行為者の認識と結果の発生に食い違いがあっても故意は阻却されない。

4　関係判例

Aを殺害する目的でけん銃を撃った結果、予期しないBを負傷させた事案につき、A及びBに対し、殺人未遂罪が成立する（最判昭53.7.28）。

5　事例検討

事例の場合、行為と客体が、法定の同一構成要件の範囲内にある限り、行為者の認識と結果の発生に食い違いがあっても故意は阻却されないことから、上記法的検討、関係判例のとおり、A及びBに対する殺人未遂罪が成立し、両罪は、観念的競合の関係になる。

【Aに暴行を加えたらBが負傷した】

路上で甲とAがけんかになり、甲がAを突き飛ばしたところ、よろけたAが後方を歩いていた主婦Bにぶつかり、その衝撃で転倒したBがウインドーガラスにぶつかって負傷した。この場合、甲は、Aに対する暴行罪のほかに、Bに対する傷害罪が成立するか。

関係判例

Aを突き飛ばして暴行を加えた結果、Bを負傷させた場合、Bに対する故意がなくても傷害罪（暴行の結果的加重犯）が成立する（高松高判昭31.2.21)。

論文答案例

1　結　論

Bに対する傷害罪が成立する。

2　争　点

Aに対する暴行とBの傷害の間に「因果関係」があるか。

3　法的検討

(1)　因果関係の錯誤

ア　因果関係とは

結果の発生を必要とする犯罪が成立するためには、犯罪行為と結果発生の間に因果関係が必要である。

イ　因果関係の錯誤の意義

行為者が犯罪を実行した場合に、予想した経過とは異なる経過をたどったが、結果的に行為者が実現しようとした結果が生じた場合をいう。

ウ　相当因果関係説の意義（通説・最近の判例）

社会通念に照らし、その行為からその結果が生じることが相当であると認められる場合に、因果関係を認めるとする説である。

(2)　同一構成要件内の錯誤（具体的事実の錯誤）

通説・判例である法定的符合説によると、行為と客体（財物又は人）が、法定の同一構成要件の範囲内にある限り、行為者の認識と結果の発生に食い違いがあっても故意は阻却されない。

(3)　結果的加重犯の場合

基本となる行為の故意がある限り、重い結果についても責任を負う。

4　関係判例

○　暴行をした結果、暴行の相手に傷害を与えた場合、基本的行為について認識がある限り、重い結果についてもその責任を負う（最判昭23.5.8）。

○　Aを突き飛ばして暴行を加えた結果、Bを負傷させた場合、Bに対する故意がなくても傷害罪（暴行の結果的加重犯）が成立する（高松高判昭31.2.21）。

5　事例検討

事例の場合、甲の暴行とBの傷害に因果関係（相当因果関係説）があり、同一構成要件内の錯誤は故意が阻却されないことから、上記法的検討、関係判例のとおり、甲はBに対する傷害罪の刑責を負う。

【窃盗の機会にAに暴行を加えたらBが負傷した】

甲が万引きをした際、それを捕まえようとした警備員Aを突き飛ばしたところ、Aがよろけて後方を歩いていた主婦Bにぶつかり、その衝撃で転倒したBが商品棚にぶつかって負傷した。この場合、Aに対する強盗のほかに、Bに対する強盗致傷罪が成立するか。

関係判例

Aを突き飛ばして暴行を加えた結果、Bを負傷させた場合、Bに対する故意がなくても傷害罪が成立する（高松高判昭31.2.21）。

論文答案例

1　結　論

Bに対する強盗致傷罪が成立する。

2　争　点

Aに対する暴行でBが負傷した場合、Bに対する強盗致傷罪が成立するか。

3　法的検討

(1)　事後強盗罪の要件

窃盗の機会において、

○　財物を得てこれを取り返されることを防ぎ、

○　逮捕を免れ、

○　罪跡を隠滅するために、

暴行又は脅迫をすることにより成立し、事後強盗罪の既遂か未遂かは、窃盗犯人が財物を得たかどうかで決まる。

(2)　因果関係の錯誤

ア　因果関係の錯誤の意義

行為者が犯罪を実行した場合に、予想した経過とは異なる経過をたどったが、結果的に行為者が実現しようとした結果が生じた場合をいう。

イ　相当因果関係説の意義（通説・最近の判例）

社会生活上の経験に照らし、その行為からその結果が生じることが相当であると認められる場合に、因果関係を認めるとする説である。

(3)　同一構成要件内の錯誤（具体的事実の錯誤）

通説・判例である法定的符合説によると、行為と客体（財物又は人）が、法定の同一構成要件の範囲内にある限り、行為者の認識と結果の発生に食い違いがあっても故意は阻却されない。

4　関係判例

○　暴行をした結果、暴行の相手に傷害を与えた場合、基本的行為について認識がある限り、重い結果についてもその責任を負う（最判昭23.5.8）。

○　Aを突き飛ばして暴行を加えた結果、Bを負傷させた場合、Bに対する故意がなくても傷害罪が成立する（高松高判昭31.2.21）。

5　事例検討

事例の場合、同一構成要件内の錯誤に当たる限り、行為者の認識と結果の発生に食い違いがあっても故意は阻却されないことから、上記法的検討、関係判例のとおり、甲は、Bに対する強盗致傷罪の刑責を負い、Aに対する強盗罪（事後強盗）とBに対する強盗致傷罪は、観念的競合の関係となる。

【暴行を共謀した共犯者が殺人罪を犯した】

甲と乙が、Aに対する暴行を共謀したが、乙は、以前にAが自分の恋人にちょっかいをだしたことから殺意をもち、甲に黙ってけん銃を用意し、呼び出したAに甲が暴行を加えた際に、乙がけん銃を発射してAを殺害した。この場合、甲は何罪を負うか。

関係判例

殺人と傷害致死罪の違いは「殺意」の有無だけであり、基本的構成要件は同じであるから、構成要件が重なり合う範囲内において、軽い罪である傷害致死罪の共同正犯が成立する（最決昭54.4.13）。

論文答案例

1　結　論

Aに対する傷害致死罪が成立する。

2　争　点

甲は、殺人を犯した乙の共同正犯として殺人罪の刑責を負うか。甲には殺人の故意がなかったとして傷害致死罪の刑責を負うか。

3　法的検討

(1)　共同正犯の錯誤

ア　共同正犯の錯誤の意義

共同正犯の錯誤とは、共同正犯者の認識と、実行された犯罪行為が異なった場合をいい、法定的符合説によって判断される。

イ　異なる構成要件の錯誤（抽象的事実の錯誤）

犯罪行為と発生した結果が異なる構成要件にまたがる場合、原則として故意は否定されるが、基本的な構成要件が重なる範囲内において、軽い犯罪が成立する。

(2)　刑法第38条第２項の意義

○　軽い犯罪事実を犯す意思で、

○　重い犯罪事実を実現したときは、

○　重い罪の刑を科することができない。

(3)　結果的加重犯の場合

基本となる行為の故意がある限り、重い結果についても責任を負う。

4　関係判例

○　暴行をした結果、暴行の相手に傷害を与えた場合、基本的行為について認識がある限り、重い結果についてもその責任を負う（最判昭23.5.8）。

○　殺人と傷害致死罪の違いは「殺意」の有無だけであり、基本的構成要件は同じであるから、構成要件が重なり合う範囲内において、軽い罪である傷害致死罪の共同正犯が成立する（最決昭54.4.13）。

5　事例検討

事例の場合、異なる構成要件の錯誤であるから、原則として故意は否定されるが、基本的な構成要件が重なる範囲内において軽い犯罪が成立することから、上記法的検討、関係判例のとおり、甲は、傷害致死罪の刑責を負う。

【占有離脱物横領を犯す意思で窃盗罪を犯した】

甲は酔って最終電車を乗り過ごし、自宅まで歩いて帰宅する途中、マンションのゴミ置き場前にあった自転車を捨ててあるものと思って乗ったが、その自転車は、マンションの住民であるＡが駐輪していたものであった。この場合、甲は窃盗罪の刑責を負うか。

関係判例

占有離脱物横領罪を犯す意思で、同質の構成要件であるが、占有離脱物横領罪よりも刑が重い窃盗罪を犯した場合、軽い罪の占有離脱物横領罪が成立する（東京高判昭35.7.15）。

論文答案例

1　結　論

占有離脱物横領罪が成立する。

2　争　点

法定刑の軽い占有離脱物横領罪の故意で、法定刑の重い窃盗罪の行為を行った場合、何罪になるか。

3　法的検討

(1)　異なる構成要件の錯誤（抽象的事実の錯誤）

通説・判例である法定的符合説によると、犯罪行為と発生した結果が異なる構成要件にまたがる場合、原則として故意は否定されるが、基本的な構成要件が重なる範囲内において、軽い犯罪が成立する。

(2)　刑法第38条第２項の意義

○　軽い犯罪事実を犯す意思で、

○　重い犯罪事実を実現したときは、

○　重い罪の刑を科することができない。

4　関係判例

占有離脱物横領罪を犯す意思で、同質の構成要件であるが、占有離脱物横領罪よりも刑が重い窃盗罪を犯した場合、軽い罪の占有離脱物横領罪が成立する（東京高判昭35.7.15）。

5　事例検討

事例の場合、異なる構成要件の錯誤であるから、原則として故意は否定されるが、基本的な構成要件が重なる範囲内において軽い犯罪が成立することから、上記法的検討、関係判例のとおり、甲は、占有離脱物横領罪の刑責を負う。

【犯罪にならないと思って犯罪を犯した】

甲が、ピンクビラをはり付けるアルバイトをした際、ピンクバーの店長のAから、「このビラは水ではり付けるタイプだから法律違反にはならない。」旨の指示を信じ、電話ボックス内のガラスにはり札をした。この場合、軽犯罪法違反が成立するか。

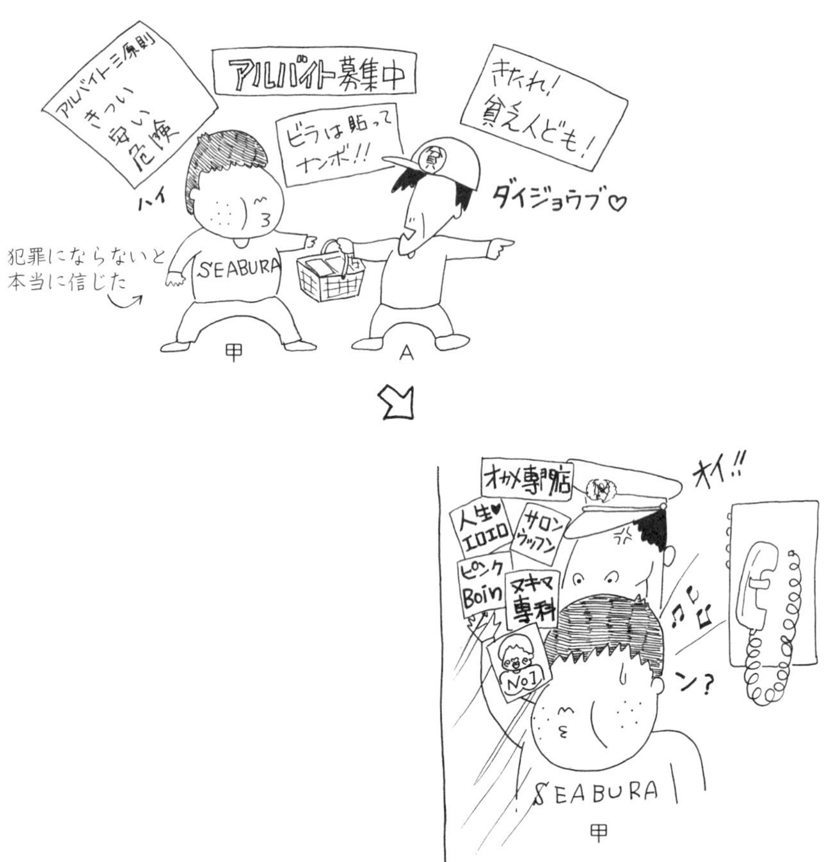

関係判例～認識可能性説に立ったとされる判例～

警察官に紙幣と紛らわしい外観を有するサービス券を渡した際に警察官から注意をされなかったとしても、違法性の認識を欠いたことについて、相当な理由があったことにはならない（最決昭62.7.16）。

論文答案例

1　結　論

軽犯罪法違反が成立する。

2　争　点

甲が、電話ボックス内のガラスにはり札をはる行為が罪にならないと思っていた場合、軽犯罪法違反が成立するか。

3　法的検討

(1)　認識不要説（従来の判例の立場）

最高裁は基本的には、違法性に対する認識はいらないとし、「法の不知は弁解とはならない。」という立場である。

(2)　認識可能性説（最近の判例）

違法性の認識を欠いたことについて、相当の理由がある場合には、犯罪は成立しない。

4　関係判例～認識可能性説に立ったとされる判例～

警察官に紙幣と紛らわしい外観を有するサービス券を渡した際に警察官から注意をされなかったとしても、違法性の認識を欠いたことについて、相当な理由があったことにはならない（最決昭62.7.16）。

5　事例検討

甲は、電話ボックス内のガラスにはり札をする際に、違法性に対する認識を欠いたことについて相当な理由があったわけでないことから、上記法的検討、関係判例のとおり、仮に認識可能性説によって判断したとしても軽犯罪法違反が成立する。

【窃盗の見張りをしたら共犯者が強盗を犯した】

甲と乙は窃盗を共謀し、甲が屋外で見張り役を、乙がA宅に侵入して窃盗を行う計画を立てたが、乙は、甲には黙って初めから強盗を行う意思でA宅に侵入し、寝ていたAを脅迫して金庫を開けさせ、多額の現金を強奪した。この場合、甲は何罪になるか。

関係判例

窃盗の共同正犯者として見張り役を行ったつもりでいたところ、実行者は最初から強盗を行う意思で強盗を行った場合、見張り者は軽い罪の窃盗既遂罪となる（最判昭23.5.1）。

論文答案例

1　結　論

窃盗罪の刑責を負う。

2　争　点

法定刑の軽い窃盗罪の故意で、法定刑の重い強盗罪の共犯となった場合、窃盗罪の刑責を負うか。強盗罪の刑責を負うか。

3　法的検討

(1)　異なる構成要件の錯誤（抽象的事実の錯誤）

通説・判例である法定的符合説によると、犯罪行為と発生した結果が異なる構成要件にまたがる場合、原則として故意は否定されるが、基本的な構成要件が重なる範囲内において、軽い犯罪が成立する。

(2)　刑法第38条第２項の意義

○　軽い犯罪事実を犯す意思で、

○　重い犯罪事実を実現したときは、

○　重い罪の刑を科することができない。

4　関係判例

窃盗の共同正犯者として見張り役を行ったつもりでいたところ、実行者は最初から強盗を行う意思で強盗を行った場合、見張り者は軽い罪の窃盗既遂罪となる（最判昭23.5.1）。

5　事例検討

事例の場合、異なる構成要件の錯誤であるから、原則として故意は否定されるが、基本的な構成要件が重なる範囲内において軽い犯罪が成立することから、上記法的検討、関係判例のとおり、甲は、窃盗罪の刑責を負う。

【法令が公布と同時に施行された】

甲が風営適正化法違反で検挙された際、甲は警察官に「私は、この法律改正が行われたことを知らなかった。」と供述し、甲の弁護士からも「法律改正を知らなかったのだから故意がなく、犯罪は成立しない。」と抗議された。この場合、犯罪は成立するか。

関係判例

故意に違法性の認識は必要としないから、仮に、法令の公布と同時に法が施行されたため、行為の違法性について認識することができなくても、故意は成立する（最判昭26.1.30）。

論文答案例

1　結　論

成立する。

2　争　点

甲が、法律改正について知らなかった場合、犯罪が成立するか。

3　法的検討

(1)　認識不要説（従来の判例の立場）

最高裁は基本的には、違法性に対する認識はいらないとし、「法の不知は弁解とはならない。」という立場である。

(2)　認識可能性説（最近の判例）

違法性の認識を欠いたことについて、相当の理由がある場合には、犯罪は成立しない。

4　関係判例

○　事実の不知は故意を阻却するが、法令の不知は故意を阻却しないから、具体的にどのような法令によって禁止されているのかを知らなくても、故意が成立する（最判昭24.4.9）。

○　故意に違法性の認識は必要としないから、仮に、法令の公布と同時に法が施行されたため、行為の違法性について認識することができなくても、故意は成立する（最判昭26.1.30）。

5　事例検討

法律が施行されている以上、仮に違法性に対する認識を欠いていたとしても、上記法的検討、関係判例のとおり、当該犯罪が成立する。

第42条・自首

1　自首の意義

自首とは、犯人が捜査機関に対し、自発的に自己の犯罪事実を申告し、その訴追を含む処分を求めることをいう。ただし、単なる自白は自首ではなく、犯人自ら自己の犯罪事実を申告する点において、告訴、告発とは異なる。

なお、自首は、刑事訴訟法上は捜査の端緒にすぎないが、刑法上では、刑の任意的な減軽事由となる。

2　道路交通法第72条第１項との関係

道路交通法第72条第１項の規定を履行し、交通事故の発生及び被害の状況等について警察官に申告した場合でもあっても、当該申告は自首に当たらず、それを超えて自己の過失を認め、処分を容認したときに初めて自首したといえる（高松高判昭30.7.29）。

3　自首制度の趣旨

自首の制度を制定した趣旨は、

①　犯罪捜査を容易にすること。

②　犯人の反省に対する刑の減軽措置をとるため。

の２点にあると考えられている。

4　自首の要件

⑴　犯罪事実を自発的に申告すること

自発的に自己の犯罪事実を申告することであるから、捜査機関の取調べに対して犯行を認めて供述するのは、自首には当たらない。

また、警察官の職務質問に対して、犯行を自供した場合には自首には当たらないが、警察官が犯罪の嫌疑をもっていないのに、職務質問を受けた直後に自発的に犯罪事実を申告した場合は、自首したといえる。

なお、自首が成立するためには真摯な悔悟によることを要しないから、交通監視中の警察官をみて自己の犯行が発覚したと勘違いし、自ら犯罪事実を申告した場合であっても自首となる。

⑵　捜査機関に発覚する前に犯罪事実を申告すること

この場合の捜査機関とは、捜査機関全体を指すから、犯罪事実を申告した捜査官が知らなくても、他の捜査官のだれかが知っていれば自首には当たらない（司法巡査であると司法警察員であるとを問わない。）が、捜査機関に発覚してさえいなければ、被害者や目撃者に発覚していても自首に当たる。

なお、犯人が警察に出頭しなくても、直ちに捜査機関の支配下に入る状態で電話や第三者を介する方法で申告しても、自首となる場合がある。

<刑法ノート>

第42条・自首等

第１項　罪を犯した者が捜査機関に発覚する前に自首したときは、その刑を減軽することができる。

第２項　告訴がなければ公訴を提起することができない罪について、告訴をすることができる者に対して自己の犯罪事実を告げ、その措置にゆだねたときも、前項と同様とする。

1　自首の要件

○　罪を犯した者が、

○　捜査機関に発覚する前に、

○　自首したときは、

○　その刑を減軽することができる（任意的減軽）。

2　「捜査機関に発覚する前」の意義（通説）

○　おおよその人相、年齢、身長、着衣等が分かっているだけでは、「発覚」しているとはいえない。

○　容貌、体格その他の特徴によって犯人が明確に特定されている場合は、発覚しているといえる。その場合の特定については、確定的に断定するまでは必要ではない。

【道路交通法第72条第１項の規定を履行した】

甲は、自家用車を運転中、道路上に飛び出してきた子供をはねて負傷させたため、直ちに携帯電話で119番と110番に通報し、臨場した警察官に交通事故の発生状況を説明した。この場合、甲は、自首をしたことになるか。

関係判例

自動車の運転者が、発生した交通事故の内容を警察に届け出るだけでは自首には当たらず、事故原因である犯罪事実を告げなければ、自首にはならない（高松高判昭30.7.29）。

論文答案例

1　結　論

自首にはならない。

2　争　点

道路交通法第72条第1項後段に規定されている、交通事故発生時における運転者の報告義務の履行は、刑法第42条の自首に当たるか。

3　法的検討

(1)　自首（刑法42条）の意義

○　罪を犯した者が、

○　捜査機関に発覚する前に、

○　自首したときは、

○　その刑を減軽することができる（任意的減軽）。

(2)　「捜査機関に発覚する前」の意義（通説）

○　おおよその人相、年齢、身長、着衣等が分かっているだけでは、「発覚」しているとはいえない。

○　容貌、体格その他の特徴によって犯人が明確に特定されている場合は、発覚しているといえる。その場合の特定については、確定的に断定するまでは必要ではない。

4　関係判例

○　道路交通法に定める報告義務は、発生した日時、場所、死傷者数等、交通事故の客観的な事実の報告を義務付けたものであるから、憲法第38条第1項（不利益な供述を強要されない）の規定には反しない（最判昭37.5.2）。

○　自動車の運転者が、発生した交通事故の内容を警察に届け出るだけでは自首には当たらず、事故原因である犯罪事実を告げなければ、自首にはならない（高松高判昭30.7.29）。

5　事例検討

事例の場合、道路交通法の規定により、警察官に対して報告義務を履行したにすぎないから、上記法的検討、関係判例のとおり、甲の行為は、自首に当たらない。

【人相、あだ名等が特定されている者が出頭した】

警察官が傷害事件の現場であるスナックに臨場したところ、店主等の供述から、名前は不明であるが、犯人は常連客の甲であり、写真、住居、あだ名等が判明したため、氏名不詳で通常逮捕状を請求準備中、犯人の甲が出頭した。この場合、自首に当たるか。

関係判例

被疑者の氏名が分からない状態で「犯人が発覚している」といえるためには、通常逮捕状を請求できる程度に特定がされている必要があるが、現実に逮捕状請求の準備をしている必要はない（大阪高判昭48.7.12）。

論文答案例

1　結　論

自首にはならない。

2　争　点

氏名不詳で通常逮捕状を請求中に、犯人が自ら出頭してきた場合、自首に当たるか。

3　法的検討

(1)　自首（刑法42条）の意義

○　罪を犯した者が、

○　捜査機関に発覚する前に、

○　自首したときは、

○　その刑を減軽することができる（任意的減軽）。

(2)　「捜査機関に発覚する前」の意義（通説）

○　おおよその人相、年齢、身長、着衣等が分かっているだけでは、「発覚」しているとはいえない。

○　容貌、体格その他の特徴によって犯人が明確に特定されている場合は、発覚しているといえる。その場合の特定については、確定的に断定するまでは必要ではない。

4　関係判例

○　犯罪事実が全く捜査機関に発覚していない場合はもちろん、犯罪事実は発覚していても、その犯人がだれであるか判明していない場合も、「捜査機関に発覚する前」に当たるが、犯罪事実及び犯人が判明しており、単に所在が不明である場合は、自首には当たらない（最判昭24.5.14）。

○　被疑者の氏名が分からない状態で「犯人が発覚している」といえるためには、通常逮捕状を請求できる程度に特定がされている必要があるが、現実に逮捕状請求の準備をしている必要はない（大阪高判昭48.7.12）。

5　事例検討

事例の場合、通常逮捕状が請求できるまで特定されていたのであるから、犯人が捜査機関に発覚していることとなり、上記法的検討、関係判例のとおり、甲の出頭は、自首に当たらない。

【犯人の人相・着衣がおおよそ判明した段階で出頭した】

Ａ暴力団事務所にけん銃が発射され、犯人は「黒いシャツを着た20歳くらいの中肉の男」との情報を入手し、捜査員が、対立抗争の相手であるＢ暴力団を中心に捜査していたところ、Ｂ暴力団員の甲が警察に出頭し、犯行を自供した。この場合、自首に当たるか。

関係判例

被疑者の氏名が分からない状態で「犯人が発覚している」といえるためには、通常逮捕状を請求できる程度に特定がされている必要があるが、現実に逮捕状請求の準備をしている必要はない（大阪高判昭48.7.12）。

論文答案例

1　結　論

自首である。

2　争　点

おおよその体格と犯行当時の人相・着衣が判明している段階で、捜査機関に出頭した甲の行為は、自首に当たるか。

3　法的検討

(1)　自首（刑法42条）の意義

○　罪を犯した者が、

○　捜査機関に発覚する前に、

○　自首したときは、

○　その刑を減軽することができる（任意的減軽）。

(2)　「捜査機関に発覚する前」の意義（通説）

○　おおよその人相、年齢、身長、着衣等が分かっているだけでは、「発覚」しているとはいえない。

○　容貌、体格その他の特徴によって犯人が明確に特定されている場合は、発覚しているといえる。その場合の特定については、確定的に断定するまでは必要ではない。

4　関係判例

被疑者の氏名が分からない状態で「犯人が発覚している」といえるためには、通常逮捕状を請求できる程度に特定がされている必要があるが、現実に逮捕状請求の準備をしている必要はない（大阪高判昭48.7.12）。

5　事例検討

事例の場合、犯人を氏名不詳で逮捕状を請求できるまでに特定されていないことから、犯人が既に発覚しているといえないことから、上記法的検討、関係判例のとおり、警察に出頭した甲の行為は、自首に当たる。

【自分の犯行が発覚していると誤信して申告した】

甲が原付でひったくりをして逃走中、白バイの警察官から速度違反で停止を求められた際、警察官はひったくり事件のことを知らなかったが、甲は、自己の犯行が発覚したものと勘違いして、自ら進んで犯行を自供した。この場合、甲の行為は、自首に当たるか。

関係判例

自首は、必ずしも後悔や反省から行ったものでなくともよく、警察官から職務質問をされたために、逃げられないと観念して自ら自己の犯罪事実を告知した場合であっても、それが自発的申告である限り、自首に当たる（東京高判昭42.2.28）。

論文答案例

1　結　論

自首になる。

2　争　点

甲が、警察官から停止を求められた際に、自己の犯行が発覚したと勘違いし、自ら犯罪事実を申告したことが、自首に当たるか。

3　法的検討

⑴　自首（刑法42条）の意義

○　罪を犯した者が、

○　捜査機関に発覚する前に、

○　自首したときは、

○　その刑を減軽することができる（任意的減軽）。

⑵　「捜査機関に発覚する前」の意義（通説）

○　おおよその人相、年齢、身長、着衣等が分かっているだけでは、「発覚」しているとはいえない。

○　容貌、体格その他の特徴によって犯人が明確に特定されている場合は、発覚しているといえる。その場合の特定については、確定的に断定するまでは必要ではない。

4　関係判例

自首は、必ずしも後悔や反省から行ったものでなくともよく、警察官から職務質問をされたために、逃げられないと観念して自ら自己の犯罪事実を告知した場合であっても、それが自発的申告である限り、自首に当たる（東京高判昭42.2.28）。

5　事例検討

上記法的検討、関係判例のとおり、自首は、反省や悔悟によるものに限られず、自発的申告であれば外部的な事情から行われたものでもよいことから、甲の申告は自首に当たる。

【窃盗犯人が暴力団から避難するために警察に出頭した】

甲がゲーム喫茶の売上金を窃取したところ、同店はA暴力団の経営であったことから、暴力団員が甲を事務所に監禁して暴行を加えた。甲は「このままでは殺される」と思い、すきをみて屋外に逃走して警察に出頭し、窃盗の事実を申告して自ら留置施設に入ることを願い出た。この場合、甲の行為は、自首に当たるか。

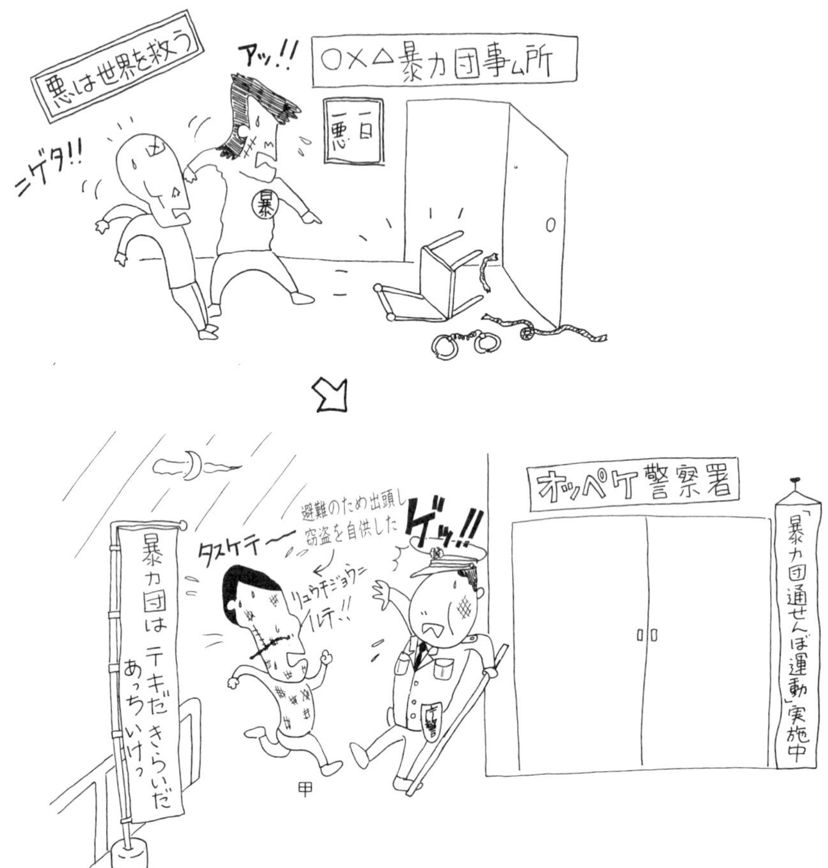

関係判例

強盗犯人が、強盗の被害者と関係のある暴力団員から監禁、暴行を受け、生命の危険を感じて警察に出頭した場合、たとえ出頭の動機が反省からでなくても、法的な要件を充足していれば、自首が成立する（最決平5.11.30）。

論文答案例

1　結　論

自首になる。

2　争　点

甲が、暴力団員の暴行から避難するために、自己の犯罪事実を申告した場合、自首となるか。

3　法的検討

(1)　自首（刑法42条）の意義

○　罪を犯した者が、

○　捜査機関に発覚する前に、

○　自首したときは、

○　その刑を減軽することができる（任意的減軽）。

(2)　「捜査機関に発覚する前」の意義（通説）

○　おおよその人相、年齢、身長、着衣等が分かっているだけでは、「発覚」しているとはいえない。

○　容貌、体格その他の特徴によって犯人が明確に特定されている場合は、発覚しているといえる。その場合の特定については、確定的に断定するまでは必要ではない。

4　関係判例

強盗犯人が、強盗の被害者と関係のある暴力団員から監禁、暴行を受け、生命の危険を感じて警察に出頭した場合、たとえ出頭の動機が反省からでなくても、法的な要件を充足していれば、自首が成立する（最決平5.11.30）。

5　事例検討

事例の場合、甲は、単に暴力団員の手から逃れるために警察に出頭したのであるが、悔悟や反省等の主観的要素は自首の要件ではないことから、上記法的検討、関係判例のとおり、自首に当たる。

【交通事故の運転者が同乗者がいなかったと警察官に申告した】

甲が乙を同乗して走行中、電柱に衝突して乙を負傷させたことから、友人の丙の車で病院に乙を搬送させ、臨場した警察官に、「同乗者はいないから負傷者はない。」旨を申告したが、こわくなって後日警察に真実を申告した。この場合、甲の行為は、自首に当たるか。

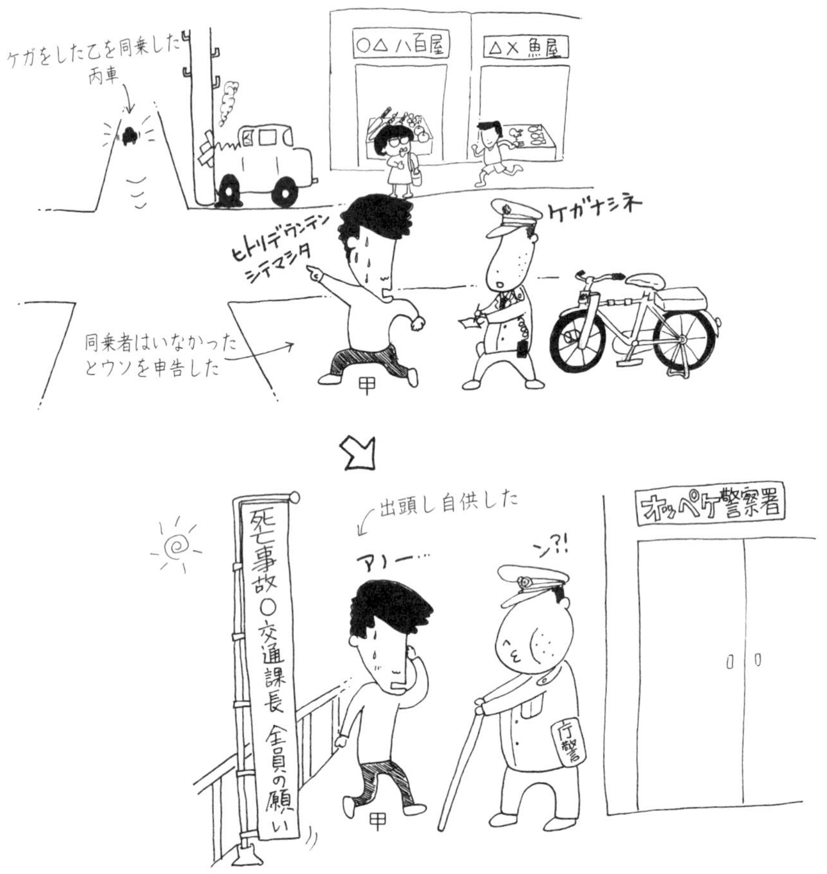
ケガをした乙を同乗した丙車
○△八百屋
△×魚屋
ヒトリデウンテンシテマシタ
ケガナシネ
同乗者はいなかったとウソを申告した
甲
出頭し自供した
死亡事故0 交通課長 全員の願い
アノー…
ン?!
オッペケ警察署
警庁
甲

関係判例

事故を起こして同乗者が負傷し、臨場した警察官に同乗者はいなかった旨の虚偽の申告をした場合であっても、犯罪が捜査機関に発覚する前に真実を申告したときは、業務上過失傷害罪、道路交通法違反（報告義務）の自首となる（最決昭60.2.8）。

論文答案例

1　結　論

自首になる。

2　争　点

甲が、最初に警察官に対し、同乗者がいない旨を申告した後に事実を警察官に申告した場合、自首となるか。

3　法的検討

(1)　自首（刑法42条）の意義

○　罪を犯した者が、

○　捜査機関に発覚する前に、

○　自首したときは、

○　その刑を減軽することができる（任意的減軽）。

(2)　「捜査機関に発覚する前」の意義（通説）

○　おおよその人相、年齢、身長、着衣等が分かっているだけでは、「発覚」しているとはいえない。

○　容貌、体格その他の特徴によって犯人が明確に特定されている場合は、発覚しているといえる。その場合の特定については、確定的に断定するまでは必要ではない。

4　関係判例

事故を起こして同乗者が負傷し、臨場した警察官に同乗者はいなかった旨の虚偽の申告をした場合であっても、犯罪が捜査機関に発覚する前に真実を申告したときは、業務上過失傷害罪、道路交通法違反（報告義務）の自首となる（最決昭60.2.8）。

5　事例検討

警察官に虚偽の申告をした場合であっても、その後、捜査機関に発覚する前に犯罪事実を申告した場合には、自首の要件を充足することから、上記法的検討、関係判例のとおり、甲の行為は、自首に当たる。

【犯人から自己の犯行である旨の申出を受けた被害者が、独自の判断でこれを捜査機関に申告した場合における自首の成否】

コンビニエンスストアの事務室で発生した同店店長を被害者とする財布の窃盗事件につき、被害者の店長から被害届を受理した。事件発生から３日後、同店のアルバイト従業員である甲は、窃盗の犯行が発覚すると思い、店長に対し、自己の犯行であり、警察には言ってほしくない旨を申し出た。しかし、店長は、独自の判断でそれを警察官に通報した。

この場合、甲は、店長を通じて有効な自首をしたといえるか。

なお、警察では、犯人に関する事項は何ら判明しておらず、被疑者を特定するに至っていなかった。

関係判例

他人を介した申告が有効な自首となるためには、①犯人が自発的に自己の犯罪事実を捜査機関に申告して、その訴追を求める意思を有していること、②犯人と他人との間に意思の連絡が認められ、他人が犯人に代わってその犯罪事実を捜査機関に申告すること、③犯人がいつでも捜査機関の支配内に入る態勢にあることが必要である（京都地判昭47.3.29）。

論文答案例

1　結　論

自首にはならない。

2　争　点

自首の「申告」とは、自ら進んで申し出ることをいうところ、事例のように、犯人自らの意思ではなく、他人が独自の判断で捜査機関に申告した場合、有効な自首といえるか。

3　法的検討

⑴　自首の意義

自首における申告は、犯人自身によってなされることを要するのが原則である。

⑵　自発的に申告することの意義

犯人がいつでも捜査機関の支配内に入る状態であれば、使者による自首も許される。

ただし、犯人の代わりに他人が申告する場合、その申告は、犯人の意思に基づくものでなければ自首には当たらない。

4　関係判例

他人を介した申告が有効な自首となるためには、

①　犯人が自発的に自己の犯罪事実を捜査機関に申告して、その訴追を求める意思を有していること、

②　犯人と他人との間に意思の連絡が認められ、他人が犯人に代わってその犯罪事実を捜査機関に申告すること、

③　犯人がいつでも捜査機関の支配内に入る態勢にあること、

が必要である（京都地判昭47.3.29）。

5　事例検討

甲の犯行を捜査機関である警察官が知ったのは、被害者（店長）の独自の判断によるものであり、甲に訴追を求める意思や、甲と店長との間に犯罪事実を捜査機関に申告するという意思の連絡があったとは認められないことから、店長の警察官に対する申告は、甲による有効な自首とはいえない。

第43条・第44条・未遂

1　未遂犯の意義

刑法の規定は、原則として既遂の犯罪を処罰するものであるが、犯罪によっては既遂に達していなくても罰する必要性があるため、未完成の犯罪（「陰謀」、「予備」、「未遂」）から処罰の必要性がある犯罪を特定し、罰則を科しているのである。

未遂犯は、「着手未遂」と「実行未遂」に区別される。

着手未遂は、その後の犯罪行為を中止すれば未遂犯となるが、実行未遂は、犯罪行為を中止するだけでは足らず、積極的に結果発生を防止する行為が必要とされる。

2　未遂犯の成立要件

⑴　未遂犯の種類

ア　着手未遂

犯罪の実行行為に着手したが、犯罪行為が終了しなかった場合

イ　実行未遂

犯罪の実行行為に着手し、犯罪行為が終了したが、結果が発生しなかった場合

⑵　未遂犯の成立要件

ア　着手未遂

①　犯罪の実行に着手したこと。

②　犯罪の実行を中止したこと。

イ　実行未遂

①　犯罪の実行に着手したこと。

②　積極的に結果発生を防止するための行為を行ったこと。

③　結果が発生しなかったこと。

⑶　実行の着手

ア　実行の着手の意義

実行の着手とは、実行行為の一部を開始することをいい、

①　故意があること

②　犯罪行為が開始されたと客観的に認められること

が必要である。

イ　着手時期

㈠　逃走罪

逃走罪は国家の拘禁作用を害する犯罪である。

a　単純逃走罪

看守者の実力的支配を脱する行為を開始したとき。

b　加重逃走罪

二人以上通謀等して、逃走行為に着手したとき。

(イ)　放火罪

客体の燃焼を惹起する行為を開始したとき。具体的には、直接に客体に点火する場合はもとより、媒介物に点火して目的物に導火する場合も、放火罪の着手に当たる。

(ウ)　不同意性交等罪

強いて性交等することを目的として暴行・脅迫を開始したとき。暴行・脅迫を手段としないときは、性交等の行為が開始されたとき。

(エ)　殺人罪

行為者が、殺意をもって、他人を死亡させる現実的な危険性のある行為を開始したとき。

(オ)　窃盗罪

財物についての他人の占有を侵害する行為を開始したとき、又は、これに密着した行為を開始したとき。

(4)　障害未遂の意義（刑法43条）

自己の意思によらない外部的な障害によって犯罪が既遂に達しなかった場合をいう。

(5)　中 止 未 遂

ア　中止犯の意義

中止未遂（中止犯）とは、犯罪の実行に着手したが、自己の意思により犯罪を既遂にしなかった場合をいう。

イ　中止未遂の成立要件

(ア)　実行の着手

犯罪の実行に着手していること。

(イ)　中止の任意性

自発的な意思のもとに中止することが必要であり、あくまでも任意に行われた中止でなければならないが、この任意性の基準については、以下の各説がある。

a　主観説

外部的な障害を認識して犯行を中止した場合には障害未遂となり、外部的な障害を認識しないで、自発的に犯行を中止した場合には中止未遂となる。

b　限定的主観説

悔悟、同情、憐憫（れんびん）などの内心的な後悔に基づいて犯行を自ら中止した場合に中止未遂となる。

c　客観説（通説・判例）

犯罪行為者の心理状態や犯罪行為を一般人の視点から客観的にみて、犯罪の既遂を妨げるだけの外部的な障害があったと認められる場合には障害未遂となり、ない場合には中止未遂になる。

d　折衷説

主観説と客観説の両方を考慮して、

○　外部的な障害により中止を決意した場合は障害未遂である。

○　外部的な障害があったが、任意の意思によって中止したと客観的に認められる場合は中止未遂である。

以上のとおり学説は分かれているが、判例は客観説を採用し、外部的事情の認識内容が、経験上、一般に犯罪遂行の障害となる場合には中止の任意性を否定していると理解されている。

(ウ)　関係判例

中止犯の処分が軽くなっているのは、実害を防止するための政策的な理由があることから、中止犯が成立するためには、結果が現実に防止されることが必要であり、実行後に犯行を中止した場合であっても、結果が防止されなければ中止犯にはならない（大判昭4.9.17）。

ウ　障害未遂と中止未遂の区分の意義

障害未遂は、任意に刑が減軽されることに対し、中止未遂は、必ず刑が減軽又は免除されることから、両者の区分は、科刑上重要な意味をもつこととなる。

3　不　能　犯

(1)　不能犯の意義

犯罪を実現するために特定の行為をしたが、犯罪実現の可能性がないため、犯罪実行の着手も認められず、未遂犯すら成立しない場合を不能犯といい、態様として、

ア　客体の不能

人だと勘違いして人形を刃物で刺すなど、犯罪の対象となる客体が存在しない場合

イ　方法の不能

人を殺そうと思って栄養剤を飲ませるなど、その方法では犯罪が成立しない場合に分かれる。

(2)　不能犯と未遂犯の区別

不能犯と未遂犯の区別については、

ア　主観的危険説

行為者が、故意をもって犯罪事実を実行した場合にはすべて未遂犯となるが、例外的に、明らかな迷信犯（丑の刻参りによる殺人など）については不能犯となる。

イ　絶対的不能、相対的不能説（古い客観説、かつての判例）

行為の客体、方法の性質を客観的にみて、結果の発生があり得ない場合と、特別の事情からたまたま結果が発生しなかった場合とに区分し、前者を絶対的不能として不能犯を認め、後者を相対的不能として未遂犯とするものである。

ウ　具体的危険説（新しい客観説）～通説、判例～

行為者が犯行当時に認識した事情を客観的にみて、結果発生の危険性が認められる場合は未遂犯となり、結果発生の危険性が認められない場合は不能である。

等があるが、具体的危険説が通説であり、最高裁判例もこれに沿っているとされている。

<刑法ノート>

第43条・未遂減免

犯罪の実行に着手してこれを遂げなかった者は、その刑を減軽することができる。ただし、自己の意思により犯罪を中止したときは、その刑を減軽し、又は免除する。

第44条・未遂罪

未遂を罰する場合は、各本条で定める。

1　未遂犯と不能犯

⑴　未遂罪の意義

犯罪行為者が実行行為を行ったが、結果が発生しなかった場合

⑵　不能犯の意義

構成要件に該当するような行為を行ったが、

○　その行為の性質上（方法の不能）

○　客体の性質上（客体の不能）

当該構成要件を実現する可能性がなかった場合

⑶　未遂罪と不能犯の違い

未遂罪は処罰の対象となるが、不能犯は処罰されない。

⑷　未遂犯と不能犯の区別

客観的にみて、具体的な危険が認められるときは未遂犯であり、認められないときは不能犯であるとする具体的危険説が、通説・判例とされている。

2　着 手 時 期

⑴　殺人行為の着手時期

行為者が殺意をもって他人の生命に危険を与える行為を開始したとき（通説・判例）

○　毒入りまんじゅうを相手に交付したとき（大判昭7.12.12）。

○　毒物を郵送したときは、相手が受領したとき（大判大7.11.16）。

⑵　窃盗の着手行為

ア　着手時期

他人の財物の占有を侵害する行為が開始されたときに着手が認められる。

イ　既遂時期

財物を安全な場所まで運ばなくても、事実上、自己の支配内に移したときに既遂となる（取得説～通説・判例）。

ウ　関係判例

(ア)　着手が認められる場合

○　侵入盗の犯人が、室内で物色を始めた場合（大判昭9.10.19）

○　窃盗目的で倉庫や土蔵の出入口かぎを破壊しようとした行為（高松高判昭28.1.31、大阪高判昭62.12.16）

○　車上荒らしをするために、自動車のドアにかね尺を差し込む行為（山口簡判平2.10.1、東京高判昭45.9.8）

○　すりをするために手でズボンのポケットの外側に触れる行為（最決昭29.5.6）

(イ)　着手が認められない場合

○　すり犯人が、財布の所在を確かめるために行う「あたり行為」（最決昭29.5.6）

(3)　間接正犯の着手時期

○　郵便を利用して脅迫文書を出した場合、相手に到着したときに着手がある。

○　善悪を分別できない未成年者を利用して犯罪を行うときは、その未成年者が犯罪行為を実行したときに着手がある。

3　財物の意義

○　所有者にとって、主観的価値（使用価値、利用価値）があることを要するが、必ずしも経済的価値（交換的価値）があることを要しない（最判昭25.8.29）。

○　経済的価値が微弱で、刑法的に保護する値がなく、客観的にも主観的にも全く価値のないものは、刑法上の財物ではない（大阪高判昭43.3.4）。

○　財物に当たらないとされたもの

・汚損しているちり紙（東京高判昭45.4.6）

・意味不明の文字が書かれたメモ（大阪高判昭43.3.4）

・大量配布されたパンフレット（東京高判昭54.3.29）

4　中止未遂と障害未遂

(1)　未遂罪の意義

犯罪の実行に着手したが、既遂に至らなかった場合に未遂となる。

ア　実行未遂

実行行為は終了したが、結果が発生しなかった場合

イ　着手未遂

実行行為に着手したが、実行行為が終了しなかった場合

(2)　障害未遂の意義

外部的な障害によって未遂となった場合のことをいい、刑が任意に減軽される（任意的減軽）。

(3)　中止未遂の意義

○　外部的障害がなかったにもかかわらず、自ら犯罪の実行を中止した場合のこと

をいい、必ず刑が減軽（必要的減軽）される。

○　実行後に犯行を中止した場合は、結果が防止されなければ中止犯は成立しない。

⑷　**客観説（通説・判例）**

未遂の原因が客観的にみて障害にあたるかどうかで判断し、外部的な障害が犯行中止の直接的な原因となった場合に、障害未遂とするもの

5　共同正犯

⑴　**共同正犯の意義**

各共謀者が実行行為の一部を分担し、お互いの行為を利用して犯罪を実現する犯行方法である。

⑵　**共同正犯と中止未遂の関係**

共犯者の一部の者が犯行を中止しても、他の共犯者によって犯行が継続され、犯罪が既遂に達した場合は、中止未遂規定は適用されない。

⑶　**中止未遂が成立する場合**

犯行を中止した共謀者が、他の共謀者の犯行を阻止することによって、初めて中止未遂規定の適用を受ける。

【拾得した貴重品交換札を係員に提示した】

結婚式に出席した甲は、貴重品の預かり札を廊下で拾得したことから、この札を提示して貴金属を入手しようと悪心を起こし、クローク係員に札を渡したが、当該貴重品は数時間前に所有者に返還されていた。この場合、甲は詐欺未遂罪の刑責を負うか。

関係判例

拾得した手荷物切符を係員に提出したときに、既に手荷物を所有者が受け取っていたとしても、不能犯ではなく未遂罪である（東京高判昭26.8.14）。

論文答案例

1　結　論

甲は、詐欺未遂罪の刑責を負う。

2　争　点

甲の行為が、不能犯であるか、未遂犯であるか。

3　未遂犯と不能犯の区別

(1)　未遂罪の意義

犯罪の実行に着手したが、既遂に至らなかった場合は未遂罪となる。

(2)　不能犯の意義

構成要件に該当するような行為を行ったが、

○　その行為の性質上（方法の不能）

○　客体の性質上（客体の不能）

当該構成要件を実現する可能性がなかった場合

(3)　未遂罪と不能犯の違い

未遂罪は処罰の対象となるが、不能犯は処罰されない。

(4)　未遂犯と不能犯の区別

ア　具体的危険説（通説）

客観的にみて、具体的な危険が認められるときは未遂犯であり、認められないときは不能犯であるとする説

イ　絶対的・相対的不能説（判例）

(ア)　絶対的不能

結果の発生が絶対に不可能な場合は不能犯とする説

(イ)　相対的不能

特別な事情によって結果発生の可能性がない場合は未遂犯とする説

4　関係判例

拾得した手荷物切符を係員に提出したときに、既に手荷物を所有者が受け取っていたとしても、不能犯ではなく未遂罪である（東京高判昭26.8.14）。

5　事例検討

事例の場合、具体的危険説（通説）、絶対的・相対的不能説（判例）のどちらでも未遂犯となることから、上記法的検討、関係判例のとおり、甲の行為は、詐欺未遂罪になる。

【恨みから毒入りジュースを置いた】

甲は、近所で自治会のお祭りの音がうるさくてカッとなり、だれかを殺せば静かになると考え、農家である自宅の納屋から農薬を持ち出してジュースに入れ、お祭り会場のベンチに放置したがだれも飲まなかった。この場合、甲は殺人未遂罪の刑責を負うか。

関係判例

他人や家族が使う鉄瓶のお湯に毒を入れた場合、殺人の概括的故意があり、殺人罪が成立する（大判大6.11.9）。

論文答案例

1　結　論

甲は、殺人未遂罪の刑責を負う。

2　争　点

毒入りのジュースをベンチに置いた行為が、殺人の着手に当たるか、それとも殺人予備罪にとどまるのか。

3　法的検討

(1)　殺人行為の着手時期

行為者が殺意をもって他人の生命に危険を与える行為を開始したとき(通説・判例)。

○　毒入りまんじゅうを相手に交付したとき（大判昭7.12.12)。

○　毒物を郵送したときは、相手が受領したとき（大判大7.11.16)。

(2)　概括的故意の意義

故意は、確定的な故意だけでなく、群衆の中に爆弾を投げ込んだ場合等、概括的な故意であっても、殺人罪等が成立する。

4　関係判例

他人や家族が使う鉄瓶のお湯に毒を入れた場合、殺人の概括的故意があり、殺人罪が成立する（大判大6.11.9)。

5　事例検討

甲の行為は、殺人罪の着手が認められることから、上記法的検討、関係判例のとおり、殺人予備罪ではなく、殺人未遂罪に当たる。

【すりが財布をすろうとしてポケットを触った】
すりの常習犯である甲が、財布を窃取するために会社員Aの上着ポケットに手を触れようとしたところ、会社員Aが甲の行為に気付いて騒いだため甲が逃走し、Aが甲を捕まえて駅員に突き出した。この場合、甲は窃盗罪の未遂になるか。

財布を取る前に
捕まった
ナニモシテネーヨー
コイツ
スリデス
甲
A

関係判例

すりをするために手でズボンのポケットの外側に触れる行為（最決昭29.5.6）

論文答案例

1　結　論

甲は、金品を窃取しようとしたのであれば、窃盗未遂罪の刑責を負う。

2　争　点

ポケットに触れた行為が窃盗の着手に当たるか。

3　法的検討

(1)　着手時期

他人の財物の占有を侵害する行為が開始されたときに着手が認められる。

(2)　既遂時期

財物を安全な場所まで運ばなくても、事実上、自己の支配内に移したときに既遂となる（取得説～通説・判例）。

4　関係判例

(1)　着手が認められる場合

○　侵入盗の犯人が、室内で物色を始めた場合（大判昭9.10.19）

○　窃盗目的で倉庫や土蔵の出入口かぎを破壊しようとした行為（高松高判昭28.1.31、大阪高判昭62.12.16）

○　車上荒らしをするために、自動車内のドアにかね尺を差し込む行為（山口簡判平2.10.1、東京高判昭45.9.8）

○　すりをするために手でズボンのポケットの外側に触れる行為（最決昭29.5.6）

(2)　着手が認められない場合

○　すり犯人が、財布の所在を確かめるために行う「あたり行為」（最決昭29.5.6）

5　事例検討

甲の行為が、

○　ポケットに金品があることについて認識がある。

○　あたり行為ではなく、窃取するためにポケットに手を触れた。

等の条件を満たせば、窃盗行為の着手が認められることから、上記法的検討、関係判例のとおり、窃盗未遂罪となる。

【倉庫に侵入するところを発見されて暴行した】

甲は、電気店の倉庫に忍び込んで家電製品を窃取するために、深夜、電気店の敷地に忍び込み倉庫の入口かぎを破壊したところ、警備員に発見されて取り押さえられそうになったことから、警備員を殴打して逃走した。この場合、甲は何罪になるか。

関係判例

窃盗目的で倉庫や土蔵の出入口かぎを破壊しようとした行為（高松高判昭28.1.31、大阪高判昭62.12.16）

論文答案例

1　結　論

甲は、事後強盗未遂罪の刑責を負う。

2　争　点

甲の行為は、窃盗に着手したものであるとして事後強盗未遂罪が成立するか、窃盗の着手がないとして、暴行罪が成立するか。

3　法的検討

(1)　着手時期

他人の財物の占有を侵害する行為が開始されたときに着手が認められる。

(2)　事後強盗罪の要件

窃盗の機会において、

○　財物を得てこれを取り返されることを防ぎ、

○　逮捕を免れ、

○　罪跡を隠滅するために、

暴行又は脅迫をすることにより成立し、事後強盗罪の既遂か未遂かは、強盗犯人が財物を得たかどうかで決まる。

4　関係判例

(1)　着手が認められる場合

○　侵入盗の犯人が、室内で物色を始めた場合（大判昭9.10.19）

○　窃盗目的で倉庫や土蔵の出入口かぎを破壊しようとした行為（高松高判昭28.1.31、大阪高判昭62.12.16）

○　車上荒らしをするために、自動車内のドアにかね尺を差し込む行為（山口簡判平2.10.1、東京高判昭45.9.8）

○　すりをするために手でズボンのポケットの外側に触れる行為（最決昭29.5.6）

(2)　着手が認められない場合

○　すり犯人が、財布の所在を確かめるために行う「あたり行為」（最決昭29.5.6）

5　事例検討

事例の場合、窃盗目的で倉庫の入口かぎを破壊した行為は窃盗の着手に当たり、警備員に対する暴行は事後強盗に当たることから、上記法的検討、関係判例のとおり、甲の行為は、事後強盗未遂罪となる。

【窃盗目的でマンション居室のベランダに侵入し、更に居室内に侵入しようとしたものの、室内に人の気配があったことから断念した】

甲は、生活費に窮し、どこかの家に侵入して、室内にある現金等を窃取しようと考えていたところ、人気のないマンションを発見した。そこで、甲は同マンションのＡ方居室のベランダに入り、窓の施錠を破壊しようとしたところ、人の気配がしたことから断念して逃走した。この場合、甲は、どのような刑責を負うか。

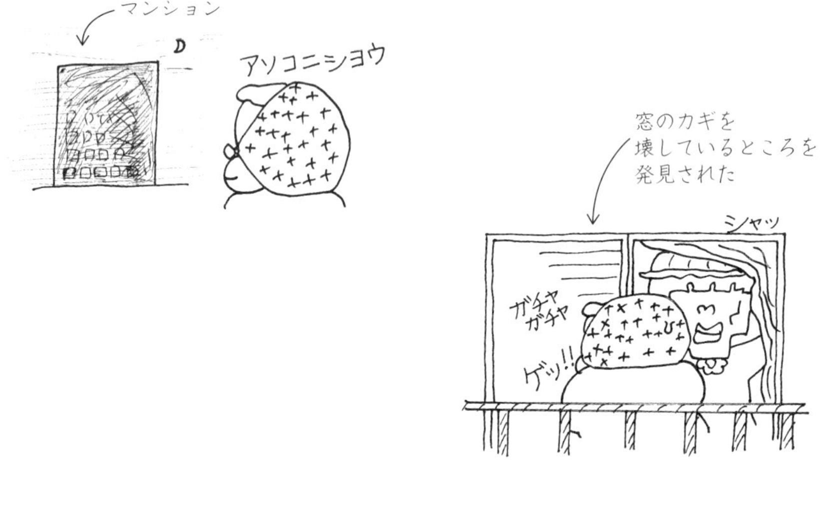

関係判例

戸障の外側の縁側（大判大12.1.27）、警察官に追われた窃盗犯人が他人の家の屋根に上がり、３軒の屋根の上を伝って逃げた事案（東京高判昭54.5.21）における屋上も、住居の一部である。

論文答案例

1　結　論

住居侵入罪の既遂の刑責を負う。

2　争　点

甲は、マンションの一室であるA方の居室内に侵入する目的で、そのベランダ内へ入っているところ、当該ベランダ内が、住居の一部に当たるか。

3　法的検討

住居のうち、どの部分に侵入すれば住居侵入罪が成立するのかについては、侵入場所を厳密に居室内に限る必要はなく、マンション等の集合住宅のベランダ等も、当該居室の専用部分であることから、居室たる住居の一部であると解される。

4　関係判例

戸障の外側の縁側（大判大12.1.27）や、警察官に追われた窃盗犯人が他人の家の屋根に上がって逃げた事案（東京高判昭54.5.21）における屋上も、住居の一部である。

5　事例検討

事例の場合、甲が侵入したA方のベランダは、Aの居室に付属しており、住居の一部であるから、甲は、窃盗目的で住居に侵入したといえる。

なお、甲の行為は、ベランダ内に侵入したにとどまっており、侵入窃盗の目的を達成していないが、住居の一部であるベランダ内に侵入している（身体の全部を入れている）ので、当然、住居侵入罪は既遂に達している。

上記法的検討、関係判例のとおり、甲は、住居侵入罪の既遂の刑責を負う。

【車の窓を破ろうとしたところを発見されて暴行した】

甲は、車上ねらいをしようとして近所のマンション駐車場内に侵入し、自動車の窓ガラスを割ってドアロックを外そうとしたところ、マンション管理人Aに発見されて取り押さえられそうになったため、Aを殴打して逃走した。この場合、甲は何罪になるか。

関係判例

車上荒らしをするために、自動車内のドアにかね尺を差し込む行為（山口簡判平2.10.1、東京高判昭45.9.8）

論文答案例

1　結　論

甲は、事後強盗未遂罪の刑責を負う。

2　争　点

甲の行為は、窃盗に着手したのであるとして事後強盗未遂罪が成立するか、窃盗の着手がないとして、暴行罪が成立するか。

3　法的検討

(1)　着手時期

他人の財物の占有を侵害する行為が開始されたときに着手が認められる。

(2)　事後強盗罪の要件

窃盗の機会において、

○　財物を得てこれを取り返されることを防ぎ、

○　逮捕を免れ、

○　罪跡を隠滅するために、

暴行又は脅迫をすることにより成立し、事後強盗罪の既遂か未遂かは、強盗犯人が財物を得たかどうかで決まる。

4　関係判例

(1)　着手が認められる場合

○　侵入盗の犯人が、室内で物色を始めた場合（大判昭9.10.19）

○　窃盗目的で倉庫や土蔵の出入口かぎを破壊しようとした行為（高松高判昭28.1.31、大阪高判昭62.12.16）

○　車上荒らしをするために、自動車内のドアにかね尺を差し込む行為（山口簡判平2.10.1、東京高判昭45.9.8）

○　すりをするために手でズボンのポケットの外側に触れる行為（最決昭29.5.6）

(2)　着手が認められない場合

○　すり犯人が、財布の所在を確かめるために行う「あたり行為」（最決昭29.5.6）

5　事例検討

事例の場合、窃盗目的で自動車の窓を割ってドアロックを外そうとする行為は窃盗の着手に当たり、Aに対する暴行は事後強盗に当たることから、上記法的検討、関係判例のとおり、甲の行為は、事後強盗未遂罪となる。

【エンジンがかからない自動車を盗もうとした】
甲は、車を盗もうとして近所のマンション駐車場内に侵入し、車の窓ガラスを割ってドアロックを外し、エンジンを直結にして始動しようとしたところ、同自動車は故障中であったためエンジンがかからない状態であった。この場合、甲は窃盗未遂罪の刑責を負うか。

関係判例

特定の事情によって自動車のエンジンがかからない状態にあったとしても、自動車窃取の危険性がある以上、不能犯ではない（広島高判昭45.2.16）。

論文答案例

1　結　論

甲は、窃盗未遂罪の刑責を負う。

2　争　点

エンジンがかからない状態の自動車を盗もうとした甲の行為が、不能犯であるか、窃盗の未遂犯か。

3　未遂犯と不能犯の区別

(1)　未遂罪の意義

犯罪行為者が実行行為を行ったが、結果が発生しなかった場合

(2)　不能犯の意義

構成要件に該当するような行為を行ったが、

○　その行為の性質上（方法の不能）

○　客体の性質上（客体の不能）

当該構成要件を実現する可能性がなかった場合

(3)　未遂罪と不能犯の違い

未遂罪は処罰の対象となるが、不能犯は処罰されない。

(4)　未遂犯と不能犯の区別

ア　具体的危険説（通説）

客観的にみて、具体的な危険が認められるときは未遂犯であり、認められないときは不能犯であるとする説

イ　絶対的・相対的不能説（判例）

(ア)　絶対的不能

結果の発生が絶対に不可能な場合は不能犯とする説

(イ)　相対的不能

特別な事情によって結果発生の可能性がない場合は未遂犯とする説

4　関係判例

特定の事情によって自動車のエンジンがかからない状態にあったとしても、自動車窃取の危険性がある以上、不能犯ではない（広島高判昭45.2.16）。

5　事例検討

事例の場合、具体的危険説（通説）、絶対的・相対的不能説（判例）のどちらでも未遂犯となることから、上記法的検討、関係判例のとおり、甲の行為は、窃盗未遂罪になる。

【脅迫文書を送付した】

甲は、中学生のとき同級生だったAを恐喝しようと悪心を起こし、「50万円を下記の口座に振り込まなければ殺す。」と書いた脅迫文を郵送したが、Aは甲に対する恐怖から中の手紙を読まないで焼いてしまった。甲は恐喝罪の刑責を負うか。

関係判例

誣告文書を郵送した場合、相手に到着したときに本罪の着手がある（大判昭13.6.17）。

論文答案例

1　結　論

甲は、恐喝未遂罪の刑責を負う。

2　争　点

郵便を使った恐喝行為に着手があり、恐喝の未遂罪が成立するか。

3　間接正犯の着手時期

○　郵便を利用して脅迫文書を出した場合、相手に到着したときに着手がある。

○　善悪を分別できない未成年者を利用して犯罪を行うときは、その未成年者が犯罪行為を実行したときに着手がある。

4　関係判例

○　殺人の目的で毒物を郵送した場合、相手に到着したときに殺人の着手がある（大判大7.11.16）。

○　誣告文書を郵送した場合、相手に到着したときに本罪の着手がある（大判昭13.6.17）。

5　事例検討

甲の行為は、郵便局員を使った間接正犯であるが、相手に脅迫文が届いた以上、恐喝罪の着手が認められることから、上記法的検討、関係判例のとおり、甲の行為は、恐喝未遂罪に当たる。

【書店で本をかばんに入れようとした】

甲は、書店で欲しい本があったが買う金がなかったことから、店員に見つからない場所まで本を持って行き、かばんに入れようとしたところで店員に捕まった。この場合、甲は、窃盗の既遂か未遂か。

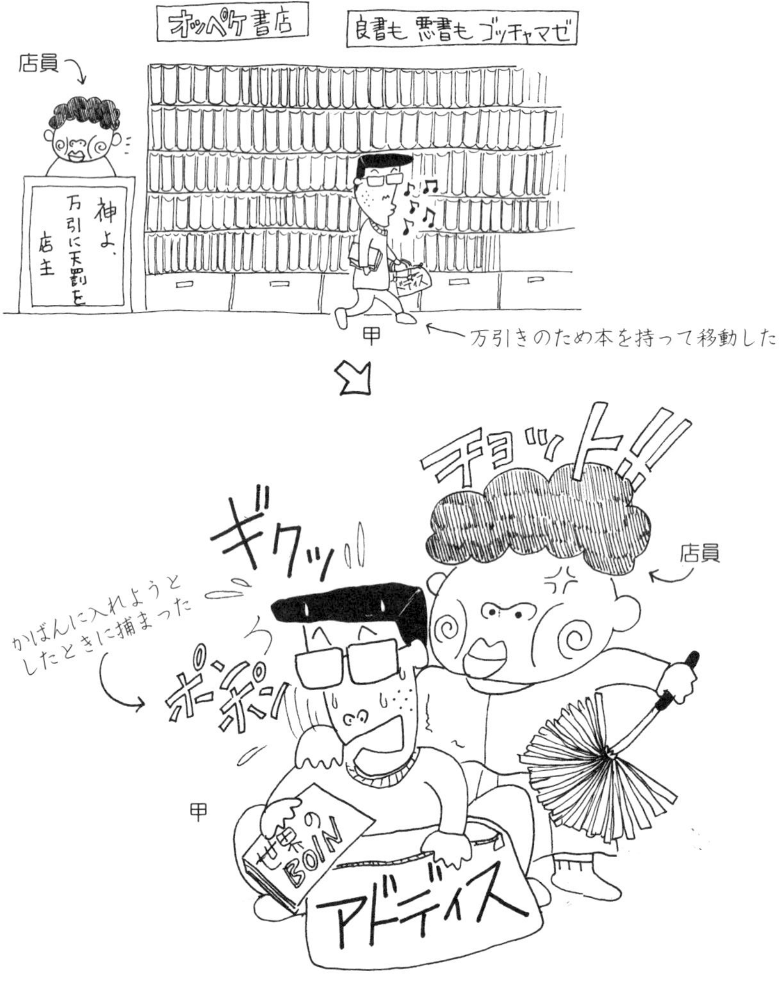

関係判例

店頭の本をわきの下に挟んで持ち出そうとしたとき（広島高岡山支判昭28.2.12）。

論文答案例

1　結　論

甲は、窃盗既遂罪の刑責を負う。

2　争　点

甲が、本をかばんに入れようとした行為は、窃盗の既遂か、未遂か。

3　既遂時期

(1)　通説・判例

取得説

(2)　取得説の意義

財物を安全な場所に運ばなくても、事実上、自己の支配内に移したときに既遂となる。

4　関係判例

窃盗の既遂とされたもの

○　侵入盗の犯人が、衣類を袋につめて、出入口まで運んだとき（東京高判昭27.12.11）。

○　万引き犯人が、商品（靴下）を懐にしまったとき（大判大12.4.9）。

○　万引き犯人が、商品をレジ外側のカウンターで袋に入れようとしたとき（東京高判平4.10.28）。

○　自転車のランプを盗む目的で、自転車を200～300メートル移動し、自転車全体を自己の支配内に入れた場合、自転車全体に対する窃盗罪既遂が成立する（東京高判昭27.5.31）。

○　他人の自転車を民家の軒下から道路上に持ち出した場合、窃盗既遂となる（名古屋高判昭25.3.1）。

○　自転車のかぎを外して方向転換し、直ちに発車できる状態にした場合、窃盗罪の既遂である（大阪高判昭25.4.5）。

○　かぎのかかったままの自転車を、約3メートル先の道路上に持ち出した場合、窃盗罪の既遂である（仙台高判昭28.11.30）。

○　陳列していた服地を着用していたコートの内側に隠した場合（東京高判昭29.5.11）。

○　店頭の本をわきの下に挟んで持ち出そうとしたとき（広島高岡山支判昭28.2.12）。

5　事例検討

事例の場合、本を安全な場所に運ばなくても、事実上、自己の支配内に移したときに既遂となることから、上記法的検討、関係判例のとおり、窃盗の既遂となる。

【使用済みのちり紙を窃取した】

甲は、夜間、ＡＴＭボックスから出てきた主婦Ａがコートのポケットに何かを入れたことから、これを現金だと思い、後方から近づいてポケット内のものをつかんで逃げたところ、甲が窃取した物は、Ａが鼻をかんだ後の汚損したちり紙であった。この場合、甲は窃盗既遂罪の刑責を負うか。

関係判例

財物に当たらないとされたもの

・汚損しているちり紙（東京高判昭45.4.6）

論文答案例

1　結　論

甲は、窃盗未遂罪の刑責を負う。

2　争　点

甲が盗んだ汚損したちり紙が財物に当たるかどうか。

3　法的検討

(1)　窃盗罪の意義

他人の財物を窃取した者は、窃盗の罪を負う。

(2)　窃盗罪の要件

①　他人の財物を

②　窃取すること

によって成立する。

4　関係判例

○　財物とは、所有者にとって主観的価値（使用価値、利用価値）があることを要するが、必ずしも経済的価値（交換的価値）があることを要しない（最判昭25.8.29）。

○　経済的価値が微弱で、刑法的に保護する値がなく、客観的にも主観的にも全く価値のないものは、刑法上の財物ではない（大阪高判昭43.3.4）。

○　財物に当たらないとされたもの

・汚損しているちり紙（東京高判昭45.4.6）

・意味不明の文字が書かれたメモ（大阪高判昭43.3.4）

・大量配布されたパンフレット（東京高判昭54.3.29）

5　事例検討

甲の行為は窃盗罪を構成するが、盗んだ客体が財物としての価値が全くないことから、上記法的検討、関係判例のとおり、甲の行為は、窃盗の未遂罪となる。

【警察への通報を恐れて犯行を断念した】

甲は、好意をもっていた同級生のＡ子から交際を断られたことから、強いて性交することを決意し、帰宅途中のＡ子を公園の草むらに押し倒したが、Ａ子が大声をあげたため警察に捕まることが怖くなって犯行を中止した。この場合、中止未遂か、障害未遂か。

関係判例

放火をしたが、夜が明けたため犯罪発覚を恐れて火を消した場合、障害未遂である（大判昭12.9.21）。

論文答案例

1　結　論

障害未遂である。

2　争　点

警察に通報されることを恐れて中止した場合、中止未遂か、障害未遂か。

3　法的検討

(1)　未遂罪の意義

犯罪の実行に着手したが、既遂に至らなかった場合は未遂罪となる。

ア　実行未遂

実行行為は終了したが、結果が発生しなかった場合

イ　着手未遂

実行行為に着手したが、実行行為が終了しなかった場合

(2)　障害未遂の意義

外部的な障害によって未遂となった場合のことをいい、刑が任意に減軽される（任意的減軽）。

(3)　中止未遂の意義

○　外部的障害がなかったにもかかわらず、自ら犯罪の実行を中止した場合のことをいい、必ず刑が減軽（必要的減軽）される。

○　実行後に犯行を中止した場合は、結果が防止されなければ中止犯は成立しない。

(4)　客観説（通説・判例）

未遂の原因が客観的にみて障害に当たるかどうかで判断し、外部的な障害が犯行中止の直接的な原因となった場合に、障害未遂とするもの

4　関係判例

○　放火をしたが、夜が明けたため犯罪発覚を恐れて火を消した場合、障害未遂である（大判昭12.9.21）。

○　放火をしたが、他人に発見されたため、一緒に火を消した場合、障害未遂である（大判昭6.12.5）。

5　事例検討

事例の場合は、A子に騒がれ、警察に通報されることを恐れて中止したものであるから、上記法的検討、関係判例のとおり、障害未遂となる。

【窃盗をいったん中止した後に共犯者が再び窃盗をした】

甲と乙が、共謀してA宅に侵入して金品を物色した際、甲が急に反省し、乙を説得していったんは窃盗を中止したが、借金があった乙は新たに窃盗を決意し、翌日単独で再びA宅に侵入し窃盗を行った。この場合、甲は、窃盗未遂罪の中止犯となるか。

関係判例

ある犯行を共謀した者が、単に犯行の意思を放棄しただけでは共犯関係は消滅せず、犯行の放棄の意思を外部に表明し、さらに、共犯者の犯罪の実行行為、あるいは結果の発生を阻止しない限り、共犯者としての刑責を免れない（東京高判昭30.12.21）。

論文答案例

1　結　論

中止未遂である。

2　争　点

共犯者を説得して犯行を中止したが、その後、共犯者が単独で犯行を行った場合、中止未遂が成立するか。

3　法的検討

(1)　未遂罪の意義

犯罪の実行に着手したが、既遂に至らなかった場合は未遂罪となる。

(2)　障害未遂の意義

外部的な障害によって未遂となった場合のことをいい、刑が任意に減軽される（任意的減軽）。

(3)　中止未遂の意義

○　外部的障害がなかったにもかかわらず、自ら犯罪の実行を中止した場合のことをいい、必ず刑が減軽（必要的減軽）される。

○　実行後に犯行を中止した場合は、結果が防止されなければ中止犯は成立しない。

(4)　共同正犯

ア　共同正犯の意義

各共謀者が実行行為の一部を分担し、お互いの行為を利用して犯罪を実現する犯行である。

イ　共同正犯と中止未遂の関係

共犯者の一部の者が犯行を中止しても、他の共犯者によって犯行が継続され、犯罪が既遂に達した場合は、中止未遂規定は適用されない。

ウ　中止未遂が成立する場合

犯行を中止した共謀者が、他の共謀者の犯行を阻止することによって、初めて中止未遂規定の適用を受ける。

4　関係判例

ある犯行を共謀した者が、単に犯行の意思を放棄しただけでは共犯関係は消滅せず、犯行の放棄の意思を外部に表明し、さらに、共犯者の犯罪の実行行為、あるいは結果の発生を阻止しない限り、共犯者としての刑責を免れない（東京高判昭30.12.21）。

5　事例検討

事例の乙の犯行は、甲との共謀関係が消滅した後に、新たな犯意によって単独で行われたものであるから、上記法的検討、関係判例のとおり、甲は、中止未遂罪となる。

【負傷した被害者の血を見て犯行を断念した】

甲は、美人のA子を強いて性交することを決意し、帰宅途中のA子を公園に連れ込み、暴行を加えて抵抗しなくなったA子を強いて性交しようとしたが、A子が鼻血を出しているのを見て急に性欲が減退し、犯行を中止した。この場合、中止未遂か、障害未遂か。

関係判例

陰部の血を見て驚愕して強いて性交することを中止した場合は、障害未遂である（最判昭24.7.9）。

論文答案例

1　結　論

障害未遂である。

2　争　点

被害者の鼻血を見て強いて性交することを中止した場合、中止未遂か、障害未遂か。

3　法的検討

(1)　未遂罪の意義

犯罪の実行に着手したが、既遂に至らなかった場合に未遂罪となる。

ア　実行未遂

実行行為は終了したが、結果が発生しなかった場合

イ　着手未遂

実行行為に着手したが、実行行為が終了しなかった場合

(2)　障害未遂の意義

外部的な障害によって未遂となった場合のことをいい、刑が任意に減軽される（任意的減軽）。

(3)　中止未遂の意義

○　外部的障害がなかったにもかかわらず、自ら犯罪の実行を中止した場合のことをいい、必ず刑が減軽（必要的減軽）される。

○　実行後に犯行を中止した場合は、結果が防止されなければ中止犯は成立しない。

(4)　客観説（通説・判例）

未遂の原因が客観的にみて障害に当たるかどうかで判断し、外部的な障害が犯行中止の直接的な原因となった場合に、障害未遂とするもの

4　関係判例

○　陰部の血を見て驚愕して強いて性交することを中止した場合は、障害未遂である（最判昭24.7.9）。

○　女性の鳥肌を見て嫌悪し、性欲を失って強いて性交することを中止した場合は、障害未遂である（東京高判昭39.8.5）。

○　女性が生理中のために嫌悪し、性欲を失って強いて性交することを中止した場合は、障害未遂である（仙台高判昭26.9.26）。

5　事例検討

事例の場合は、A子の鼻血を見て嫌悪感から性欲を失い強いて性交することを中止したものであるから、上記法的検討、関係判例のとおり、障害未遂となる。

【放火をした後に消火を依頼した】

甲は、仕事先の工場を解雇されたことを恨み、無人の工場内のごみ箱に火をつけたが、燃え上がる炎を見て急に怖くなり、携帯電話で119番に通報しながら逃走したため、火災は消防隊によって建物に燃え移る前に消火された。この場合、中止未遂か、障害未遂か。

関係判例

放火をした後に、消火を他人に頼み、火が消火されても、中止未遂にはならない（大判昭12.6.25）。

論文答案例

1　結　論

障害未遂である。

2　争　点

放火をした後に119番通報をして、火が建物に燃え移る前に消火された場合、放火の中止未遂か、障害未遂か。

3　法的検討

(1)　未遂罪の意義

犯罪の実行に着手したが、既遂に至らなかった場合に未遂罪となる。

ア　実行未遂

実行行為は終了したが、結果が発生しなかった場合

イ　着手未遂

実行行為に着手したが、実行行為が終了しなかった場合

(2)　障害未遂の意義

外部的な障害によって未遂となった場合のことをいい、刑が任意に減軽される（任意的減軽）。

(3)　中止未遂の意義

○　外部的障害がなかったにもかかわらず、自ら犯罪の実行を中止した場合のことをいい、必ず刑が減軽（必要的減軽）される。

○　実行後に犯行を中止した場合は、結果が防止されなければ中止犯は成立しない。

(4)　客観説（通説・判例）

未遂の原因が客観的にみて障害に当たるかどうかで判断し、外部的な障害が犯行中止の直接的な原因となった場合に、障害未遂とするもの

4　関係判例

放火をした後に、消火を他人に頼み、火が消火されても、中止未遂にはならない（大判昭12.6.25）。

5　事例検討

実行未遂において中止犯が成立するためには、結果の発生を防止するために真摯な努力をする必要があるが、事例の場合、甲が怖くなって119番通報をしたにすぎないから、上記法的検討、関係判例のとおり、中止未遂は成立せず、障害未遂となる。

【障害未遂と中止未遂が競合した】

不良甲は、高校を退学させられたことを恨み、仕返しをしようとして体育館と本館の2か所に火をつけたが、体育館につけた火が風で消えたのを見て急に反省心がわき、本館につけた火を水で消火し、未遂に終わった。この場合、中止未遂か、障害未遂か。

キエタ
2か所に放火した
甲
風で消えた（障害未遂）
ザバ〜
センセイ
ゴメンヨ…
もう１か所の放火場所を
自分で消した（中止未遂）
甲

関係判例

2か所に放火し、一方が障害未遂の場合、もう一方を中止しても障害未遂となる（大判昭7.6.29）。

論文答案例

1　結　論

障害未遂である。

2　争　点

中止未遂と障害未遂の両方が存在する場合には、中止未遂となるか、障害未遂となるか。

3　法的検討

(1)　未遂罪の意義

犯罪の実行に着手したが、既遂に至らなかった場合に未遂罪となる。

ア　実行未遂

実行行為は終了したが、結果が発生しなかった場合

イ　着手未遂

実行行為に着手したが、実行行為が終了しなかった場合

(2)　障害未遂の意義

外部的な障害によって未遂となった場合のことをいい、刑が任意に減軽される（任意的減軽）。

(3)　中止未遂の意義

○　外部的障害がなかったにもかかわらず、自ら犯罪の実行を中止した場合のことをいい、必ず刑が減軽（必要的減軽）される。

○　実行後に犯行を中止した場合は、結果が防止されなければ中止犯は成立しない。

(4)　客観説（通説・判例）

未遂の原因が客観的にみて障害にあたるかどうかで判断し、外部的な障害が犯行中止の直接的な原因となった場合に、障害未遂とするもの

4　関係判例

2か所に放火し、一方が障害未遂の場合、もう一方を中止しても障害未遂となる（大判昭7.6.29）。

5　事例検討

事例の場合、犯罪行為を行う過程において、中止未遂と障害未遂が存在したのであるから、上記法的検討、関係判例のとおり、中止未遂ではなく、障害未遂となる。

【窃盗を中止しようとしたが共犯者が窃盗を既遂した】
甲、乙、丙が、共謀してＡ宅に侵入して金品を物色したが、甲と乙が急に反省し窃盗を中止しようとしたが、丙が納得しなかったので、甲と乙だけが中止して帰宅し、丙は窃盗を継続して金品を窃取した。この場合、甲と乙は、窃盗罪の中止犯となるか。

関係判例

共犯者がある場合には、全員が中止することによって、結果の発生を防止しなければ、中止犯にはならない（大判大12.7.2）。

論文答案例

1　結　論

窃盗の既遂である。

2　争　点

共犯者が犯行を中止したが、その後、共犯者が単独で犯行を行った場合、未遂罪となるか。既遂となるか。

3　法的検討

(1)　未遂罪の意義

犯罪の実行に着手したが、既遂に至らなかった場合は未遂罪となる。

(2)　障害未遂の意義

外部的な障害によって未遂となった場合のことをいい、刑が任意に減軽される（任意的減軽）。

(3)　中止未遂の意義

○　外部的障害がなかったにもかかわらず、自ら犯罪の実行を中止した場合のことをいい、必ず刑が減軽（必要的減軽）される。

○　実行後に犯行を中止した場合は、結果が防止されなければ中止犯は成立しない。

(4)　共同正犯

○　共同正犯の意義

各共謀者が実行行為の一部を分担し、お互いの行為を利用して犯罪を実現する犯行である。

○　共同正犯と中止未遂の関係

共犯者の一部の者が犯行を中止しても、他の共犯者によって犯行が継続され、犯罪が既遂に達した場合は、中止未遂規定は適用されない。

○　中止未遂が成立する場合

犯行を中止した共謀者が、他の共謀者の犯行を阻止することによって、初めて中止未遂規定の適用を受ける。

4　関係判例

共犯者がある場合には、全員が中止することによって、結果の発生を防止しなければ、中止犯にはならない（大判大12.7.2）。

5　事例検討

事例の場合、甲と乙が犯行を中止したが、その後共犯者の丙によって既遂に達したのであるから、上記法的検討、関係判例のとおり、甲と乙も窃盗の既遂罪となる。

第45条・第54条・罪数

1　罪数決定の基準

罪数の決定については、構成要件標準説（通説・判例）によって決定される。この構成要件標準説とは、行われた犯罪の構成要件が、１回の評価を受けるときは一罪であり、２回の評価を受けるときは二罪とする説で、犯意、行為、法益の侵害状況等を総合的に検討して決定される。

2　法条競合

１個の行為が、いくつかの構成要件に該当するように見えるが、そのうちの一つの構成要件を適用することによって、他の構成要件の適用が排除される場合をいう。

【例】　傷害罪が成立する場合、傷害に至るまでに行った暴行罪は原則として成立しない等

3　包括一罪

数個の同種の行為があって、それぞれ独立した犯罪事実が実行されているが、一罪として包括的に評価する場合をいう。

【例】　同一の犯意によって同一の場所から連続して行われた窃盗罪は一罪となる等

4　犯罪の競合

一人の行為者が複数の犯罪を行うことを犯罪の競合という。犯罪が競合する場合には、原則として併合罪となるが、例外的に、複数の犯罪が一罪として扱われる場合があり、これが科刑上一罪である。

科刑上一罪には、観念的競合と、牽連犯がある。

⑴　観念的競合

ア　観念的競合の意義

１個の行為が数個の罪名に触れる場合を、観念的競合という。

イ　観念的競合の科刑方法

観念的競合の場合、刑を科する上で一罪として扱われ、その数個の罪のうち、最も重い罪の法定刑によって処断される（刑法54条１項前段）。

⑵　牽　連　犯

ア　牽連犯の意義

牽連犯とは、数個の犯罪が、手段と目的の関係にある場合をいう。

イ　手段と目的の関係の意義

「手段と目的の関係にある」とは、犯罪の性質からして当然に手段と目的の関係（住居侵入罪と窃盗罪などの関係）にあると認められる場合をいう。

したがって、目的を達成するための手段としてたまたま別の犯罪を行った場合（刃物を盗んで殺人を行う等）は、牽連犯とはならない。

ウ　牽連犯の科刑方法

牽連犯も、観念的競合と同じく刑を科する上で一罪として扱われ、その数個の罪のうち、最も重い罪の法定刑によって処断される（刑法54条１項後段）。

5　適正な罪数認定の重要性について

科刑上一罪（牽連犯あるいは観念的競合）を構成する行為の一罪について確定判決があった場合、その判決の既判力は他の犯罪に及ぶ。

例えば、人の住居に侵入して強いて性交等をした場合、住居侵入罪と不同意性交等罪は牽連犯になるが、仮に、不同意性交等罪が送致される前に住居侵入の確定判決があった場合、確定判決の既判力が不同意性交等の事実にも及ぶため、不同意性交等罪については起訴できなくなる。

したがって、拙速に送致したため、重要犯罪が訴追できない等の事態にならないよう、罪数に関する擬律判断を適正に行った上で、慎重な送致手続を行う必要がある。

＜刑法ノート＞

第45条・併合罪

確定裁判を経ていない２個以上の罪を併合罪とする。ある罪について禁錮以上の刑に処する確定裁判があったときは、その罪とその裁判が確定する前に犯した罪とに限り、併合罪とする。

１　罪　　数

⑴　併合罪の意義

確定裁判を経ていない２個以上の罪を併合罪とする（刑法45条）。

⑵　科刑上一罪

ア　観念的競合の意義

１個の行為が２個以上の罪名に触れるとき（刑法54条１項前段）。

イ　牽連犯

㈠　牽連犯の意義

犯罪の手段若しくは結果である行為が他の罪名に触れるときは、牽連犯となる（刑法54条１項後段）。

㈡　「手段と結果の関係」の意義

複数の犯罪行為が、社会通念上、手段と結果の関係にあると認められる場合に牽連犯となる（客観説～通説・判例）。

⑶　包括一罪の要件

①　数個の行為が同一の罪名に触れること。

②　被害法益が単一であること。

③　犯意が単一であること。

２　強盗罪の罪数

⑴　強盗罪の性格

○　他人の財産を犯す財産罪としての性格

○　暴行・脅迫を手段とする身体犯としての性格

⑵　強盗罪の罪数

強盗罪の罪数を決める基準は、財産権の侵害の個数によって決まる。

⑶　強盗致傷罪の罪数

人の身体が傷害を負った場合は、強盗の行為が一つであっても、強盗致傷罪が被害者ごとに成立する。

【監禁した後に傷害を与えた】

暴力団組員Aが組長Bの女に手を出したことから、甲と乙は、B組長から「Aの指をつめろ。」との命令を受け、Aを事務所に監禁し、二人がかりでAの小指を切り落とした。この場合、甲、乙が犯した逮捕監禁罪と傷害罪の罪数関係はどうか。

関係判例

監禁して傷害を負わせた場合、通常、手段と結果の関係にはなく、密接な因果関係もないから、牽連犯ではなく併合罪となる（最決昭43.9.17）。

論文答案例

1　結　論

併合罪となる。

2　争　点

傷害のために監禁した両罪の関係が、併合罪、観念的競合、牽連犯のどれに該当するか。

3　法的検討

(1)　併合罪の意義

確定裁判を経ていない２個以上の罪を併合罪とする（刑法45条）。

(2)　科刑上一罪

ア　観念的競合の意義

１個の行為が２個以上の罪名に触れるとき（刑法54条１項前段）。

イ　牽連犯

(ア)　牽連犯の意義

犯罪の手段若しくは結果である行為が他の罪名に触れるときは、牽連犯となる（刑法54条１項後段）。

(イ)　「手段と結果の関係」の意義

複数の犯罪行為が、社会通念上、手段と結果の関係にあると認められる場合に牽連犯となる（客観説～通説・判例）。

4　関係判例

監禁して傷害を負わせた場合、通常、手段と結果の関係にはなく、密接な因果関係もないから、牽連犯ではなく併合罪となる（最決昭43.9.17）。

5　事例検討

事例のように、監禁して傷害を負わせた場合、社会通念上、手段と結果の関係にはなく、また、１個の行為による数個の犯罪でもないことから、牽連犯、観念的競合のいずれにも当たらず、上記法的検討、関係判例のとおり、両罪は併合罪となる。

【隠し持っていた特殊警棒を使って恐喝をした】

暴走族甲は、特殊警棒を上着の内ポケットに入れて歩いていたところ、前方から歩いてきた中学生Aを恐喝しようと考え、胸ぐらをいきなりつかんで特殊警棒をちらつかせながら恐喝をした。この場合、甲が犯した、軽犯罪法違反と恐喝罪の罪数関係はどうか。

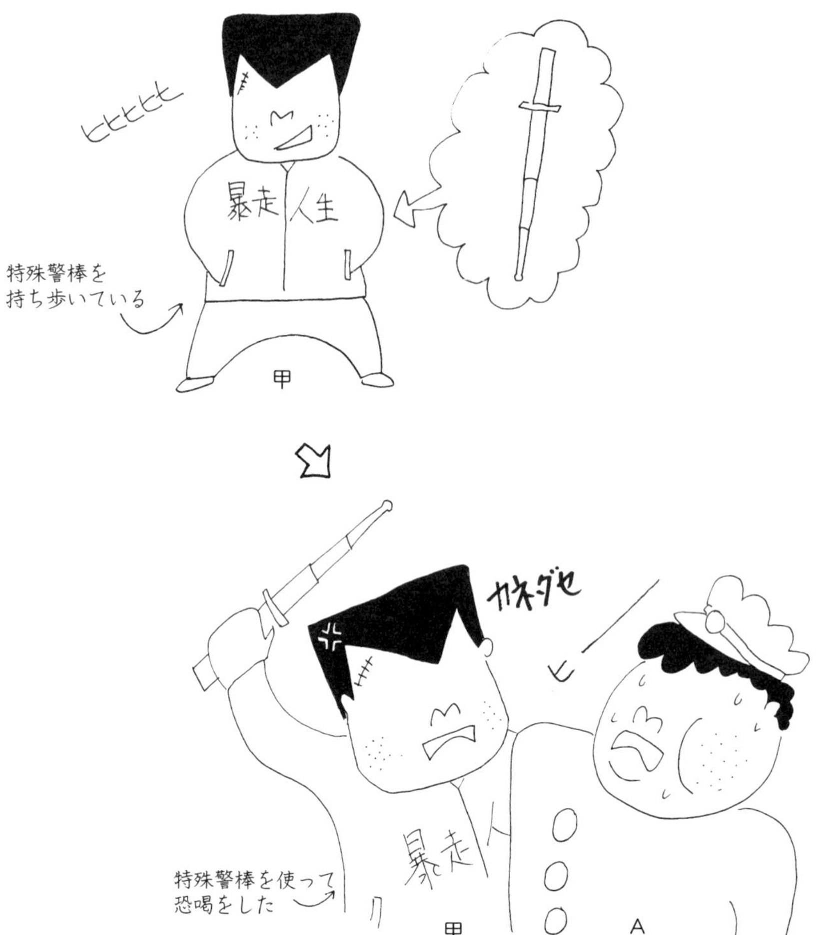

関係判例

軽犯罪法違反（凶器携帯）と恐喝行為は、通常、手段と結果の関係にあるとはいえないから、牽連犯ではなく、併合罪となる（神戸地判昭61.8.27）。

論文答案例

1　結　論

併合罪となる。

2　争　点

軽犯罪法違反（凶器携帯）と凶器を使って行った恐喝罪の関係は、併合罪、観念的競合、牽連犯のどれに該当するか。

3　法的検討

(1)　併合罪の意義

確定裁判を経ていない２個以上の罪を併合罪とする（刑法45条）。

(2)　科刑上一罪

ア　観念的競合の意義

１個の行為が２個以上の罪名に触れるとき（刑法54条１項前段）。

イ　牽連犯

(ア)　牽連犯の意義

犯罪の手段若しくは結果である行為が他の罪名に触れるときは、牽連犯となる（刑法54条１項後段）。

(イ)　「手段と結果の関係」の意義

複数の犯罪行為が、社会通念上、手段と結果の関係にあると認められる場合に牽連犯となる（客観説～通説・判例）。

4　関係判例

軽犯罪法違反（凶器携帯）と恐喝行為は、通常、手段と結果の関係にあるとはいえないから、牽連犯ではなく、併合罪となる（神戸地判昭61.8.27）。

5　事例検討

事例のように、凶器携帯と恐喝行為は、社会通念上、手段と結果の関係にはなく、また、１個の行為による数個の犯罪でもないことから、牽連犯、観念的競合のいずれにもあたらず、上記の法的検討、関係判例のとおり、両罪は併合罪となる。

【三人に対して強盗を行い三人を負傷させた】

不良甲は、遊興費欲しさから強盗を計画し、修学旅行で上京してきた中学生のA、B、Cに対し、公園内で殴る蹴るの暴行を加え、持っていた現金を強奪したが、その際、AとBとCが顔面の裂傷を負った。この場合の罪数関係はどうか。

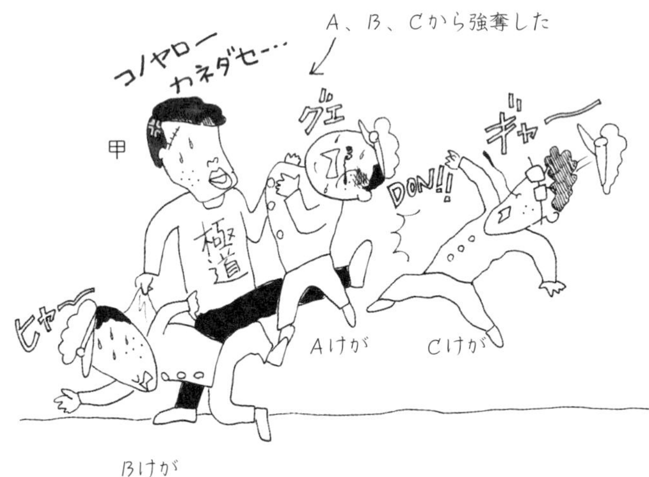

関係判例

1個の強盗行為の手段として、甲、乙に対しそれぞれ暴行を加え同人等に各傷害を与えた場合は、甲、乙に対する各強盗傷人罪の併合罪となる（最決昭26.8.9）。

論文答案例

1　結　論

　AとBとCに対する強盗致傷罪が成立し、各罪は併合罪となる。

2　争　点

　三人の被害者に対して強盗を行い、うち三人が傷害を負った場合の罪数関係は、併合罪か、観念的競合か。

3　法的検討

(1)　併合罪の意義

　確定裁判を経ていない2個以上の罪を併合罪とする（刑法45条）。

(2)　強盗罪

ア　強盗罪の性格

○　他人の財産を犯す財産罪としての性格

○　暴行、脅迫を手段とする身体犯としての性格

イ　強盗罪の罪数

　強盗罪の罪数を決める基準は、財産権の侵害の個数によって決まる。

ウ　強盗致傷罪の罪数

　人の身体が傷害を負った場合は、強盗の行為が一つであっても、強盗致傷罪が被害者ごとに成立する。

4　関係判例

○　1個の強盗行為の手段として、甲、乙に対しそれぞれ暴行を加え同人等に各傷害を与えた場合は、甲、乙に対する各強盗傷人罪の併合罪となる（最決昭26.8.9）。

○　強盗致傷罪が人の身体を侵害する犯罪であるから、強盗の行為が1個であっても、強盗致傷罪は被害者ごとに成立する（東京高判平2.12.12）。

5　事例検討

　事例の場合、強盗致傷罪が人の身体を侵害する犯罪であるから、強盗の行為が1個であっても、強盗致傷罪は被害者ごとに成立し、上記の法的検討、関係判例のとおり、AとBとCに対する強盗致傷罪が成立し、各罪は併合罪となる。

【恐喝をして引き続き強盗を行った】

甲は、遊興費欲しさから恐喝を計画し、Aの胸ぐらをつかんで金を恐喝し、さらに、Aがしていた腕時計が欲しくなったために渡すよう要求したところ、Aに、「父の形見だからこれはいやだ。」と抵抗されたことから、甲が激高して殴る蹴るの暴行を加え、Aから腕時計を強奪した。この場合の罪数はどうか。

ナニ〜 コノデブ!!
コノトケイハ
イヤデス!!
甲は、Aから現金を恐喝した後に腕時計が欲しくなり、これを強奪した
現金を恐喝した後
腕時計を要求した
甲
A
腕時計を強奪した
ポコペン公園
ウ〜
トケイカエセ〜
甲
A

関係判例

同一の相手に、順次接続した機会に犯された恐喝と強盗傷人について、当初の暴行が発展して強盗に発展した場合は、強盗傷人一罪となる（東京高判昭34.8.27）。

論文答案例

1　結　論

強盗罪の包括一罪となる。

2　争　点

最初に恐喝行為を行い、引き続いて強盗行為を行った場合の罪数関係は、併合罪か、包括一罪か。

3　法的検討

(1)　併合罪の意義

確定裁判を経ていない2個以上の罪を併合罪とする（刑法45条）。

(2)　強盗罪

ア　強盗罪の性格

○　他人の財産を犯す財産罪としての性格

○　暴行・脅迫を手段とする身体犯としての性格

イ　強盗罪の罪数

強盗罪の罪数を決める基準は、財産権の侵害の個数によって決まる。

ウ　強盗致傷罪の罪数

人の身体が傷害を負った場合は、強盗の行為が一つであっても、強盗致傷罪が被害者ごとに成立する。

(3)　包括一罪の要件

①　数個の行為が同一の罪名に触れること。

②　被害法益が単一であること。

③　犯意が単一であること。

4　関係判例

同一の相手に、順次接続した機会に犯された恐喝と強盗傷人について、当初の暴行が発展して強盗に発展した場合は、強盗傷人一罪となる（東京高判昭34.8.27）。

5　事例検討

事例の場合、当初の恐喝行為から発展して強盗を行った場合であるから、上記法的検討、関係判例のとおり、強盗罪の包括一罪となる。

【同一店舗から連続して窃盗を行った】

甲は、以前にアルバイトをしていた電器店の合かぎを持っていたことから、１週間のうちに日を変えて４回にわたり商品を盗んだが、次に現金を窃取することを計画し、友人の乙と共謀して、二人で店の金庫を破壊して現金を窃取した。甲の窃盗の罪数関係はどうか。

関係判例

２年間に50回行った横領事件で、犯行時期が離れており、共犯者も異なっている場合は、各行為が併合罪となる（最判昭30.10.14）。

論文答案例

1　結　論

電器製品に対する窃盗一罪と現金に対する窃盗罪が成立し、併合罪となる。

2　争　点

1週間に計4回、同一店舗から商品を窃取した窃盗行為は、包括一罪となるか、現金に対する窃盗罪との関係は、包括一罪か、併合罪か。

3　法的検討

(1)　併合罪の意義

確定裁判を経ていない2個以上の罪を併合罪とする（刑法45条）。

(2)　包括一罪の要件

①　数個の行為が同一の罪名に触れること。

②　被害法益が単一であること。

③　犯意が単一であること。

4　関係判例

○　6か月間に十数回、同じ店から衣類等を窃取した場合、行為が同一罪名で、犯意と結果に同一性があるから、包括一罪となる（東京高判昭27.1.29）。

○　2か月間に13回にわたり材料置き場から銅板を盗んだ場合、同一手口、同一場所、同一犯意であるから、包括一罪となる（名古屋高判昭28.6.25）。

○　2年間に50回行った横領事件で、犯行時期が離れており、共犯者も異なっている場合は、各行為が併合罪となる（最判昭30.10.14）。

5　事例検討

事例の場合、1週間に計4回、同一店舗から商品を窃取した行為は包括一罪となるが、現金に対する窃盗罪は共犯者が加わり、新たな犯意による別個の犯罪であるから、上記の法的検討、関係判例のとおり、窃盗二罪の併合罪となる。

【同一の被害者に対し、時間的に近接し、異なる場所でわいせつな行為を連続して敢行した場合における不同意わいせつ罪の罪数関係】

甲は、電車に乗車して通勤途中、乗客のＡ女（19歳）に劣情を催し、車内が満員状態であることに乗じ、Ａ女の着衣の中に手を入れて乳房を触った。そして、駅でＡ女が降車するとその後を追い、電車を乗り換えた同女に再び下着の中に手を差し入れて陰部に指を挿入した。

この場合、甲は、不同意わいせつ罪の刑責を負うことは明らかであるが、罪数関係はどうか。

なお、Ｙ駅で乗換えに要した時間は、約５分間であった。

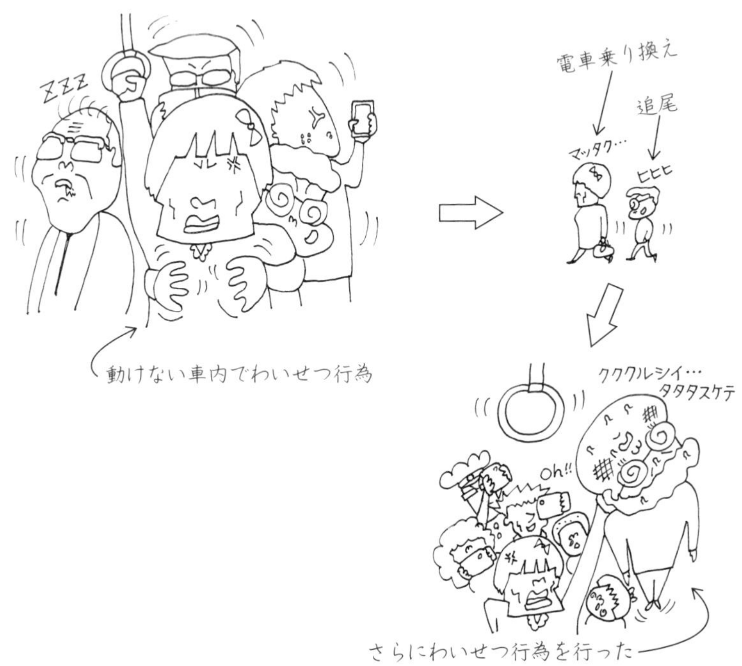

関係判例

強姦罪（現：不同意性交等罪）に関し、同一被害者を約１時間のうちに３回強姦した事案につき、３回の姦淫は、（中略）短時間内の行為であり、最初から最後まで、被害者の畏怖状態が継続していて、これを利用して被告人が３回姦淫したことが認められるので、時間的関係、場所的関係と被告人の意思、被害者の畏怖状態等を総合して、包括一罪と解する（名古屋高判昭30.4.21）。

論文答案例

1　結　論

不同意わいせつ罪の包括一罪となる。

2　争　点

甲は、乗換え時間が約5分間という近接した状況下で、A女に対してわいせつな行為を行っているものの、その行為は、異なった電車内で及んでいるが、両罪はどのような罪数関係となるか。

3　法的検討

(1)　不同意わいせつ罪にいう暴行は、身体に向けられた不法な有形力の行使をいい、その程度を問わない。

(2)　包括一罪の要件

①　数個の行為が同一の罪名に触れること

②　被害法益が単一であること

③　犯意が単一であること

4　関係判例（いずれも改正前の参考判例）

○　異なる被害者に対する強制わいせつ罪（現：不同意わいせつ罪。以下同じ）の罪数関係は、仮に、わいせつな行為が同一機会に行われても、原則として被害者ごとに強制わいせつ罪が成立し、併合罪となる（広島高岡山支判昭48.4.3）。

○　強姦罪（現：不同意性交等罪）に関し、同一被害者を約1時間のうちに3回強姦した事案につき、3回の姦淫は、（中略）短時間内の行為であり、最初から最後まで、被害者の畏怖状態が継続していて、これを利用して被告人が3回姦淫したことが認められるので、時間的関係、場所的関係と被告人の意思、被害者の畏怖状態等を総合して、包括一罪と解する（名古屋高判昭30.4.21）。

5　事例検討

事例の場合、甲は、場所が異なるほか、乗換え時間に約5分間の時間的な間隔が生じたとしても、わいせつな行為をする目的を持って、同一の被害者に対し、連続してわいせつな行為を敢行していることから、同一の機会になされた一連の行為と認められる。よって、甲の2回の行為は、それぞれ不同意わいせつ罪の刑責を負い、両罪は包括一罪となる。

【家人三人に対して強盗を行った】

不良甲は、遊興費欲しさから強盗を計画し、A宅に侵入して、就寝中であった家人A、B、Cにナイフをちらつかせて脅迫し、AにA宅の金庫を開けさせて現金を強奪した。この場合、A、B、Cに対する強盗罪の罪数はどうか。

ホッホッホッホッ
イソゲヤイソゲ
甲
A宅

家族三人に
暴行・脅迫を
加えた
ハヤク
アケロ!!
ヒ〜
C
A
B
甲

関係判例

屋内において、家族数人に暴行を加え、複数の財物が奪われた場合、強盗一罪が成立する（最判昭23.10.26）。

論文答案例

1　結　論

強盗一罪が成立する。

2　争　点

家人三人に対して脅迫を加え、金品を奪った場合、本来的一罪か、併合罪か、観念的競合となるか。

3　法的検討

(1)　併合罪の意義

確定裁判を経ていない2個以上の罪を併合罪とする（刑法45条）。

(2)　強盗罪

ア　強盗罪の性格

○　他人の財産を犯す財産罪としての性格

○　暴行・脅迫を手段とする身体犯としての性格

イ　強盗罪の罪数

強盗罪の罪数を決める基準は、財産権の侵害の個数によって決まる。

4　関係判例

強盗罪の罪数決定の標準は財産権侵害の要素に求める。したがって、同一家屋内で家族数人に対し暴行が加えられ、数人の所有物が奪われた場合は、その財物に対する支配が1個であることから強盗の単純一罪である（最判昭23.10.26）。

5　事例検討

強盗罪の罪数を決める基準は、財産権の侵害の個数によって決まることから、事例の場合、上記の法的検討及び関係判例のとおり、強盗一罪が成立する。

【中学生三人に対して強盗を行った】

不良甲は、遊興費欲しさから強盗を計画し、修学旅行に来ていた中学生のＡ、Ｂ、Ｃに対し、公園内でナイフをちらつかせて脅迫を加え、三人がそれぞれ持っていた現金を強奪した。この場合、Ａ、Ｂ、Ｃに対する強盗罪の罪数はどうか。

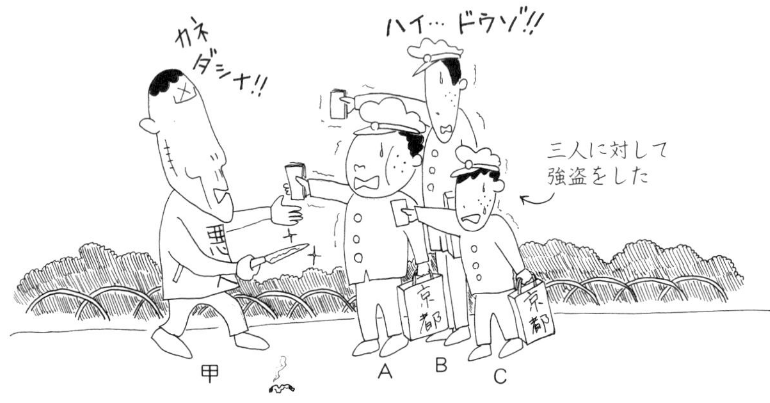

関係判例

1個の脅迫行為により、同時に数人から各々の所持金を強取した場合は、財物の支配を侵害された被害者ごとに、強盗罪が観念的競合の関係で成立する（最判昭22.11.29）。

論文答案例

1　結　論

A、B、Cに対する強盗罪が成立し、各罪は観念的競合となる。

2　争　点

三人の被害者に対して強盗を行った場合の罪数関係は、併合罪となるか、観念的競合となるか。

3　法的検討

(1)　併合罪の意義

確定裁判を経ていない2個以上の罪を併合罪とする（刑法45条）。

(2)　強盗罪

ア　強盗罪の性格

○　他人の財産を犯す財産罪としての性格

○　暴行・脅迫を手段とする身体犯としての性格

イ　強盗罪の罪数

強盗罪の罪数を決める基準は、財産権の侵害の個数によって決まる。

4　関係判例

1個の脅迫行為により、同時に数人から各々の所持金を強取した場合は、財物の支配を侵害された被害者ごとに、強盗罪が観念的競合の関係で成立する（最判昭22.11.29）。

5　事例検討

強盗罪の罪数を決める基準は、財産権の侵害の個数によって決まることから、事例の場合、上記の法的検討及び関係判例のとおり、A、B、Cに対する強盗罪が成立し、各罪は観念的競合となる。

【家人三人に対して強盗を行い傷害を負わせた】

不良甲は、遊興費欲しさから強盗を計画し、A宅に侵入し、就寝中であった家人A、B、Cに暴行を加えて傷害を与え、A宅金庫から現金を強奪した。この場合、A、B、Cに対する強盗致傷罪の罪数関係はどうか。

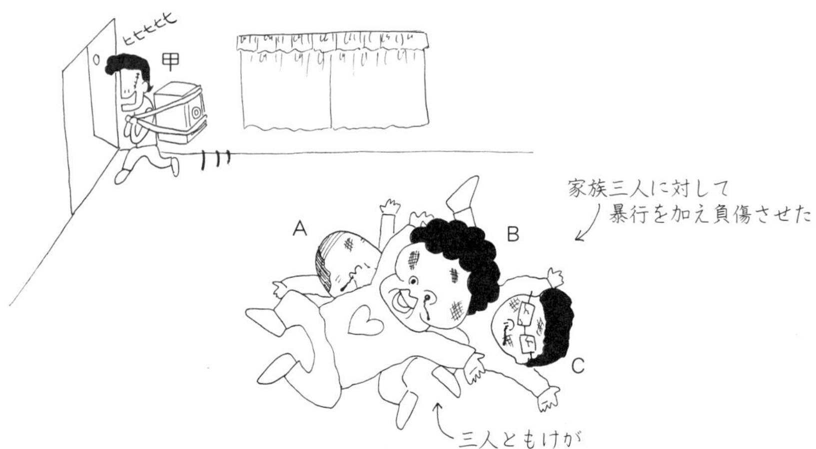

関係判例

1個の強盗行為の手段として甲、乙に対しそれぞれ暴行を加え同人等に各傷害を与えた場合は、甲、乙に対する各強盗傷人罪の併合罪となる（最決昭26.8.9）。

論文答案例

1　結　論

A、B、Cに対する強盗致傷罪が成立し、各罪は併合罪となる。

2　争　点

三人の被害者に対して強盗を行い、三人が傷害を負った場合の罪数関係は、併合罪となるか、観念的競合となるか。

3　法的検討

(1)　併合罪の意義

確定裁判を経ていない２個以上の罪を併合罪とする（刑法45条）。

(2)　強盗罪

ア　強盗罪の性格

○　他人の財産を犯す財産罪としての性格

○　暴行・脅迫を手段とする身体犯としての性格

イ　強盗罪の罪数

強盗罪の罪数を決める基準は、財産権の侵害の個数によって決まる。

ウ　強盗致傷罪の罪数

人の身体が傷害を負った場合は、強盗の行為が一つであっても、強盗致傷罪が被害者ごとに成立する。

4　関係判例

1個の強盗行為の手段として甲、乙に対しそれぞれ暴行を加え同人等に各傷害を与えた場合は、甲、乙に対する各強盗傷人罪の併合罪となる（最決昭26.8.9）。

5　事例検討

事例の場合、強盗致傷罪が人の身体を侵害する犯罪であるから、強盗の行為が1個であっても、強盗致傷罪は被害者ごとに成立するから、上記法的検討、関係判例のとおり、A、B、Cに対する強盗致傷罪が成立し、各罪は併合罪となる。

【家人三人に対して強盗を行い一人に傷害を負わせた】

不良グループの甲は、遊興費欲しさから強盗を計画し、A宅に侵入して就寝中であった家人A、B、Cを縛り上げた上、Aに暴行を加えて傷害を負わせ、Aに金庫を開けさせて現金を強奪した。この場合、A、B、Cに対し、何罪が成立し、その罪数関係はどうか。

関係判例

1個の強盗行為の手段として甲、乙に対しそれぞれ暴行を加え同人等に各傷害を与えた場合は、甲、乙に対する各強盗傷人罪の併合罪となる（最決昭26.8.9）。

論文答案例

1　結　論

包括してAに対する強盗致傷罪の一罪が成立し、B、Cに対する強盗罪はこれに包括される。

2　争　点

家人三人に対して暴行を行い強盗を行った場合、うち一人が傷害を負った場合の罪数は、併合罪となるか、観念的競合となるか。

3　法的検討

(1)　併合罪の意義

確定裁判を経ていない2個以上の罪を併合罪とする（刑法45条）。

(2)　強盗罪

ア　強盗罪の性格

○　他人の財産を犯す財産罪としての性格

○　暴行・脅迫を手段とする身体犯としての性格

イ　強盗罪の罪数

強盗罪の罪数を決める基準は、財産権の侵害の個数によって決まる。

ウ　強盗致傷罪の罪数

人の身体が傷害を負った場合は、強盗の行為が一つであっても、強盗致傷罪が被害者ごとに成立する。

4　関係判例

○　屋内において、家族数人に暴行を加え、複数の財物が奪われた場合、強盗一罪が成立する（最判昭23.10.26）。

○　1個の強盗行為の手段として甲、乙に対しそれぞれ暴行を加え同人等に各傷害を与えた場合は、甲、乙に対する各強盗傷人罪の併合罪となる（最決昭26.8.9）。

5　事例検討

数人に暴行・脅迫を加えて共同支配下にある財物を強取した場合に、そのうちの1名に傷害を負わせた時は、包括して強盗致傷罪一罪になると解されていることから、事例の場合、上記法的検討、関係判例のとおり、包括してAに対する強盗致傷罪の一罪が成立し、B、Cに対する強盗罪はこれに包括される。

【傷害を与えるためにたまたま窃盗を行った】

甲は、酒に酔って帰宅途中、駅のホームで乙とけんかとなったが、乙の力が強かったためにこのままでは負けると思い、とっさに近くを歩いていたA老人の杖を奪い取って乙を殴打し、乙に傷害を与えた。この場合、窃盗罪と傷害罪は牽連犯となるか。

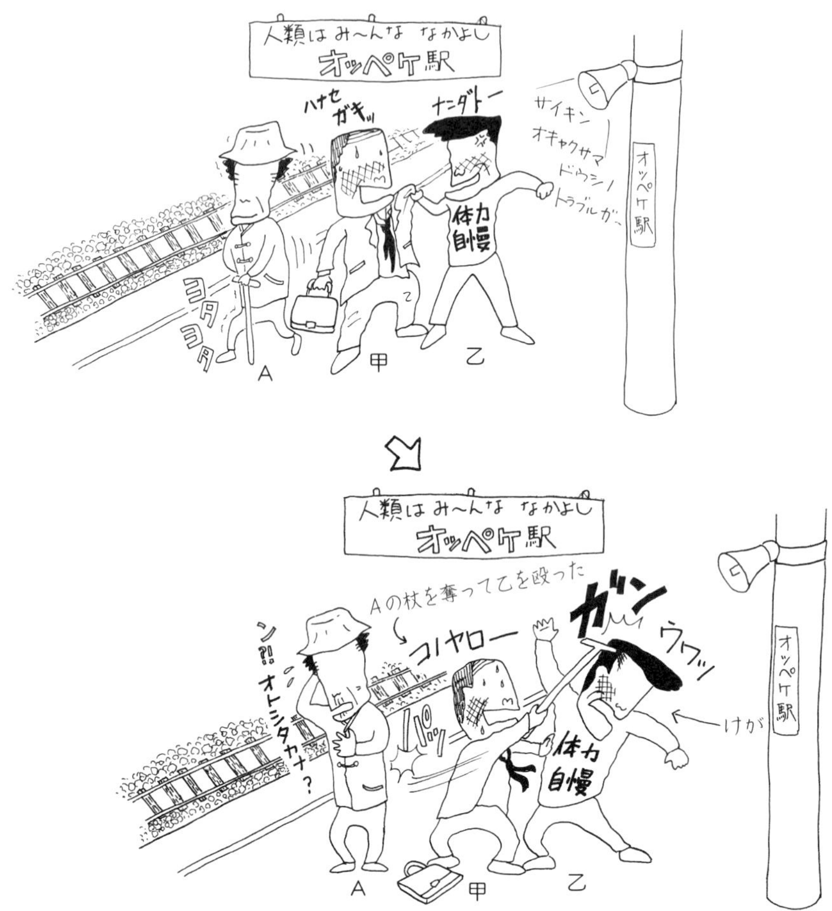

関係判例

殺人を行うために凶器となる刃物を窃取した場合のように、犯人が行った二罪が、たまたま手段と結果の関係になった場合は、牽連犯とはならず、併合罪となる（大判昭10.10.21）。

論文答案例

1　結　論

併合罪となる。

2　争　点

傷害を与えるためにたまたま窃盗をした場合、牽連犯か、併合罪か。

3　法的検討

(1)　併合罪の意義

確定裁判を経ていない2個以上の罪を併合罪とする（刑法45条）。

(2)　科刑上一罪

ア　観念的競合の意義

1個の行為が2個以上の罪名に触れるとき（刑法54条1項前段）。

イ　牽連犯

(ア)　牽連犯の意義

犯罪の手段若しくは結果である行為が他の罪名に触れるときは、牽連犯となる（刑法54条1項後段）。

(イ)　「手段と結果の関係」の意義

a　主観説

犯人が、主観的にその行為を手段にしようとしたのであれば、通常は犯罪の手段とされない行為であっても、牽連犯となる。

b　客観説（通説・判例）

複数の犯罪行為が、社会通念上、手段と結果の関係にあると認められる場合に牽連犯となる。

4　関係判例

殺人を行うために凶器となる刃物を窃取した場合のように、犯人が行った二罪が、たまたま手段と結果の関係になった場合は、牽連犯とはならず、併合罪となる（大判昭和10.10.21）。

5　事例検討

犯人が行った二罪が、たまたま手段と結果の関係になった場合は、牽連犯にならないことから、事例の場合、上記法的検討、関係判例のとおり、併合罪となる。

【不同意わいせつの機会に、殺意を持って被害者を殺害した】

会社員の甲は、通勤途中に見かけるＡ子が13歳未満であることを知りながら、自己の欲求を満たすため、同女にわいせつな行為をしようと考えた。そこで、某日、甲は、下校中のＡ子に声を掛け、公園の公衆トイレ内で、同女の着衣を脱がせて、その陰部に強いて手指を挿入するなどしたところ、Ａ子が泣き叫んだことから、犯行の発覚を防ぐためには殺害するしかないと考え、同女の首を絞めて殺害した。この場合、甲は、どのような刑責を負うか。

関係判例

（刑法改正前の強姦罪の事案）

殺意を持って強姦殺人をした場合でも、強姦致死罪が成立するのみで、殺人罪に該当しないと解すると、その両者の法定刑から見て、強姦犯人が殺人をした場合には、単純な殺人罪よりも犯情が軽いという結論になり不当である（強姦致死罪と殺人罪の観念的競合とした。最判昭31.10.25）。

論文答案例

1　結　論

不同意わいせつ致死罪及び殺人罪の刑責を負い、両罪は観念的競合の関係に立つ。

2　争　点

不同意わいせつの機会において、故意に被害者を殺害した場合、不同意わいせつ致死罪のみが成立するか、不同意わいせつ罪及び殺人罪が成立するか、それとも不同意わいせつ致死罪及び殺人罪が成立するか。

3　法的検討

不同意わいせつ致死傷罪は、傷害・死亡という結果の発生について過失を必要としない一方、これについて認識ないし予見があること（故意）を排除するものではない。そのため、不同意わいせつ犯人が殺意を持って故意に被害者を死に至らしめたときは、不同意わいせつ致死罪と殺人罪が成立し、両罪は観念的競合の関係に立つ。

4　関係判例（刑法改正前の強姦罪の事案）

殺意を持って強姦殺人をした場合でも、強姦致死罪が成立するのみで、殺人罪に該当しないと解すると、その両者の法定刑から見て、強姦犯人が殺人をした場合には、単純な殺人罪よりも犯情が軽いという結論になり不当である（強姦致死罪と殺人罪の観念的競合とした。最判昭31.10.25）。

5　事例検討

上記法的検討、関係判例のとおり、事例の場合、甲は、不同意わいせつの機会に、殺意を持ってA子を殺害していることから、不同意わいせつ致死罪と殺人罪が成立し、両罪は観念的競合になる。

<刑法ノート>

第54条・1個の行為が2個以上の罪名に触れる場合等の処理

第1項　1個の行為が2個以上の罪名に触れ、又は犯罪の手段若しくは結果である行為が他の罪名に触れるときは、その最も重い刑により処断する。

第2項　第49条第2項の規定は、前項の場合にも、適用する。

1　罪　　数

⑴　併合罪の意義

確定裁判を経ていない2個以上の罪を併合罪とする（刑法45条）。

⑵　科刑上一罪

ア　観念的競合

㈠　観念的競合の意義

1個の行為が2個以上の罪名に触れるとき（刑法54条1項前段）。

㈡　恐喝罪の罪数

強盗罪の場合、財産権の侵害の数によって罪数が判断されるのに対し、恐喝罪の場合、同一の犯意の下、被害者に単一の畏怖状態が形成され、これに基づいて財物交付が行われた場合は、1個の行為による数個の恐喝罪（観念的競合）が成立する。

イ　牽連犯

㈠　牽連犯の意義

犯罪の手段若しくは結果である行為が他の罪名に触れるときは、牽連犯となる（刑法54条1項後段）。

㈡　「手段と結果の関係」の意義

a　主観説

犯人が、主観的にその行為を手段にしようとしたのであれば、通常は犯罪の手段とされない行為であっても、牽連犯となる。

b　客観説（通説・判例）

複数の犯罪行為が、社会通念上、手段と結果の関係にあると認められる場合に牽連犯となる。

2　共犯（教唆犯、従犯等）の罪数

⑴　正犯基準説

○　共犯の罪数は、正犯の罪数に従うとする説

○　教唆、幇助者の教唆、幇助行為が1個であっても、正犯者の犯罪行為が併合罪になる場合には、教唆犯、従犯の罪数も併合罪となる。

⑵　**共犯基準説（通説判例）**

○　教唆、幇助の行為を基準として共犯の罪数を決めるとする説

○　教唆、幇助された正犯者の罪が併合罪となっても、教唆、幇助行為が１個であれば、教唆犯、従犯の行為が観念的競合になる。

【物を壊すために住居侵入をした】

甲は、好意をもっていたＡ子が恋人と歩いているのを現認したことから、嫉妬して一人暮らしのＡ子のマンションに侵入し、恋人との写真等を引き裂いた。この場合、住居侵入罪と器物損壊罪の罪数関係はどうか。

関係判例

住居内にある器物を損壊をするために住居侵入をした場合は、牽連犯となる（東京高判昭63.10.5）。

論文答案例

1　結　論

牽連犯となる。

2　争　点

住居侵入をして器物損壊をすることが、牽連犯になるか、併合罪になるか。

3　法的検討

(1)　併合罪の意義

確定裁判を経ていない２個以上の罪を併合罪とする（刑法45条）。

(2)　科刑上一罪

ア　観念的競合の意義

１個の行為が２個以上の罪名に触れるとき（刑法54条１項前段）。

イ　牽連犯

(ア)　牽連犯の意義

犯罪の手段若しくは結果である行為が他の罪名に触れるときは、牽連犯となる（刑法54条１項後段）。

(イ)　「手段と結果の関係」の意義

複数の犯罪行為が、社会通念上、手段と結果の関係にあると認められる場合に牽連犯となる（客観説～通説・判例）。

4　関係判例

住居内にある器物を損壊をするために住居侵入をした場合は、牽連犯となる（東京高判昭63.10.5）。

5　事例検討

事例の場合、住居侵入罪と器物損壊罪は、社会通念上、手段と結果の関係にあると認められることから、上記法的検討、関係判例のとおり、牽連犯となる。

【住居を囲うブロック塀に設置の鉄製門扉を破壊し、敷地内に侵入した】

ユーチューバーの甲は、社長Aがパワハラであると知ったことから、「社長に突撃取材！」と題する動画配信を行うためA宅に向かった。A宅の周囲は、高さ約1.5メートルのブロック塀で囲まれており、両開き鉄製門扉が設置されていた。甲は、A宅のインターフォンを鳴らしたが、反応がなかったことから、大型ハンマーで鉄製門扉を損壊し、敷地内に入り、「A社長、話をしようぜ。」と叫んだところ、警察官に現行犯逮捕された。この場合、甲は、どのような刑責を負うか。

トッゲキイタシマース!!
フー
コレカラ
ハイリマース
チャンネル
トウロク
オネガイシマース
カギを壊した
ゲッ!!
チョットキミ!!
マルヒハッケン
イマカラ
カクホシマス
敷地内に入った

関係判例

建造物の天井に穴を開けて建造物の中に侵入したような場合は、住居侵入罪と建造物損壊罪は観念的競合となる（札幌地判昭40.9.20）。

論文答案例

1　結　論

甲は、器物損壊罪及び住居侵入罪の刑責を負い、両罪の関係は観念的競合となる。

2　争　点

門扉を損壊して侵入した住居侵入罪が成立する場合、門扉の破壊は建造物損壊罪が成立するか、それとも器物損壊罪にとどまるのか。

3　法的検討

(1)　住居侵入罪（刑法130条前段）の客体たる「住居」とは、人の起臥寝食に利用される場所のことをいい、住居、邸宅及び建造物には、これに附属する囲繞地（管理者が門扉等、通常の歩行によっては越えることのできない設備を設けて周囲を囲み、住居等の附属地として利用することを明示しているもの）も含まれる。

(2)　建造物損壊罪（刑法260条前段）の「建造物」とは、家屋その他これに類似する建造物を意味し、屋根を有し、壁又は柱によって支えられた工作物であって、土地に定着し、少なくとも人がその内部に出入りできるものをいい、外塀・門等の囲障設備はこれに当たらない。

4　関係判例

建造物の天井に穴を開けて建造物の中に侵入したような場合は、（ビラ貼り目的で建造物に侵入し、ビラを貼って建造物損壊罪が成立するような事例と違い、通常、手段・結果の関係になるとはいえないので、）住居侵入罪と建造物損壊罪は観念的競合となる（札幌地判昭40.9.20）。

5　事例検討

(1)　甲は、X社の社長Aの承諾を得ずに、大型ハンマーで鉄製門扉を破壊して同人宅の敷地内に入っているところ、当該鉄製門扉やブロック塀は通常の歩行によっては乗り越えることができないものであり、違法性を阻却する事由も存在しないため、住居侵入罪の刑責を負う。

(2)　甲がA宅の敷地内に立ち入るために損壊した鉄製門扉は、建造物損壊罪の客体である建造物に当たらず、器物損壊罪の客体にとどまることから、甲は、器物損壊罪の刑責を負う。

(3)　以上から、甲は、器物損壊罪及び住居侵入罪の刑責を負い、両罪は観念的競合となる。

【ホテルの客が、同一機会に室内に備え付けられたテレビや壁面ガラス等を損壊した】

ホテルに宿泊中の甲が、ホテルの室内で酒を飲みながら野球中継を見ていたところ、応援しているチームが負けてしまったことに憤慨し、テレビの画面をワインボトルでたたき割り、さらに、室内にあった椅子でアルミサッシにはめ殺しにされている壁面ガラスに投げ、当該壁面ガラスを割るなどした。

この場合、甲は、どのような刑責を負うか。

テレビを壊す
さらに窓を壊した
ダメ
ネェ
レンコウサレルトコ
スマホデトラセテヨ
ネットニアゲタイカラ

関係判例

器物損壊罪は、建造物損壊罪の補充規定であり、建造物損壊罪が成立すれば、同一の客体について器物損壊罪が成立することはないものの、同一機会に別々の建造物と器物を同時に損壊した場合、建造物損壊罪と器物損壊罪は観念的競合の関係となる（大判明35.2.7）。

論文答案例

1　結　論

備付けのテレビを損壊した行為については器物損壊罪が、壁面ガラスを損壊した行為については建造物損壊罪が成立し、両罪の関係は、観念的競合となる。

2　争　点

はめ殺しの壁面ガラス等、建造物に取り付けられている物を損壊する行為について、建造物の一部を損壊したとして建造物損壊罪が成立するか、器物を損壊したとして器物損壊罪が成立するか。

3　法的検討

対象となる物が建造物損壊罪の客体に当たるか、又は器物損壊罪の客体に当たるかについては、当該対象となる物が建造物本体との関係で重要な役割を果たしている場合は、適切な工具を使用すれば損壊せずに取り外しが可能であっても、建造物損壊罪の客体に当たる。

4　関係判例

○　アルミサッシにはめ殺しにされたビルの壁面ガラスは、建造物の一部であり、建造物損壊罪の客体に当たる（東京高判昭55.6.19）。

○　器物損壊罪は、建造物損壊罪の補充規定であり、建造物損壊罪が成立すれば、同一の客体について器物損壊罪が成立することはないものの、同一機会に別々の建造物と器物を同時に損壊した場合、建造物損壊罪と器物損壊罪は観念的競合の関係となる（大判明35.2.7）。

5　事例検討

事例の場合、甲は、建造物に当たるホテルに宿泊し、ホテルの客室に備え付けられていたテレビの画面や壁面ガラスを割るなどして損壊したところ、当該テレビについては、器物損壊罪の客体となる。また、壁面ガラスははめ殺しとなっており、容易に取り外すことができず、壁と一体となっている（建造物の一部）といえることから、当該壁面ガラスは建造物損壊罪の客体たる建造物に当たる。

以上から、事例の場合、甲は、建造物損壊罪及び器物損壊罪の刑責を負い、両罪は観念的競合となる。

【公務執行妨害をするために交番のガラスを壊した】

甲は、駐車違反の取締りを受けたことを根にもち、仕返しのために交番の警察官めがけて石を投げたところ、石は立番中の警察官のこめかみをかすめて交番のガラスを壊した。この場合、公務執行妨害罪と器物損壊罪の罪数関係はどうか。

関係判例

パトカーに向かって石を投げつけ、パトカーを破損した場合、公務執行妨害罪と器物損壊罪は、観念的競合となる（東京地判昭41.3.25）。

論文答案例

1　結　論

観念的競合となる。

2　争　点

公務執行妨害をするために器物損壊をした場合、公務執行妨害罪のみが成立するか、器物損壊罪と公務執行妨害罪の観念的競合になるか。

3　法的検討

(1)　併合罪の意義

確定裁判を経ていない2個以上の罪を併合罪とする（刑法45条）。

(2)　科刑上一罪

ア　観念的競合の意義

1個の行為が2個以上の罪名に触れるとき（刑法54条1項前段）。

イ　牽連犯

(ア)　牽連犯の意義

犯罪の手段若しくは結果である行為が他の罪名に触れるときは、牽連犯となる（刑法54条1項後段）。

(イ)　「手段と結果の関係」の意義

複数の犯罪行為が、社会通念上、手段と結果の関係にあると認められる場合に牽連犯となる（客観説～通説・判例）。

4　関係判例

パトカーに向かって石を投げつけ、パトカーを破損した場合、公務執行妨害罪と器物損壊罪は、観念的競合となる（東京地判昭41.3.25）。

5　事例検討

事例の場合、公務執行妨害と器物損壊は、保護法益が異なること及び1個の行為が2個以上の罪名に触れることから、上記法的検討、関係判例のとおり、観念的競合になる。

【窃盗目的で住居侵入した後に強いて性交しようとした】

甲は、生活苦から窃盗をするためにA子のアパートに侵入したが、室内を物色する前にベッドで寝ているA子の姿を見て欲情し、襲いかかって強いて性交しようとしたところ、A子に騒がれたため逃走した。この場合、住居侵入罪と不同意性交等未遂罪は牽連犯となるか。

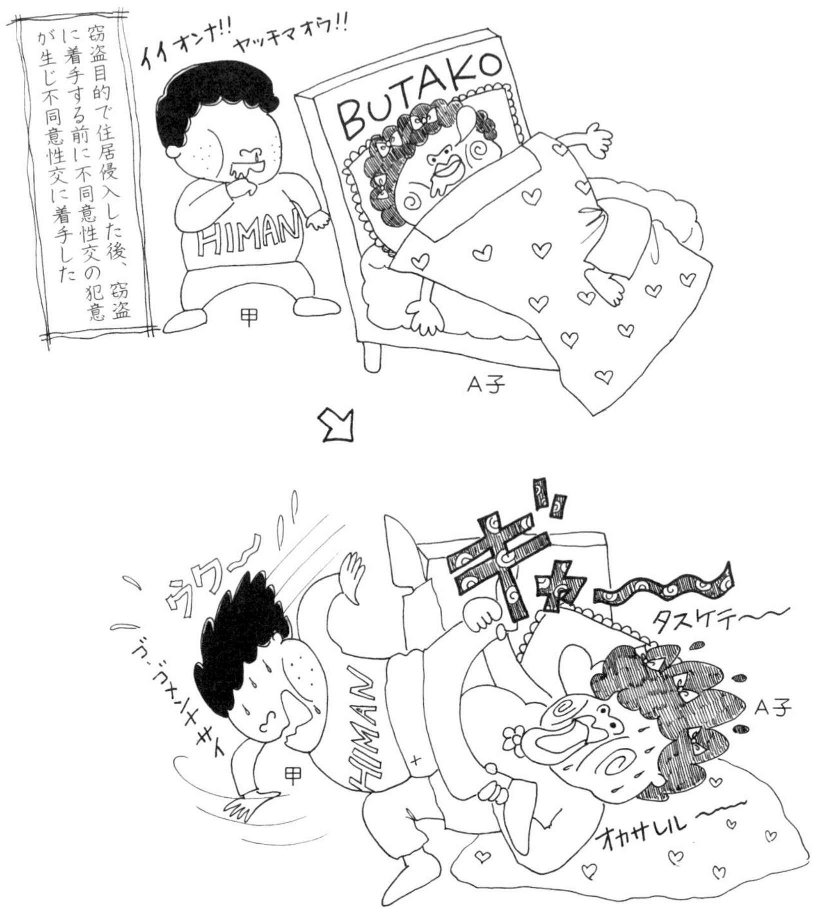

関係判例

強いて性交することを目的として住居侵入し、窃盗を行った場合は、住居侵入罪と窃盗罪は牽連犯となる（大判大6.2.26）。

論文答案例

1　結　論

牽連犯となる。

2　争　点

窃盗目的で住居侵入した後に強いて性交等を行った場合、住居侵入罪と不同意性交等罪は併合罪か、牽連犯となるか。

3　法的検討

(1)　併合罪の意義

確定裁判を経ていない2個以上の罪を併合罪とする（刑法45条）。

(2)　科刑上一罪

ア　観念的競合の意義

1個の行為が2個以上の罪名に触れるとき（刑法54条1項前段）。

イ　牽連犯

(ア)　牽連犯の意義

犯罪の手段若しくは結果である行為が他の罪名に触れるときは、牽連犯となる（刑法54条1項後段）。

(イ)　「手段と結果の関係」の意義

複数の犯罪行為が、社会通念上、手段と結果の関係にあると認められる場合に牽連犯となる（客観説～通説・判例）。

4　関係判例

強いて性交することを目的として住居侵入し、窃盗を行った場合は、住居侵入罪と窃盗罪は牽連犯となる（大判大6.2.26）。

5　事例検討

住居侵入罪と不同意性交等罪は、社会通念上、手段と結果の関係にあると認められることから、事例の場合、上記法的検討、関係判例のとおり、牽連犯となる。

【窃盗目的で住居侵入した後にのぞきをした】

甲は、生活苦から窃盗をしようとして一戸建住居の敷地内に侵入した際、A子が入浴中だったことから欲情して窓から中をのぞいたところ、A子に気づかれて騒がれたため逃走した。この場合、住居侵入罪と軽犯罪法違反（窃視の罪）の罪数関係はどうか。

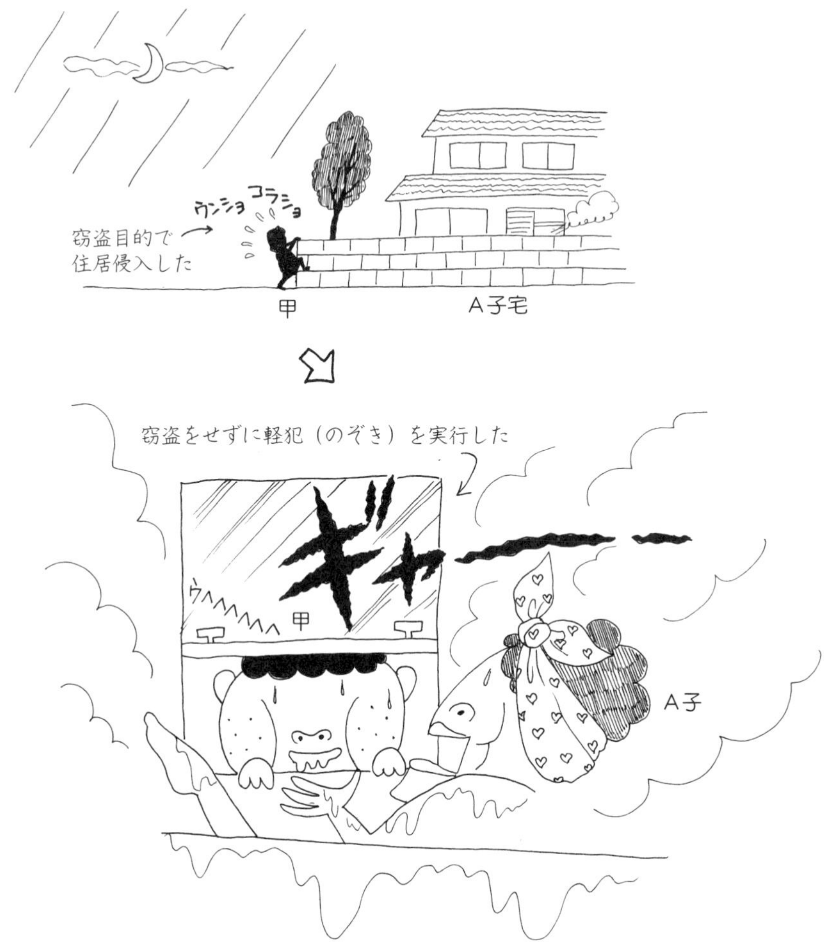
ウンショ
コラショ
窃盗目的で
住居侵入した
甲
A子宅
窃盗をせずに軽犯（のぞき）を実行した
ギャーーー
ウ^^^^^^^^^
甲
A子

関係判例

脅迫目的で住居侵入し、偶発的に殺人をした場合、住居侵入罪と殺人罪は牽連犯となる（大判昭5.1.27）。

論文答案例

1　結　論

　牽連犯となる。

2　争　点

　窃盗目的で住居侵入した後にのぞきをした場合、住居侵入罪と軽犯罪法違反は併合罪か、牽連犯となるか。

3　法的検討

(1)　併合罪の意義

　確定裁判を経ていない2個以上の罪を併合罪とする（刑法45条）。

(2)　科刑上一罪

ア　観念的競合の意義

　1個の行為が2個以上の罪名に触れるとき（刑法54条1項前段）。

イ　牽連犯

(ア)　牽連犯の意義

　犯罪の手段若しくは結果である行為が他の罪名に触れるときは、牽連犯となる（刑法54条1項後段）。

(イ)　「手段と結果の関係」の意義

　複数の犯罪行為が、社会通念上、手段と結果の関係にあると認められる場合に牽連犯となる（客観説～通説・判例）。

4　関係判例

○　他人の住居をのぞく目的で、その住居に侵入した場合、住居侵入罪と軽犯罪法違反は牽連犯となる（最判昭57.3.16）。

○　脅迫目的で住居侵入し、偶発的に殺人をした場合、住居侵入罪と殺人罪は牽連犯となる（大判昭5.1.27）。

5　事例検討

　住居侵入の目的が異なる場合であっても、住居侵入罪と軽犯罪法違反（窃視の罪）が社会通念上、手段と結果の関係にあれば牽連犯となることから、事例の場合、上記法的検討、関係判例のとおり、牽連犯となる。

【公務執行妨害をして警察官に傷害を与えた】

甲が酒に酔って夫婦げんかをし、近所の人が110番をしたことから、A警察官とB警察官が甲宅に臨場して甲をいさめたところ、激高した甲が果物ナイフでA警察官に切りつけて傷害を与えた。この場合、公務執行妨害罪と傷害罪の罪数関係はどうか。

関係判例

公務執行妨害罪と共に傷害罪が成立する場合、その行為が別個の動機、方法によるとき以外、通常は観念的競合になる（東京高判昭31.6.21）。

論文答案例

1　結　論

観念的競合となる。

2　争　点

傷害と公務執行妨害罪を犯した場合、牽連犯か、観念的競合か、併合罪か。

3　法的検討

(1)　併合罪の意義

確定裁判を経ていない2個以上の罪を併合罪とする（刑法45条）。

(2)　科刑上一罪

ア　観念的競合の意義

1個の行為が2個以上の罪名に触れるとき（刑法54条1項前段）。

イ　牽連犯

(ア)　牽連犯の意義

犯罪の手段若しくは結果である行為が他の罪名に触れるときは、牽連犯となる（刑法54条1項後段）。

(イ)　「手段と結果の関係」の意義

複数の犯罪行為が、社会通念上、手段と結果の関係にあると認められる場合に牽連犯となる（客観説～通説・判例）。

4　関係判例

公務執行妨害罪と共に傷害罪が成立する場合、その行為が別個の動機、方法によるとき以外、通常は観念的競合になる（東京高判昭31.6.21）。

5　事例検討

事例の場合、公務執行妨害と傷害罪は、保護法益が異なること及び1個の行為が2個以上の罪名に触れることから、上記法的検討、関係判例のとおり、観念的競合になる。

【A子の住居をのぞくためにB宅に侵入した】

甲は、好意をもっていたA子の裸が見たくなり、A子がふろに入っているのをのぞくために向かい側のB宅に侵入し、B宅の屋上からA子宅のふろをのぞいていたところ、B宅の主人Bに捕まった。この場合、住居侵入罪と軽犯罪法違反（窃視の罪）の罪数関係はどうか。

関係判例

他人の住居をのぞく目的で、その住居に侵入した場合、住居侵入罪と軽犯罪法違反は牽連犯となる（最判昭57.3.16）。

論文答案例

1　結　論

牽連犯となる。

2　争　点

Ａ宅をのぞくためにＢ宅に侵入した場合であっても、住居侵入罪と軽犯罪法違反は牽連犯となるか。

3　法的検討

(1)　併合罪の意義

確定裁判を経ていない２個以上の罪を併合罪とする（刑法45条）。

(2)　科刑上一罪

ア　観念的競合の意義

１個の行為が２個以上の罪名に触れるとき（刑法54条１項前段）。

イ　牽連犯

(ア)　牽連犯の意義

犯罪の手段若しくは結果である行為が他の罪名に触れるときは、牽連犯となる（刑法54条１項後段）。

(イ)　「手段と結果の関係」の意義

複数の犯罪行為が、社会通念上、手段と結果の関係にあると認められる場合に牽連犯となる（客観説～通説・判例）。

4　関係判例

他人の住居をのぞく目的で、その住居に侵入した場合、住居侵入罪と軽犯罪法違反は牽連犯となる（最判昭57.3.16）。

5　事例検討

住居侵入の目的が第三者の家をのぞく目的であっても、住居侵入罪と軽犯罪法違反（窃視の罪）が社会通念上、手段と結果の関係にあれば牽連犯となることから、事例の場合、上記法的検討、関係判例のとおり、牽連犯となる。

【1回の幇助行為によって正犯が2個の犯罪を犯した】

甲は、乙が、敵対している暴走族の「AとBを痛めつけてやる。」と言っていることを聞いたことから、乙を助けてやろうと考え、乙宅に行って「ナイフを貸してやる。がんばれ。」と言いながらナイフを貸したところ、後日、乙は、甲から借りたナイフでAとBに傷害を与えた。この場合、甲の幇助行為の罪数関係はどうか。

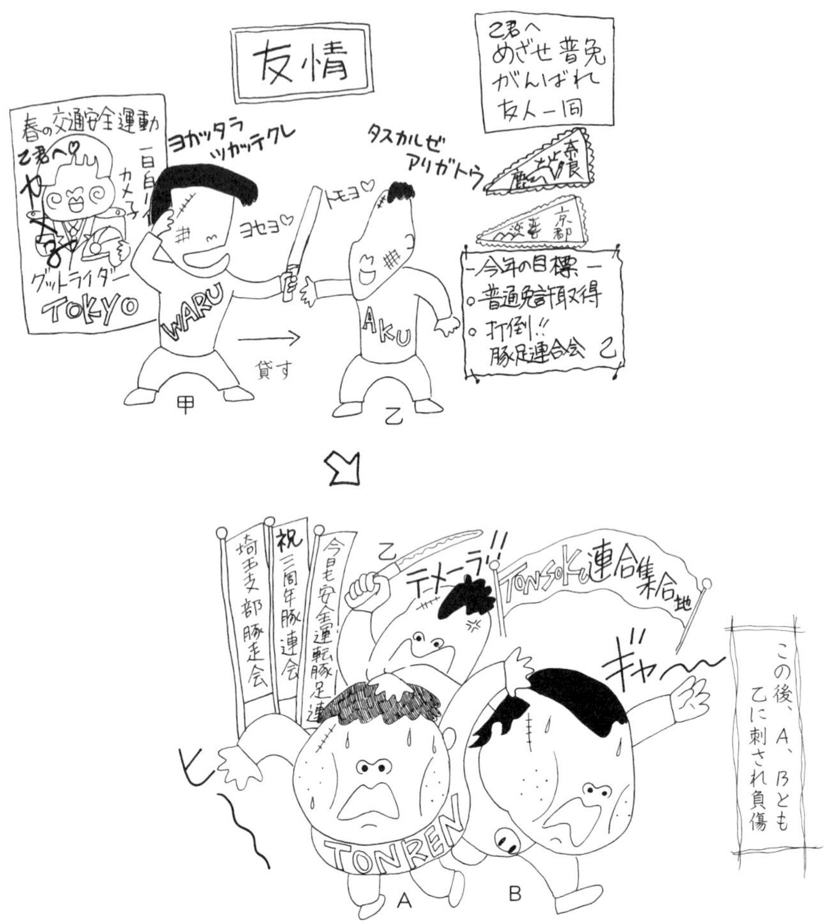

関係判例

2回にわたって覚醒剤を密輸した正犯を、1個の幇助行為により幇助した場合、幇助行為は1個であるから、2個の幇助罪の罪は観念的競合になる（最決昭57.2.17）。

論文答案例

1　結　論

観念的競合となる。

2　争　点

1個の幇助行為で、正犯者が2個の傷害をした場合、幇助罪は、併合罪となるか、観念的競合となるか。

3　法的検討

(1)　併合罪の意義

確定裁判を経ていない2個以上の罪を併合罪とする（刑法45条）。

(2)　観念的競合の意義

1個の行為が2個以上の罪名に触れるとき（刑法54条1項前段）。

(3)　共犯（教唆犯、従犯等）の罪数

ア　正犯基準説

○　共犯の罪数は、正犯の罪数に従うとする説

○　教唆、幇助者の教唆、幇助行為が1個であっても、正犯者の犯罪行為が併合罪になる場合には、教唆犯、従犯の罪数も併合罪となる。

イ　共犯基準説（通説・判例）

○　教唆、幇助の行為を基準として共犯の罪数を決めるとする説

○　教唆、幇助された正犯者の罪が併合罪となっても、教唆、幇助行為が1個であれば、教唆犯、従犯の行為が観念的競合になる。

4　関係判例

2回にわたって覚醒剤を密輸した正犯を、1個の幇助行為により幇助した場合、幇助行為は1個であるから、2個の幇助罪の罪は観念的競合になる（最決昭57.2.17）。

5　事例検討

事例の場合、1個の行為が2個以上の罪名に触れることから、上記法的検討、関係判例のとおり、観念的競合になる。

【逮捕を免れるために公務執行妨害をした】

甲は、生活苦から窃盗を計画し、民家に侵入して現金を窃取したところ、隣人が110番して駆けつけた警察官Ａに逮捕されそうになったため、逮捕から逃れるためにＡに殴りかかる等の暴行を加えた。この場合、事後強盗罪と公務執行妨害罪の罪数関係はどうか。

関係判例

窃盗犯人が逮捕を免れるために警察官に暴行する行為は、事後強盗罪と公務執行妨害罪の両罪に触れ、両罪は観念的競合となる（大判明43.2.15）。

論文答案例

1　結　論

観念的競合となる。

2　争　点

警察官に対し暴行を加え、事後強盗罪と公務執行妨害罪が成立する場合、両罪は観念的競合か、牽連犯か、併合罪か。

3　法的検討

(1)　併合罪の意義

確定裁判を経ていない２個以上の罪を併合罪とする（刑法45条）。

(2)　科刑上一罪

ア　観念的競合の意義

１個の行為が２個以上の罪名に触れるとき（刑法54条１項前段）。

イ　牽連犯

(ア)　牽連犯の意義

犯罪の手段若しくは結果である行為が他の罪名に触れるときは、牽連犯となる（刑法54条１項後段）。

(イ)　「手段と結果の関係」の意義

複数の犯罪行為が、社会通念上、手段と結果の関係にあると認められる場合に牽連犯となる（客観説～通説・判例）。

4　関係判例

窃盗犯人が逮捕を免れるために警察官に暴行する行為は、事後強盗罪と公務執行妨害罪の両罪に触れ、両罪は観念的競合となる（大判明43.2.15）。

5　事例検討

事例の場合、公務執行妨害と事後強盗罪は、保護法益が異なること及び１個の行為が２個以上の罪名に触れることから、上記法的検討、関係判例のとおり、観念的競合になる。

【警察官に傷害を負わせた】

甲は、自転車に乗って深夜帰宅中、酒に酔ってふらついていたためにA警察官が注意したところ、甲がいきなり激高して近くに落ちていた石を拾って投げつけ、石がA警察官の顔に当たって傷害を負わせた。この場合の罪数関係はどうか。

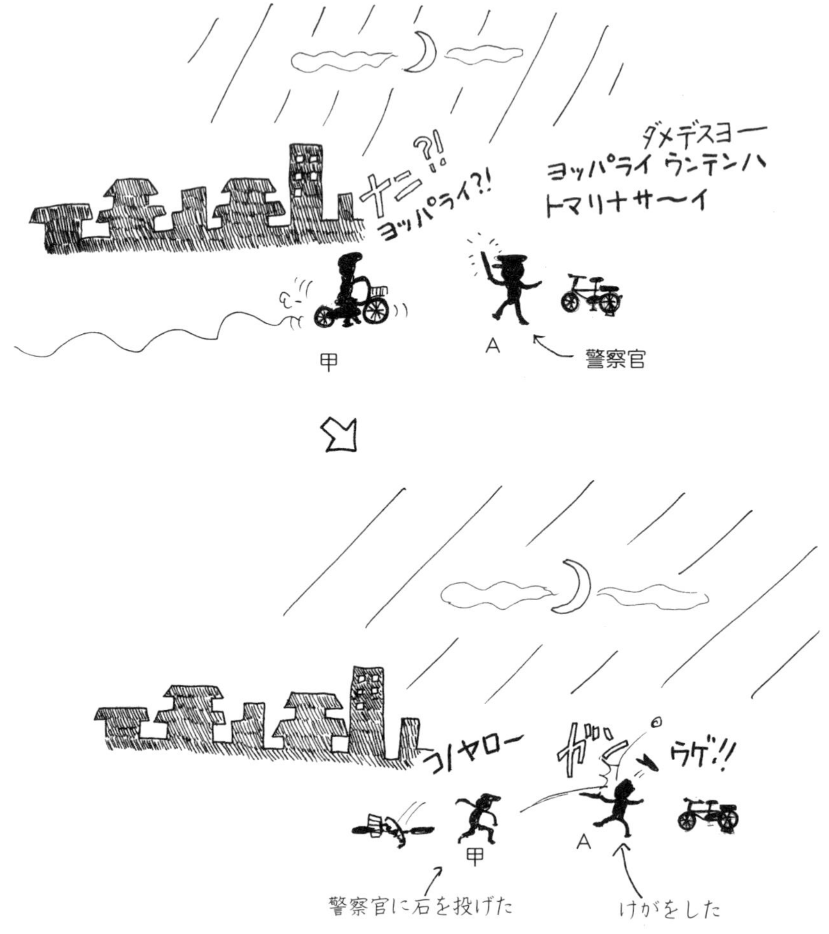

関係判例

警察官に暴行を加えて公務の執行を妨害し、その結果傷害を負わせた場合、傷害罪と公務執行妨害罪は、観念的競合となる（大判昭8.6.17）。

論文答案例

1　結　論

傷害罪と公務執行妨害罪の観念的競合となる。

2　争　点

警察官に対し暴行を加え、傷害罪と公務執行妨害罪が成立する場合、両罪は、観念的競合となるか。併合罪となるか。

3　法的検討

(1)　併合罪の意義

確定裁判を経ていない２個以上の罪を併合罪とする（刑法45条）。

(2)　科刑上一罪

ア　観念的競合の意義

１個の行為が２個以上の罪名に触れるとき（刑法54条１項前段）。

イ　牽連犯

(ア)　牽連犯の意義

犯罪の手段若しくは結果である行為が他の罪名に触れるときは、牽連犯となる（刑法54条１項後段）。

(イ)　「手段と結果の関係」の意義

複数の犯罪行為が、社会通念上、手段と結果の関係にあると認められる場合に牽連犯となる（客観説～通説・判例）。

4　関係判例

警察官に暴行を加えて公務の執行を妨害し、その結果傷害を負わせた場合、傷害罪と公務執行妨害罪は、観念的競合となる（大判昭8.6.17）。

5　事例検討

事例の場合、公務執行妨害と傷害罪は、保護法益が異なること及び１個の行為が２個以上の罪名に触れることから、上記法的検討、関係判例のとおり、観念的競合になる。

【座り込んで連行されることを拒んでいる客の腕をつかみ、引きずるなどして事務所へ連行途中、その客に対して足蹴りした】

飲食店従業員の甲は、客として来店したAが金を持っていなかったことから、アルバイトの乙とともに、３名でコンビニに行ったが、Aは現金の支払を拒んだ。甲と乙は、Aを飲食店の事務所に連れて行くため、コンビニ店内で座り込んでいるAを無理矢理約100メートル離れた事務所前まで連行したが、Aが抵抗していたことに憤慨した甲が、Aの腹部を足蹴りするなどの暴行を加えて傷害を負わせた。

この場合、甲及び乙は、どのような刑責を負うか（営利目的等拐取罪については、別論とする。）。

関係判例

○刑法第220条の逮捕行為は、行動の自由を侵害したといい得る程度の時間、継続することを要する（大判大12.7.3）。

○逮捕・監禁致死傷罪が成立するためには、逮捕・監禁行為と人の死傷との間に因果関係が存在することを要する。そして、これは被疑者による行為のみならず、被逮捕者・被監禁者が逮捕・監禁状態から脱出するために行った行為や、第三者による過失行為により死傷の結果が生じた場合であっても、因果関係が認められる（最決平18.3.27）。

論文答案例

1　結　論

甲は逮捕罪及び傷害罪の刑責を負い、両罪は併合罪の関係となる。乙は逮捕罪のみの刑責を負う。

2　争　点

甲が、抵抗していたAの腹部を足蹴りするなどして傷害を負わせたことについて、逮捕・監禁罪の結果的加重犯たる逮捕・監禁致死傷罪（刑法221条）が成立するのか、それとも、別個に傷害罪が成立するか。

3　法的検討

(1)　刑法第220条にいう「逮捕」とは、人の身体に対して直接的な拘束を加えてその行動の自由を奪うことをいう。

(2)　逮捕・監禁行為と人の死傷との間に因果関係が認められない場合、つまり、逮捕・監禁の手段としてではなく、全く別個の動機から被逮捕者・被監禁者に暴行を加えて傷害を負わせた場合には、逮捕・監禁致傷罪ではなく、別個に傷害罪が成立し、逮捕・監禁罪と傷害罪の関係は併合罪となる。

4　関係判例

○　刑法第220条の逮捕行為は、行動の自由を侵害したといい得る程度の時間、継続することを要する（大判大12.7.3）。

○　逮捕・監禁致死傷罪が成立するためには、逮捕・監禁行為と人の死傷との間に因果関係が存在することを要する。そして、これは被疑者による行為のみならず、被逮捕者・被監禁者が逮捕・監禁状態から脱出するために行った行為や、第三者による過失行為により死傷の結果が生じた場合であっても、因果関係が認められる（最決平18.3.27）。

5　事例検討

(1)　事例の場合、甲がAの腹部を足蹴りするなどした行為は、同人を逮捕するための手段として行われたものではなく、逮捕行為と傷害の結果との間に因果関係があるとは認められないことから、逮捕致傷罪ではなく、逮捕罪と傷害罪が成立する。

(2)　甲のAに対する行為は、突発的なもので、乙には想定外の行為であり、これについて甲と乙の共謀関係を認めることはできない（現場共謀でもない）ことから、乙は、Aに生じた傷害についての責任は生じない。

(3)　以上から、甲は逮捕罪及び傷害罪の刑責を負い、両罪は併合罪の関係となる。乙は逮捕罪のみ刑責を負う。

【一戸建て住宅に火を放ったところ、隣接する材木店倉庫をも延焼させた】

甲は、離婚した元妻の実家（A宅）を訪ねて金の無心をしたが断られたその翌晩、再度、A宅を訪ねたが、不在であったことから、火をつけてやろうと考え、A宅の窓の隙間から、ガソリンをしみ込ませた布に火をつけて投げ込み、同宅を全焼させ、その火が隣接していたBが所有する材木店倉庫（本件当時、当該倉庫内には誰もいなかった。）に燃え移り、同倉庫も全焼させた。この場合、甲は、どのような刑責を負うか。

関係判例

1個の放火行為により住居を焼損する目的で、住居のほか、納屋、自動車等の処罰規定を異にする複数物件を焼損した場合は包括一罪と解し、最も重い処罰規定である現住建造物等放火罪のみが成立する（大判明42.12.6）。

論文答案例

1　結　論

現住建造物等放火罪一罪の刑責を負う。

2　争　点

現住建造物等放火罪（刑法108条）にいう「現に人が住居に使用し」とは、居住者が一時不在であっても認められるか。

また、当該放火行為によって、隣接する材木店倉庫を全焼させた点につき、非現住建造物等放火罪（刑法109条1項）の成立が考えられるところ、先行する現住建造物等放火罪との罪数はどうか。

3　法的検討

⑴　現住建造物等放火罪にいう「現に人が住居に使用し」とは、現に人の起臥寝食の場所として日常使用されることをいい、放火当時に人が現在していたかどうかは問わない。一時不在であったとしても住居性は失われない。

⑵　放火罪における罪数は、同罪が公共危険罪であることから、放火行為の単一性とともに、第一次的な保護法益である公共の安全を基準として判断される。したがって、1個の放火行為により複数の現住建造物を焼損した場合や、処罰規定を異にする複数物件を焼損した場合であっても、1個の公共的法益を侵害したにすぎないときは、現住建造物等放火罪一罪の成立を認めれば足りる。

4　関係判例

1個の放火行為により住居を焼損する目的で、住居のほか、納屋、自動車等の処罰規定を異にする複数物件を焼損した場合は包括一罪と解し、最も重い処罰規定である現住建造物等放火罪のみが成立する（大判明42.12.6）。

5　事例検討

上記法的検討、関係判例のとおり、事例の場合、1個の放火行為によりA宅を全焼させた上、B所有の材木店倉庫をも全焼させたことについて、甲は、最も重い処罰規定である現住建造物等放火罪一罪の刑責を負う。

第60条・共犯

1　共犯の意義

刑法は、共犯の種類として、二人以上の犯行を構成要件とする「必要的共犯」と、犯罪が複数人によって行われた場合の「任意的共犯」の２種類を規定している。

2　必要的共犯

構成要件の性質上、二人以上の行為者によって行われる犯罪をいう。

○　集団犯～内乱罪、騒乱罪

○　対向犯～収賄罪、贈賄罪

3　任意的共犯

通常、単独犯で行われる犯罪を、二人以上の者で行った場合をいう。

任意的共犯には、共同正犯（刑法60条）、教唆犯（刑法61条）、幇助犯（刑法62条）の三つの態様がある。

⑴　共同正犯の意義

共同正犯とは、二人以上の者が共同して犯罪を実行した場合、全員が正犯として処断されることをいうが、ここで問題となるのは、共同正犯の成立範囲である。

すなわち、

○　共同正犯は、共犯者全員が実行行為を行った場合のみ成立する。

として実行共同正犯に限定するか、それとも、

○　共謀に加われば、実行行為を行わなくても共同正犯となる。

として共謀共同正犯を認めるかについてであるが、判例は、「共謀共同正犯は共同正犯の一態様である」旨を判示している（最大判昭33.5.28ほか）。

⑵　共同正犯の成立要件

共同正犯（共謀共同正犯を含む。）が成立するためには、

①　共謀が行われたこと。

②　共謀に基づいて実行行為が行われたこと。

の二つの要件が必要である。

⑶　「共謀が行われたこと」の意義

ア　共謀とは

二人以上の者が、特定の犯罪を行うために謀議をすることをいう。

イ　共謀の成立要件

共謀があったといえるためには、次の二つの要件が必要である。

㈠　共同実行の意思

共犯者が特定の犯罪を、共同で実行する意思をもつこと。

㈡　意思の連絡の意義

a　片面的共同正犯の成否

共同実行の意思を、共犯者が相互に連絡することをいうから、甲が犯罪を実行しているときに、乙が甲と意思の連絡をとらないで一方的に加担する、片面的な共同正犯は共同正犯にはならず、甲、乙の単独犯か、乙の片面的幇助犯が成立するにとどまる。

b　意思の連絡の時期

意思の連絡は、必ずしも事前に行われる必要はなく、実行行為の現場で行われたものであってもよい。

c　意思の連絡の方法

意思の連絡を行う場合に、共犯者が一度に集まる必要はなく、Ａ→Ｂ→Ｃ→Ｄと順番に意思の連絡を行った場合であっても共同正犯が成立する。

その場合の連絡の手段に制限はないから、必ずしも明示の方法に限られず、黙示的な方法であってもよい。

⑷　共謀に基づいて実行行為を行ったこと

共謀に基づいて実行行為が行われた場合に共同正犯が成立するのであるから、共謀が行われても実行行為が行われなければ犯罪は成立しない。

また、仮に、実行行為が行われたとしても、その内容が共謀の内容に基づかない場合には、共同正犯は成立しない。

⑸　「共謀」の程度に関する判例

○　犯罪の実行に当たらない共謀者は、実行行為者の具体的な内容を細かく認識する必要はない（最判昭26.9.28）。

○　犯罪の実行について相互に意思の連絡があれば、犯行の手段、方法等に具体的な謀議がなくても、共謀があったことになる（東京高判昭35.9.19）。

○　共謀者の認識と、実行した事実が一致しなくても、法定の犯罪類型内で一致する場合は、共同正犯の刑責を負う（仙台高判昭31.9.29）。

○　甲、乙、丙が殺人の共謀を行い、乙と丙が現場に赴いたところ、丁が現場共謀をして殺人を行った場合、甲も共同正犯となる（東京地判昭41.7.21）。

4　共犯関係の離脱

⑴　着手前の共犯関係からの離脱

離脱希望者が、実行の着手前に共謀者に離脱の意思を表明し、共謀者がこれを了承すれば、共犯関係から離脱したと認められ、離脱者は刑事責任を問われない。

⑵　着手後の共犯関係からの離脱

離脱希望者が、実行の着手後に離脱する場合には、共謀者に離脱の意思を表明して了承されるだけでは離脱にならず、他の共謀者が現に行っている実行行為を止めて結果の発生を防止した場合に限り、共犯関係から離脱したことになる。

<刑法ノート>

第60条・共同正犯

二人以上共同して犯罪を実行した者は、すべて正犯とする。

1　共同正犯

⑴　**共同正犯の意義**

二人以上共同して犯罪を実行した者は、すべて正犯となる。

⑵　**共同正犯の主観的要件**

共同実行の意思の連絡があること。

ア　「共同実行の意思」とは

行為者が相互に協力して犯罪を実行しようとする意思のことをいう。

イ　「意思の連絡」とは

○　共犯者が共同実行の意思を相互に連絡することをいう。

○　意思の連絡がない「片面的共同正犯」は成立しない。

ウ　「意思の連絡」の方法

○　明示、暗黙等、意思の連絡の方法を問わない。

○　事前の打合せに限らず、現場共謀でもよい。

○　間接的な意思の連絡であってもよい。

⑶　**客観的要件**

行為者が共同して犯罪を実行すること。

2　共謀共同正犯

⑴　**意　　義**

二人以上の者が一定の犯罪を共謀したうえで、その中の一部の者が犯罪を実行すれば、直接に実行しなかった者も含め、全員が共同正犯としての刑責を負う。

⑵　**共謀共同正犯の要件**

①　二人以上の者が、

②　特定の犯罪を行うため、

③　共謀し、

④　犯罪を実行した

場合に成立する。

⑶　**「共謀」の意義**

共同意思の下に一体となって他人の行為を利用し、各自の意思を実行に移すことを内容とする意思の連絡をいう。

⑷　**「共謀」の時期及び方法**

共犯者相互間の意思の連絡については、

○　明示、暗黙の意思の連絡を問わない。

○　事前に打合せすることも必要ない。

⑸　共同正犯からの離脱の要件

離脱したといえるためには、少なくとも次の二つの要件が充足されることが必要である。

①　犯罪に着手する前に離脱を表明し、

②　他の共謀者がこれを了承したこと。

したがって、単なる離脱の意思をもっただけでは離脱には当たらない。

また、実行の着手後に離脱する場合には、上記①②に加えて、他の共謀者が現に行っている実行行為を止めて結果の発生を防止した場合に限り、共犯関係からの離脱が認められる。

3　承継的共同正犯

⑴　意　　義

先行者が犯罪行為に着手したが、まだ既遂に達しない段階において、後行者が先行者と犯罪の意思の連絡をとり、実行行為に参加すること。

⑵　後行者が負う刑責の範囲

ア　消極説

参加した以後の行為について、共同正犯としての刑責を負う。

イ　積極説（判例）

参加した以後だけでなく、犯罪全体について共同正犯としての刑責を負う。

4　共犯の錯誤

⑴　適用される錯誤理論

異なる構成要件の錯誤（抽象的事実の錯誤）

⑵　通説・判例

法定的符合説

⑶　意　　義

原則として共犯者の故意は阻却されるが、構成要件が重なる範囲内において、軽い罪の共同正犯となる。

⑷　認識した事実よりも発生した事実の方が重い場合

ア　事　例

窃盗を共謀したら共犯者が強盗を実行した。

イ　共同正犯の範囲

窃盗の共同正犯となる。

⑸　認識した事実よりも発生した行為の方が軽い場合

ア　事　例

強盗を共謀したら窃盗を実行した。

イ　共同正犯の範囲

窃盗の共同正犯となる。

(6)　結果的加重犯の場合

ア　事　例

暴行を共謀したら共犯者が傷害を実行した。

イ　共同正犯の範囲

基本となる行為を共謀した結果、重い結果が発生した場合、重い罪の共同正犯となる。

(7)　中止未遂と共同正犯の関係

共犯者の一部の者が犯行を中止しても、他の共犯者によって犯行が継続されて犯罪が既遂に達した場合は、中止未遂規定は適用されない。

【窃盗行為者が幇助者を認識しないのに幇助をした】

甲が深夜帰宅中に、友人乙が車上ねらいをしているのを現認したので、遠くから見張りをして助けようと考え、乙に気づかれないまま見張りを行った。この場合、甲は、窃盗罪の共同正犯となるか。

関係判例

共同正犯が成立するには、数人の犯行者相互間に意思の連絡があることを要する（大判大11.2.25）。

論文答案例

1　結　論

帮助犯となる。

2　争　点

甲の見張り行為が、帮助犯となるのか、共同正犯となるか。

3　法的検討

(1)　共同正犯の意義

二人以上共同して犯罪を実行した者は、すべて正犯となる。

(2)　共同正犯の主観的要件

共同実行の意思の連絡があること。

ア　「共同実行の意思」とは

行為者が相互に協力して犯罪を実行しようとする意思のことをいう。

イ　「意思の連絡」とは

○　共犯者が共同実行の意思を相互に連絡することをいう。

○　意思の連絡がない「片面的共同正犯」は成立しない。

ウ　「意思の連絡」の方法

○　明示、暗黙等、意思の連絡の方法を問わない。

○　事前の打合せに限らず、現場共謀でもよい。

○　間接的な意思の連絡であってもよい。

(3)　共同正犯の客観的要件

行為者が共同して犯罪を実行すること。

4　関係判例

○　窃盗行為の見張りが正犯か従犯であるかは、自己の犯罪を共同して実現する意思か、帮助だけの意思かによって決まる（東京高判昭24.2.22）。

○　共同正犯が成立するには、数人の犯行者相互間に意思の連絡があることを要する（大判大11.2.25）。

5　事例検討

事例の場合、甲の主観的意思が帮助にとどまっていることから、上記法的検討、関係判例のとおり、窃盗の帮助犯となる。

【同時期に別々の者に強盗をした】

不良仲間の甲と乙が公園にいたところ、中学生のAとBが歩いてきたことから、甲はAを乙はBを強盗することを共謀し、甲がAに、乙がBにナイフを示して別々の場所に連れて行き、現金を強奪した。この場合、甲と乙は、強盗の共同正犯となるか。

関係判例

二人が意思を通じて二人の女性に対し、強いて性交をした場合であっても、各人が別個に実行した場合は、単独犯となる（広島地判昭42.12.18）。

論文答案例

1　結　論

強盗罪の単独犯となる。

2　争　点

共謀して、同一の犯罪を同時期に行った甲乙の行為は、共謀共同正犯になるか。

3　法的要件

(1)　共同正犯の意義

二人以上共同して犯罪を実行した者は、すべて正犯となる。

(2)　共謀共同正犯の意義

二人以上の者が一定の犯罪を共謀したうえで、その中の一部の者が犯罪を実行すれば、直接に実行しなかった者も含め、全員が共同正犯としての刑責を負う。

(3)　共謀共同正犯の要件

①　二人以上の者が、

②　特定の犯罪を行うため、

③　共謀し、

④　犯罪を実行した

場合に成立する。

(4)　「共謀」の意義

共同意思の下に一体となって他人の行為を利用し、各自の意思を実行に移すことを内容とする意思の連絡をいう。

4　関係判例

二人が意思を通じて二人の女性に対し、強いて性交をした場合であっても、各人が別個に実行した場合は、単独犯となる（広島地判昭42.12.18）。

5　事例検討

事例の場合、共同意思の下に一体となって他人の行為を利用する意思の連絡がなく、単に独自に強盗を行ったにすぎないから、上記法的検討、関係判例のとおり、強盗罪の単独犯となる。

【強盗傷人が行われた後に強盗に参加した】

暴走族の甲が帰宅中、仲間の乙と丙が強盗目的でAの顔面を殴って傷害を与えていたのを現認したことから、甲が、乙と丙に強盗に参加することを表明し、甲と丙がAを押さえつけて乙がAの財布を奪った。この場合、甲は、強盗致傷罪の刑責を負うか。

関係判例

他人が強盗目的で暴行を加えて傷害を負わせた後に、他の者がその後に共同して強盗を行った場合、共犯者全員が先に行われた傷害についても責任を負うから、強盗致傷罪の共同正犯となる（札幌高判昭28.6.30）。

論文答案例

1　結　論

強盗致傷罪の共同正犯となる。

2　争　点

強盗傷人が行われた後に強盗に参加した場合、強盗致傷罪の共同正犯となるか。

3　法的要件

(1)　共同正犯の意義

二人以上共同して犯罪を実行した者は、すべて正犯となる。

(2)　承継的共同正犯の意義

先行者が犯罪行為に着手したが、まだ既遂に達しない段階において、後行者が先行者と犯罪の意思の連絡をとり、実行行為に参加すること。

(3)　後行者が負う刑責の範囲

ア　消極説

参加した以後の行為について、共同正犯としての刑責を負う。

イ　積極説（判例）

参加した以後だけでなく、犯罪全体について共同正犯としての刑責を負う。

4　関係判例

他人が強盗目的で暴行を加えて傷害を負わせた後に、他の者がその後に共同して強盗を行った場合、共犯者全員が先に行われた傷害についても責任を負うから、強盗致傷罪の共同正犯となる（札幌高判昭28.6.30）。

5　事例検討

事例の場合、強盗犯の乙と丙がAに傷害を負わせ、その後に参加した甲がAに傷害を与えなかったとしても、上記法的検討、関係判例のとおり、甲は犯罪全体に対して刑責を負うから、甲は、強盗致傷罪の共同正犯となる。

【強盗を行った後に窃盗の幇助をした】

甲は、不良仲間の乙から「今A宅で強盗をしているから手伝ってくれ。」と携帯電話で言われたことから、A宅に侵入したところ、既に乙がAをロープで縛り上げていた。しかし、乙がまだ金品を奪っていなかったことから、甲は、乙の手元をライトで照らすなどして窃盗を幇助した。この場合、甲の刑責は何か。

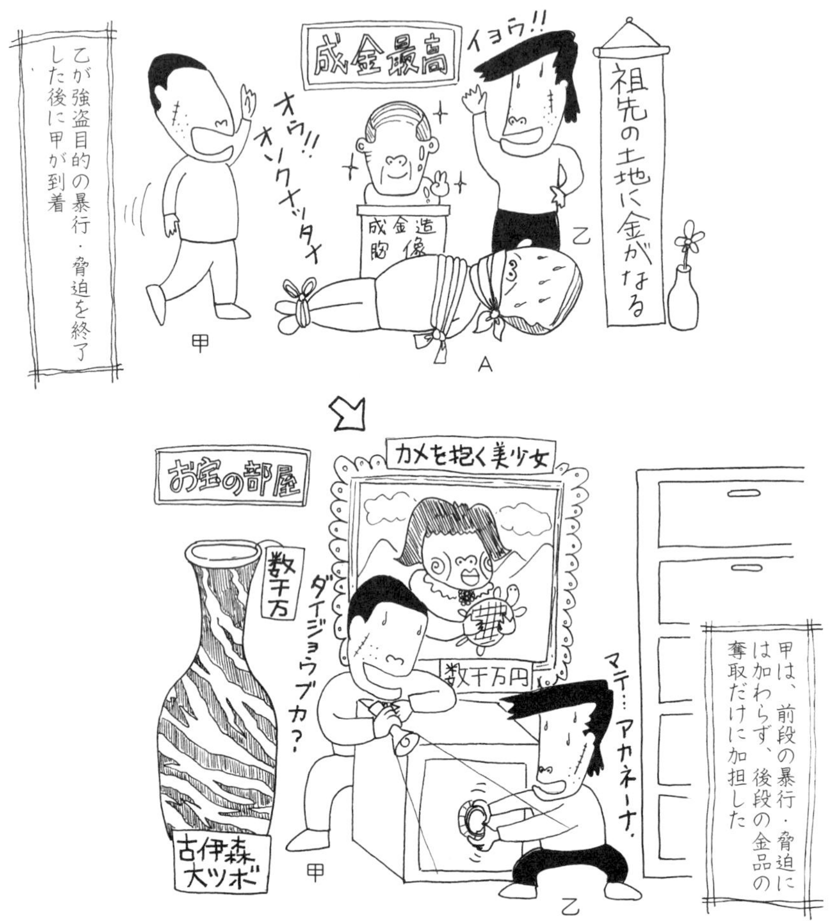
乙が強盗目的の暴行・脅迫を終了した後に甲が到着
成金最高
イヨウ!!
オウ!! オソクナッタナ
成金造胸像
祖先の土地に金がなる
甲
乙
A
お宝の部屋
カメを抱く美少女
数千万
ダイジョウブカ?
数千万円
マテ… アカネーナ
古伊森大ツボ
甲は、前段の暴行・脅迫には加わらず、後段の金品の奪取だけに加担した
甲
乙

関係判例

強盗犯人が家屋内において殺人を行い、その後に合流した者が強盗の幇助をした場合、幇助者は、強盗殺人罪の幇助犯となる（大判昭13.11.18)。

論文答案例

1　結　論

強盗罪の幇助犯となる。

2　争　点

乙が強盗を行い、その後に乙の窃盗行為を幇助した場合、強盗の幇助か、窃盗の幇助か。

3　法的検討

(1)　共同正犯の意義

二人以上共同して犯罪を実行した者は、すべて正犯となる。

(2)　承継的共同正犯の意義

先行者が犯罪行為に着手したが、まだ既遂に達しない段階において、後行者が先行者と犯罪の意思の連絡をとり、実行行為に参加すること。

(3)　後行者が負う刑責の範囲

ア　消極説

参加した以後の行為について、共同正犯としての刑責を負う。

イ　積極説（判例）

参加した以後だけでなく、犯罪全体について共同正犯としての刑責を負う。

4　関係判例

強盗犯人が家屋内において殺人を行い、その後に合流した者が強盗の幇助をした場合、幇助者は、強盗殺人罪の幇助犯となる（大判昭13.11.18）。

5　事例検討

事例の場合、乙が強盗を行い、その後に参加した甲が窃盗の幇助を行った場合、上記法的検討、関係判例のとおり、甲は、共同正犯者である乙が行った犯罪全体についての刑責を負うから、甲は、強盗罪の幇助犯となる。

【不同意性交等致傷後に不同意性交等の行為に参加した】

甲が、友人乙から「A子を強いて性交するから一緒にやろう。」と電話で誘われて乙宅に行ったところ、すでに乙がA子を殴って負傷させて、A子をぐったりした状態にしていたので、甲と乙が性交しようとしたところ、一瞬のすきをついて窓からA子が逃走した。この場合、甲は、不同意性交等致傷罪の刑責を負うか。

ハア
ハア
ヤットオトナシクナッタゼ
ハアハア
INJUU
乙
A子
けが
ジョウモノジャ
ナイスカ♡
センパイ♡
YOUTON JOO
甲
乙がA子に不同意性交目的で暴行を加え、傷害を与えた後に、甲が到着

ハッ!!
パリーン
A子
ポコペンアパート
アッ!!
乙
甲
ニゲタ!!
甲と乙が不同意性交に着手した後にA子がすきを見つけて部屋から脱出

関係判例

先行者の暴行により相手が傷害を負い、その後の暴行に参加した場合、傷害の原因が後行者が加担する以前の暴行によるものであっても、傷害罪の共同正犯となる（名古屋高判昭50.7.1）。

論文答案例

1　結　論

不同意性交等致傷罪の共同正犯となる。

2　争　点

乙が不同意性交の際に傷害を与え、甲がその後に参加したが未遂に終わった場合、甲は、不同意性交等致傷罪の共同正犯を負うか、不同意性交等未遂罪にとどまるか。

3　法的検討

(1)　共同正犯の意義

二人以上共同して犯罪を実行した者は、すべて正犯となる。

(2)　承継的共同正犯の意義

先行者が犯罪行為に着手したが、まだ既遂に達しない段階において、後行者が先行者と犯罪の意思の連絡をとり、実行行為に参加すること。

(3)　後行者が負う刑責の範囲

ア　消極説

参加した以後の行為について、共同正犯としての刑責を負う。

イ　積極説（判例）

参加した以後だけでなく、犯罪全体について共同正犯としての刑責を負う。

4　関係判例

○　先行者が強姦の目的で暴行・脅迫を加え、抗拒不能になったことを知って先行者と意思を連絡し姦淫した場合は、後行者が暴行を加えなくても、強姦罪の共同正犯となる（名古屋高判昭38.12.5）。

○　先行者の暴行により相手が傷害を負い、その後の暴行に参加した場合、傷害の原因が後行者が加担する以前の暴行によるものであっても、傷害罪の共同正犯となる（名古屋高判昭50.7.1）。

5　事例検討

事例の場合、乙が不同意性交等致傷罪を行った場合、その後に参加した甲が暴行を加えなくても、上記法的検討、関係判例のとおり、甲は、共同正犯者である乙が行った犯罪全体に対して刑責を負うから、甲は、不同意性交等致傷罪の共同正犯となる。

【間接的に窃盗の謀議をした】

甲が乙と窃盗を共謀したところ、乙は二人だけでは心細いと考え、甲と面識のない丙に「窃盗をやるからこい。」といって誘い、了承した丙が当日窃盗の現場に行き、甲、乙、丙の三人で窃盗を行った。この場合、甲が、丙が手伝っていることを知らなかったとしても、甲、乙、丙は窃盗の共同正犯となるか。

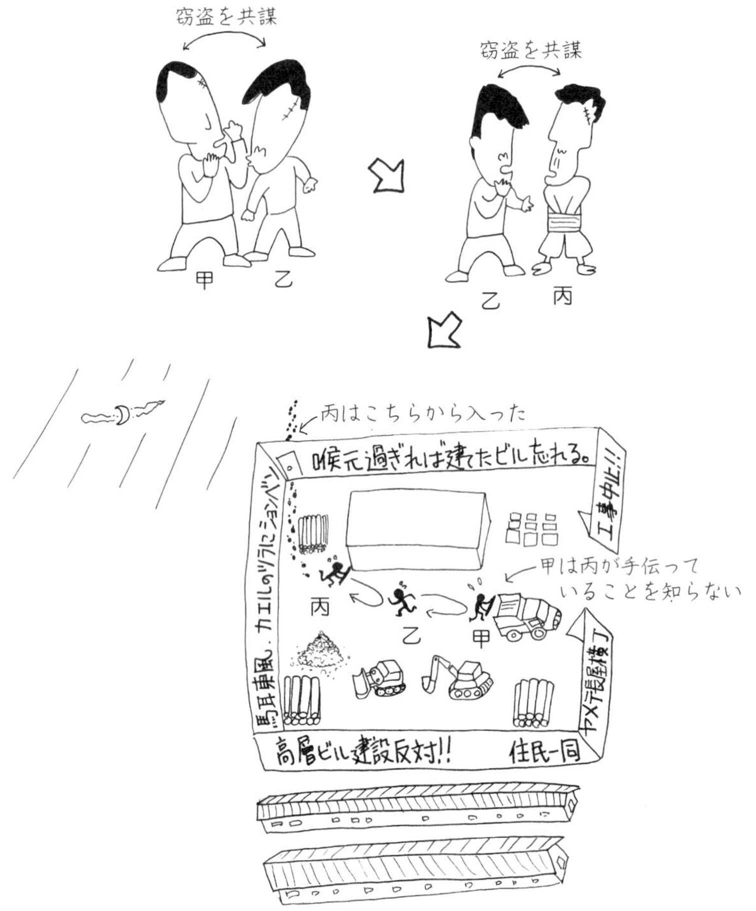

関係判例

共同実行の意思の連絡は、共犯者が直接行う必要はなく、順次、間接的に意思の連絡をとってもよい（大判大7.10.11）。

論文答案例

1　結　論

窃盗の共同正犯となる。

2　争　点

甲と丙は面識がなく、直接的に共謀を行っていなくても、甲、乙、丙の共同正犯が成立するか。

3　法的検討

(1)　共同正犯の意義

二人以上共同して犯罪を実行した者は、すべて正犯となる。

(2)　共同正犯の主観的要件

共同実行の意思の連絡があること。

ア　「共同実行の意思」とは

行為者が相互に協力して犯罪を実行しようとする意思のことをいう。

イ　「意思の連絡」とは

○　共犯者が共同実行の意思を相互に連絡することをいう。

○　意思の連絡がない「片面的共同正犯」は成立しない。

ウ　「意思の連絡」の方法

○　明示、暗黙等、意思の連絡の方法を問わない。

○　事前の打ち合わせに限らず、現場共謀でもよい。

○　間接的な意思の連絡であってもよい。

(3)　共同正犯の客観的要件

行為者が共同して犯罪を実行すること。

4　関係判例

共同実行の意思の連絡は、共犯者が直接行う必要はなく、順次、間接的に意思の連絡をとってもよい（大判大7.10.11）。

5　事例検討

事例の場合、甲と丙は面識がなく、直接的に共謀を行わずに順次、間接的に共謀を行った場合であっても、上記法的検討、関係判例のとおり、窃盗の共同正犯になる。

【強盗を共謀した共犯者の一人が傷害を与えた】

甲と乙が強盗を共謀し、公園を通りがかった会社員のAに対して暴行を加えたところ、Aが激しく抵抗したことから、激高した乙が隠して携帯していたナイフを取り出してAの腕に切りつけて傷害を与えた。この場合、甲も強盗致傷罪の刑責を負うか。

関係判例

強盗を共謀した共犯者のうち、一人が強盗の機会において被害者に傷害を与えた場合、共犯者全員につき強盗致傷罪が成立する（最判昭22.11.5）。

論文答案例

1　結　論

強盗致傷罪となる。

2　争　点

強盗を共謀した甲と乙のうち、乙が強盗の機会に傷害を犯した場合、甲の負う刑責は何か。

3　法的検討

(1)　共同正犯の意義

二人以上共同して犯罪を実行した者は、すべて正犯となる。

(2)　共犯の錯誤

ア　適用される錯誤理論

異なる構成要件の錯誤（抽象的事実の錯誤）

イ　通説・判例

法定的符合説

ウ　法定的符合説の意義

原則として共犯者の故意は阻却されるが、構成要件が重なる範囲内において、軽い罪の共同正犯となる。

エ　結果的加重犯と共犯の錯誤の関係

基本となる行為を共謀した結果、重い結果が発生した場合、重い罪の共同正犯となる。

4　関係判例

強盗を共謀した共犯者のうち、一人が強盗の機会において被害者に傷害を与えた場合、共犯者全員につき強盗致傷罪が成立する（最判昭22.11.5）。

5　事例検討

異なる構成要件の錯誤の場合、原則として故意は阻却されるが、構成要件が重なる範囲内において軽い罪の共同正犯となり、また、結果的加重犯の場合は、基本となる行為を共謀した場合、重い罪の共同正犯となることから、上記法的検討、関係判例のとおり、強盗致傷罪となる。

【窃盗行為を中止した後に共犯者が窃盗をした】

甲と乙は、窃盗を共謀し、A宅に侵入したところ、窃盗に着手する前に物音がしたことから驚いて二人で屋外に逃走し、甲はそのまま自宅まで逃げ帰ったが、乙は、すぐに引き返して再びA宅に侵入し、窃盗を行った。この場合、甲は窃盗既遂罪か、住居侵入罪か。

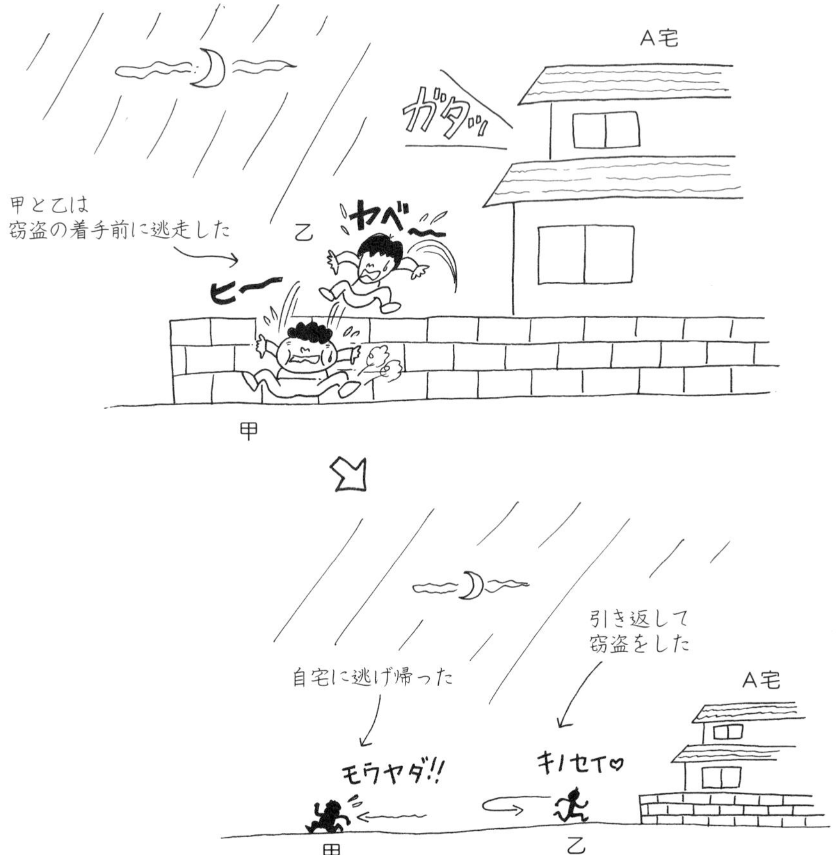

関係判例

共犯者の一人が、犯行途中に一方的に離脱しても、その後に共犯者によって犯行が継続された場合、離脱者はその後の共犯者の犯行についても責任を負う（最判昭24.12.17）。

論文答案例

1　結　論

窃盗既遂罪の共同正犯となる。

2　争　点

甲が、途中で窃盗の犯行を放棄した場合であっても、甲が窃盗既遂罪の刑責を負うか。

3　法的検討

(1)　共同正犯の意義

二人以上共同して犯罪を実行した者は、すべて正犯となる。

(2)　共同正犯からの離脱の要件

離脱したといえるためには次の二つの要件が充足されることが必要である。

①　犯罪に着手する前に離脱を表明し、

②　他の共謀者がこれを了承したこと。

したがって、単なる離脱の意思をもっただけでは離脱には当たらない。

(3)　包括一罪の要件

①　数個の行為が同一の罪名にふれること。

②　被害法益が単一であること。

③　犯意が単一であること。

4　関係判例

共犯者の一人が、犯行途中に一方的に離脱しても、その後に共犯者によって犯行が継続された場合、離脱者はその後の共犯者の犯行についても責任を負う（最判昭24.12.17）。

5　事例検討

事例の場合、乙は、2度の住居侵入罪と窃盗既遂罪が包括一罪となるが、甲は離脱の要件を充足していないことから、乙によって窃盗が既遂となった以上、上記法的検討、関係判例のとおり、甲は、窃盗既遂罪の共同正犯となる。

【傷害の共犯者が離脱した後に死に至らしめた】

甲と乙は、通りがかったAに対して共謀して暴行を加え、Aが顔面を負傷したところで甲は用事を思い出して現場を離脱したが、その後、乙がAの頭部へ激しい暴行を加えたためにAが死亡した。この場合、甲は傷害致死罪の刑責を負うか。

関係判例

共同正犯中の一人が自己の意思によって犯行を中止した場合であっても、共犯者の犯行を阻止しなかったため、犯罪が続行されて既遂に達した場合は、中止犯にはならない（最判昭24.12.17）。

論文答案例

1　結　論

傷害致死罪の共同正犯となる。

2　争　点

甲が、途中で傷害行為の犯行を放棄した場合に、甲は、その後に乙がした傷害致死罪の共同正犯になるか。

3　法的検討

(1)　共同正犯の意義

二人以上共同して犯罪を実行した者は、すべて正犯となる。

(2)　共同正犯と中止未遂の関係

共犯者の一部の者が犯行を中止しても、他の共犯者によって犯行が継続されて犯罪が既遂に達した場合は、中止未遂規定は適用されない。

(3)　結果的加重犯と共犯の錯誤の関係

基本となる行為を共謀した結果、重い結果が発生した場合、重い罪の共同正犯となる。

4　関係判例

共同正犯中の一人が自己の意思によって犯行を中止した場合であっても、共犯者の犯行を阻止しなかったため、犯罪が続行されて既遂に達した場合は、中止犯にはならない（最判昭24.12.17）。

5　事例検討

事例の結果的加重犯の場合は、基本となる行為を共謀した場合、重い罪の共同正犯となり、犯行を中止した後の共犯者の行為についても責任を負うことから、上記法的検討、関係判例のとおり、甲は、傷害致死罪の共同正犯となる。

【強盗を共謀したが参加しなかった】

甲、乙、丙は強盗を共謀したが、犯行当日、甲が食あたりになって自宅で寝込み、乙と丙は、甲が待ち合わせ時間になっても来ないことから、「やつは怖くなって逃げた。」と考え、二人でＡ宅に行って強盗をした。この場合、甲は、強盗罪の刑責を負うか。

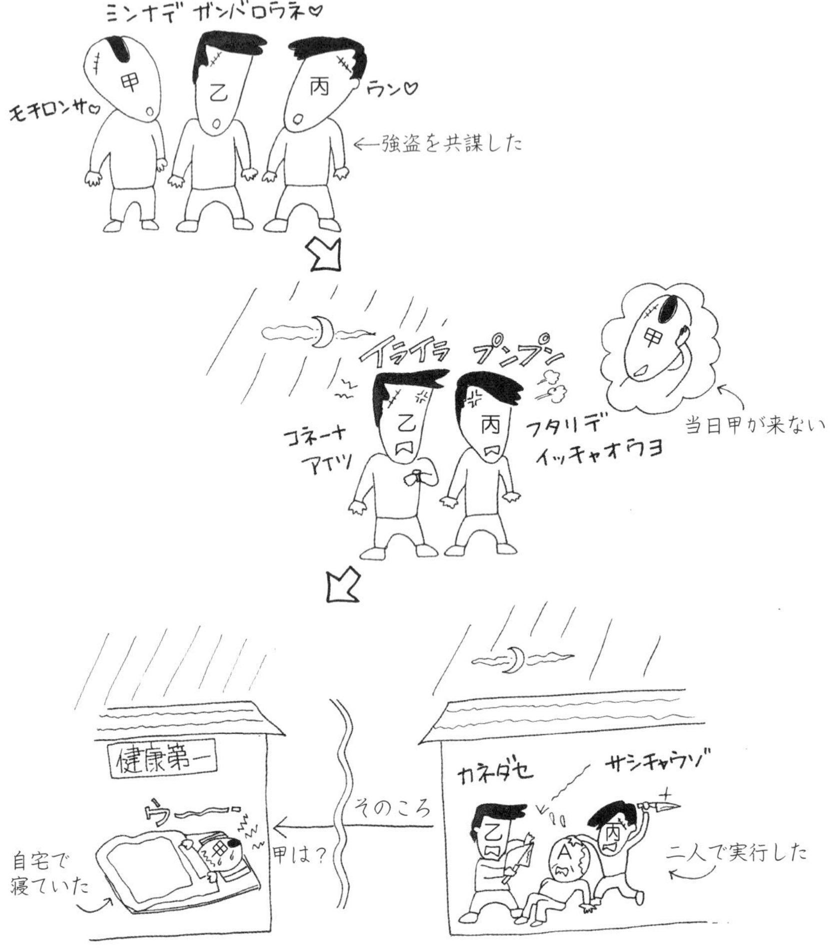

ミンナデ ガンバロウネ♡
甲
乙
丙
モチロンサ♡
ウン♡
←強盗を共謀した
イライラ
プンプン
甲
乙
丙
コネーナ
アイツ
フタリデ
イッチャオウヨ
当日甲が来ない
健康第一
ウ〜〜
自宅で
寝ていた
甲は？
そのころ
カネダセ
サシチャウゾ
乙
A
丙
二人で実行した

関係判例

強盗を共謀した者が、他の共謀者が実行に出た当夜、自宅で就寝中であったとしても、共同正犯（共謀共同正犯）として強盗罪の刑責を負う（最判昭24.11.15）。

論文答案例

1　結　論

強盗罪の刑責を負う。

2　争　点

強盗を共謀した甲が、犯罪行為に全く関与しなかった場合に、強盗罪の刑責を負うか。

3　法的検討

(1)　共謀共同正犯の意義

二人以上の者が一定の犯罪を共謀したうえで、その中の一部の者が犯罪を実行すれば、直接に実行しなかった者も含め、全員が共同正犯としての刑責を負う。

(2)　共謀共同正犯の要件

①　二人以上の者が、

②　特定の犯罪を行うため、

③　共謀し、

④　犯罪を実行した

場合に成立する。

(3)　共同正犯からの離脱の要件

離脱したといえるためには次の二つの要件が充足されることが必要である。

①　犯罪に着手する前に離脱を表明し、

②　他の共謀者がこれを了承したこと。

したがって、単なる離脱の意思をもっただけでは離脱には当たらない。

4　関係判例

強盗を共謀した者が、他の共謀者が実行に出た当夜、自宅で就寝中であったとしても、共同正犯（共謀共同正犯）として強盗罪の刑責を負う（最判昭24.11.15）。

5　事例検討

事例の場合、強盗を共謀した甲が、犯罪行為に全く関与しなかった場合であっても、上記法的検討、関係判例のとおり、強盗既遂罪の共謀共同正犯となる。

【不同意性交を女性が共同実行した】

甲女は、仲の悪いA子を憎むあまり、自分がつき合っている乙にA子を強いて性交させる計画を立て、A子を自分の部屋に遊びにこさせて、A子がお酒に酔ったところでいきなり押さえつけて乙に強いて性交させようとした。この場合、甲女は不同意性交の共同正犯となるか。

関係判例

平成29年の刑法改正以降、強制性交等罪（現在は不同意性交等罪）の犯罪の主体に限定はないとされたが、改正法施行前の事案であっても、刑法65条１項（身分犯の共犯）により、女性も強姦罪の共同正犯となるとした判例（最決昭40.3.30）がある。

論文答案例

1　結　論

不同意性交等罪の共同正犯となる。

2　争　点

女性であっても、不同意性交等の共同正犯となるか。

3　法的検討

刑法改正（平成29年法律72号、令和５年法律66号）により、不同意性交等罪（刑法177条）や不同意わいせつ罪（刑法176条）の犯罪の主体に限定はない（主体が男女を問わない）とされ、身分犯ではなくなった。したがって、女性も、間接正犯や共同正犯として、女性を被害者とする同罪の正犯となる。

ただし、性交、肛門性交、口腔性交の３類型では、少なくとも行為者か被害者かのいずれかが男性であることが必要である。

4　事例検討

事例の場合、上記のとおり、甲女は不同意性交等罪の共同正犯となる。

【窃盗を共同して実行したところ共犯者が強盗を行った】

甲と乙が窃盗を共謀してA宅に侵入したところ、甲と離れた部屋で物色していた乙が、甲に黙ってAに暴行・脅迫を加え、抗拒不能となったAから金庫の番号を聞き出して現金を強奪した。この場合、甲は何罪になるか。

関係判例

窃盗の意思で家屋に侵入したところ、共犯者が強盗を行った場合、窃盗の意思しかなかった者については、窃盗罪の刑責を負う（最判昭23.5.1）。

論文答案例

1　結　論

窃盗罪の刑責を負う。

2　争　点

甲の行為は、窃盗の共同正犯か、強盗の共同正犯か。

3　法的検討

(1)　共同正犯の意義

二人以上共同して犯罪を実行した者は、すべて正犯となる。

(2)　共犯の錯誤

ア　適用される錯誤理論

異なる構成要件の錯誤（抽象的事実の錯誤）

イ　通説・判例

法定的符合説

ウ　法定的符合説の意義

原則として共犯者の故意は阻却されるが、構成要件が重なる範囲内において、軽い罪の共同正犯となる。

(3)　認識した事実よりも発生した事実の方が重い場合

ア　事　例

窃盗を共謀したら共犯者が強盗を実行した。

イ　共同正犯の範囲

窃盗の共同正犯となる。

4　関係判例

窃盗の意思で家屋に侵入したところ、共犯者が強盗を行った場合、窃盗の意思しかなかった者については、窃盗罪の刑責を負う（最判昭23.5.1）。

5　事例検討

異なる構成要件の錯誤の場合、原則として故意は阻却されるが、構成要件が重なる範囲内において軽い罪の共同正犯となることから、事例の場合、上記法的検討、関係判例のとおり、甲は、窃盗の共同正犯となる。

第61条・教唆犯

1　教唆犯の意義

犯罪の意思がない者をそそのかし、犯罪を実行することを決意させて実行させた者を教唆犯といい、正犯に準じて処断される。

※　共謀共同正犯が判例で定着して以来、実務上、教唆犯が適用されるケースは少ない。

2　教唆犯の成立要件

(1)　教唆行為があること

ア　教唆の方法

教唆の方法に制限はなく、明示的な方法に限られず、黙示的な方法でもよい。

イ　教唆の内容

単に「犯罪をしてこい」では教唆にならないが、詳細に特定する必要はない。

ウ　教唆の故意

被教唆者が犯罪を実行することを、認識・認容することをいう。

エ　いわゆる「未遂の教唆」の成否

未遂犯を教唆した場合であっても、教唆の故意がある以上、教唆犯が成立する。

(2)　教唆に基づいて正犯が実行行為を行うこと

ア　実行行為の違法性

被教唆者が、教唆犯の教唆に基づいて犯罪の実行行為を決意し、実行することによって教唆犯が成立するが、この場合の実行行為は違法なものであればよく、正犯に有責性がなく（13歳以下の少年等）てもよい。

イ　教唆と実行行為の因果関係

教唆と正犯の行為に因果関係が必要であるから、仮に、正犯が犯罪行為に着手する前に犯意を放棄し、その後に新たな犯意（教唆が及んでいない自らの意思）で同種の犯罪を行った場合、教唆と実行行為の間に因果関係がないから、教唆犯は成立しない。

3　教唆犯の処罰

教唆犯は、正犯の法定刑の範囲内で処罰され、仮に、正犯が未遂であった場合には、未遂犯の教唆犯として、未遂罪の法定刑の範囲内で処罰される。

なお、正犯の処罰が教唆犯の処罰の要件ではないから、正犯が処罰されずに教唆犯だけが処罰される場合もあるし、正犯よりも重い刑を教唆犯が宣告される場合もある。

4　間接教唆と再間接教唆

教唆犯を教唆することを間接教唆といい、間接教唆も教唆犯として処罰される（刑法61条2項）。また、判例上、間接教唆を教唆する、再間接教唆も教唆犯として処罰される。

第62条・幇助犯

1　幇助犯の意義

幇助犯とは、正犯の犯罪行為を助けることにより成立し、正犯の刑に照らして減軽された刑により処断される。

2　幇助犯の成立要件

⑴　幇助行為があること

幇助行為とは、

○　物質的な援助（金銭の支援、凶器の提供、現場への案内等）

○　精神的（心理的）な援助（声援、助言等）

等正犯の犯罪行為を助けるものであればよく、特に制限はない。

⑵　被幇助者（正犯者）の実行行為

幇助犯が成立するためには、被幇助者が犯罪の実行に着手することを要する。

また、教唆の場合と同じく、幇助の場合も、幇助行為によって正犯の実行が容易になったという因果関係が必要である。

3　教唆犯との差異

教唆犯との違いは、教唆犯は、教唆によって犯罪を決意することに対し、幇助犯は、既に犯行を決意している者に対して、その犯行の意思を強固にするものをいう。

また、幇助者と被幇助者の間に意思の連絡は必要とせず、正犯が幇助行為を認識していなくても、幇助者が正犯の犯行を幇助した事実があれば、幇助犯（片面的幇助犯）が成立する。

4　幇助犯の処分

幇助犯は、正犯の法定刑を減軽した刑によって処断される（必要的減免事由）。

なお、拘留、科料のみを法定刑とする軽い罪の幇助犯については、特別の規定（軽犯罪法３条等）がなければ処罰されない。

5　間 接 幇 助

幇助犯を教唆した者も、幇助犯に準じて処罰される（刑法62条２項）。

判例上、幇助犯を幇助する間接幇助も処罰される。

共犯の錯誤

1　共犯の錯誤の意義

正犯者が実行した犯罪事実と、共犯者（共同正犯者、教唆者、幇助者）の認識していた事実が一致しない場合を「共犯の錯誤」という。

2　共同正犯の錯誤

共同正犯の錯誤とは、共謀した内容と、実行された犯罪行為が異なる場合をいい、法定的符合説によって判断される。

⑴　具体的事実の錯誤

Ａを殺害することを共謀したにもかかわらず、共犯者がＢを殺害した場合、共犯者全員が殺人の共同正犯となる。

⑵　抽象的事実の錯誤

甲、乙、丙がＡに対して暴行を共謀したが、丙が殺意をもってＡを殺害してしまった場合、共謀にかかる犯罪の構成要件と、発生した犯罪の構成要件が重なり合う範囲で共同正犯が成立するから、甲、乙には傷害致死罪が成立する。

3　教唆の錯誤

教唆の錯誤とは、教唆した犯罪事実と異なる犯罪を正犯が実行した場合のことをいう。

この場合も、共同正犯の錯誤と同じであるから、窃盗を教唆したところ正犯が強盗を行った場合、教唆者は窃盗の教唆犯の刑責を負うこととなる。

また、既に犯罪の実行を決意していることを知らずに、教唆行為を行った場合は、刑が軽い幇助犯が成立する。

<刑法ノート>

第61条・教唆

第１項　人を教唆して犯罪を実行させた者には、正犯の刑を科する。

第２項　教唆者を教唆した者についても、前項と同様とする。

1　教唆犯の意義

共犯従属性説（通説・判例）によると、

①　他人を教唆して一定の犯罪を実行する決意を生じさせること。

②　教唆された者が、その決意に基づいて犯罪を実行した事実

という二つの要件が必要である。

2　教唆した内容と実行した行為が異なる場合

⑴　適用される錯誤理論

異なる構成要件の錯誤（抽象的事実の錯誤）

⑵　通説・判例

法定的符合説

⑶　意　　義

原則として教唆者の故意は阻却されるが、構成要件が重なる範囲内において軽い罪の教唆犯が成立する。

⑷　刑法第38条第２項

○　軽い犯罪事実を犯す意思で、

○　重い犯罪事実を実現したときは、

○　重い罪の刑を科することができない。

本条は、異なる構成要件の錯誤を想定して設けられた注意規定である。

⑸　教唆した事実よりも被教唆者の行為が重い場合

ア　事　例

窃盗を教唆したところ強盗を実行した。

イ　教唆の範囲

教唆者の認識の範囲内で教唆犯となる。

⑹　教唆した事実よりも被教唆者の行為が軽い場合

ア　事　例

強盗を教唆したところ窃盗を実行した。

イ　教唆の範囲

窃盗の教唆犯となる。

⑺　結果的加重犯の場合

ア　事　例

暴行を教唆したところ傷害を実行した。

イ　教唆の範囲

傷害の教唆犯となる。

3　**責任無能力（13歳以下の少年）に対する教唆行為**

⑴　**善悪を判断できる13歳以下の少年を教唆した場合**

ア　間接正犯説（極端従属説）

被教唆者（正犯）の行為が、

①　構成要件該当性

②　違法性

③　有責性

などの、犯罪成立要件をすべて充足する犯罪行為でなければならない。

イ　教唆犯説（制限従属説）

被教唆者（正犯）の実行行為が、

①　構成要件該当性

②　違法性

を充足すれば、

③　有責性

がなくとも、教唆犯が成立する（通説）。

⑵　**善悪を判断できない者を教唆した場合**

善悪を判断できない者を教唆し、犯罪を実行させた場合、間接正犯となる。

4　**再間接教唆犯の成否**

⑴　**消　極　説**

○　教唆犯に対する教唆犯は成立しない。

○　再間接教唆犯に対する教唆（連鎖的教唆犯）も成立しない。

⑵　**積極説（通説・判例）**

○　幇助犯に対する教唆犯も成立するから、再教唆犯も成立する。

○　間接教唆や再間接教唆（連鎖的教唆犯）も成立する。

5　**教唆犯の中止行為**

被教唆者が犯罪を実行したが、犯罪実行前に教唆犯が犯罪をやめるように申入れをしていた場合であっても、実行行為と教唆行為の間の心理的な因果関係が切断されていなければ、教唆犯となる。

＜刑法ノート＞

第62条・幇助

第１項　正犯を幇助した者は、従犯とする。

第２項　従犯を教唆した者には、従犯の刑を科する。

1　幇助犯の意義

○　犯罪の実行行為以外の行為で、正犯者の実行行為を助けるものでなければならないが、必ずしも必要不可欠でなくてもよい。

○　幇助には、凶器の貸与等の有形的・物質的方法や、激励する等の無形的・精神的（心理的）な方法があるが、必ずしも作為的な行為でなく、不作為によるものでもよい。

2　不作為の幇助犯の成立要件

不作為の幇助犯が成立するために、結果発生を防止する法律上の作為義務が存在することが必要となる。

【強盗を教唆したところ被教唆者が窃盗をした】

甲は、遊興費に窮したことから、後輩の乙に「Aが金を持っているから、ナイフで脅して金を奪ってこい。」と強盗を教唆し、乙は甲の言うとおりにナイフを持ってA宅に侵入したが、たまたまAが留守であったため、乙は強盗を行うことなくたんす内から現金を窃取した。この場合、甲は何罪の教唆犯となるか。

関係判例

窃盗を教唆したところ、被教唆者が強盗をした場合、窃盗の教唆犯となる（最判昭25.7.11）。

論文答案例

1　結　論

窃盗の教唆犯となる。

2　争　点

甲の行為は、窃盗の教唆犯か、強盗の教唆犯か。

3　法的検討

(1)　教唆犯の意義

共犯従属性説（通説・判例）によると、

①　他人を教唆して一定の犯罪を実行する決意を生じさせること。

②　教唆された者が、その決意に基づいて犯罪を実行した事実

という二つの要件が必要である。

(2)　教唆した内容と実行した行為が異なる場合

ア　適用される錯誤理論

異なる構成要件の錯誤（抽象的事実の錯誤）

イ　通説・判例

法定的符合説

ウ　意　義

原則として教唆者の故意は阻却されるが、構成要件が重なる範囲内において軽い罪の教唆犯が成立する。

(3)　教唆した事実よりも被教唆者の行為が軽い場合

ア　事　例

強盗を教唆したら窃盗を実行した。

イ　教唆の範囲

窃盗の教唆犯となる。

4　関係判例

窃盗を教唆したところ、被教唆者が強盗をした場合、窃盗の教唆犯となる（最判昭25.7.11）。

5　事例検討

異なる構成要件の錯誤の場合、原則として故意は阻却されるが、構成要件が重なる範囲内において軽い罪の共同正犯となることから、事例の場合、上記法的検討及び関係判例のとおり、窃盗の教唆犯となる。

【暴行を教唆したところ被教唆者が傷害をした】

甲は、仲の悪いAを憎むあまり、空手の有段者である乙に、「Aをけがしない程度に軽く痛めつけてくれ。」と教唆したところ、これを了承した乙が、Aに殴る蹴るの暴行を加えた結果、Aが顔面裂傷の傷害を負った。この場合、甲は何罪の教唆犯となるか。

関係判例

他人に暴行を加えることを教唆した以上、たとえ傷害の結果を認識しなかったとしても、被教唆者の暴行によって生じた傷害の結果につき責任を負う（大判大11.12.16）。

論文答案例

1　結　論

傷害の教唆犯となる。

2　争　点

暴行を教唆したら、被教唆者が傷害をした場合、傷害罪の教唆犯になるか。

3　法的検討

(1)　教唆犯の意義

共犯従属性説（通説・判例）によると、

①　他人を教唆して一定の犯罪を実行する決意を生じさせること。

②　教唆された者が、その決意に基づいて犯罪を実行した事実

という二つの要件が必要である。

(2)　教唆した内容と実行した行為が異なる場合

ア　適用される錯誤理論

異なる構成要件の錯誤（抽象的事実の錯誤）

イ　通説・判例

法定的符合説

ウ　意　義

原則として教唆者の故意は阻却されるが、構成要件が重なる範囲内において軽い罪の教唆犯が成立する。

(3)　結果的加重犯の場合

ア　事　例

暴行を教唆したら傷害を実行した。

イ　教唆の範囲

傷害の教唆犯となる。

4　関係判例

他人に暴行を加えることを教唆した以上、たとえ傷害の結果を認識しなかったとしても、被教唆者の暴行によって生じた傷害の結果につき責任を負う（大判大11.12.16）。

5　事例検討

異なる構成要件の錯誤の場合、原則として故意は阻却されるが、構成要件が重なる範囲内において軽い罪の共同正犯となり、結果的加重犯の場合、基本となる行為に対する教唆があれば、重い結果の教唆も認められることから、事例の場合、上記法的検討、関係判例のとおり、傷害の教唆犯となる。

【善悪を判断できる13歳以下の少年を教唆した】

甲は、後輩の中学校１年生（13歳）の乙に対し、「バイクに乗りたいならＡのバイクがカギ付きで置いてあるから盗めばいい。」と窃盗を教唆した結果、乙は悪いことだと知りながら甲の言うとおりに窃盗を行った。この場合、甲は教唆犯の刑責を負うか。

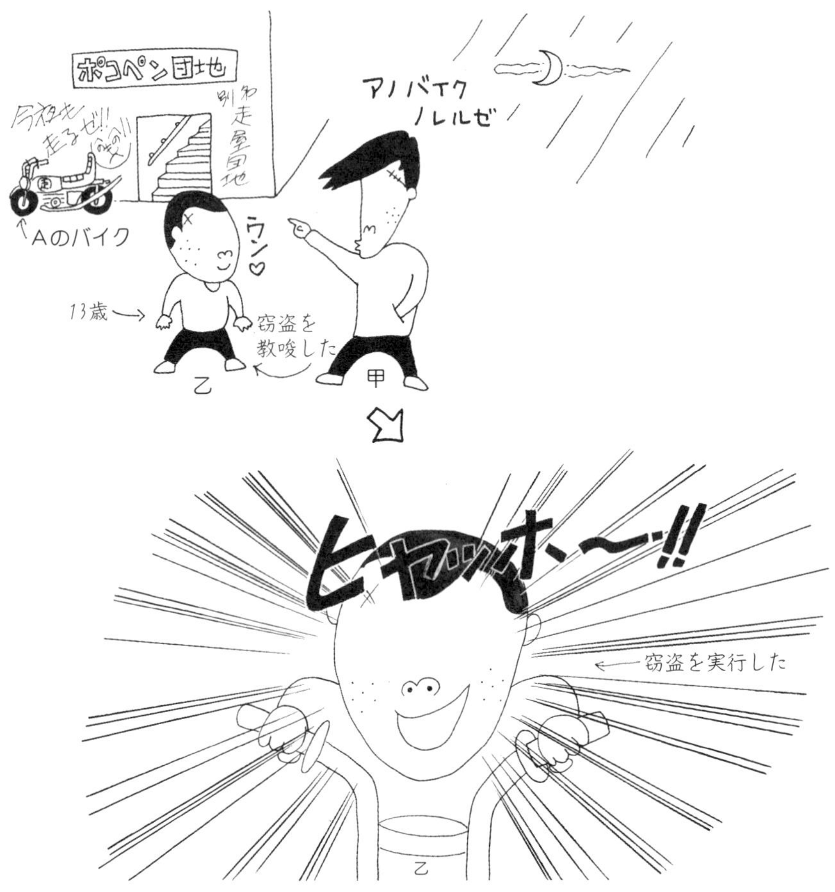

関係判例

被教唆者が13歳であっても、善悪を判断できる能力が認められる以上、教唆犯が成立する（最決昭58.9.21）。

論文答案例

1　結　論

　窃盗の教唆犯となる。

2　争　点

　刑事未成年者に窃盗の教唆をした場合、窃盗の教唆犯となるか、窃盗の間接正犯となるか。

3　法的検討

(1)　教唆犯の意義

　共犯従属性説（通説・判例）によると、

　①　他人を教唆して一定の犯罪を実行する決意を生じさせること。

　②　教唆された者が、その決意に基づいて犯罪を実行した事実

という二つの要件が必要である。

(2)　善悪を判断できる13歳以下の少年を教唆した場合

　教唆犯説（制限従属説）によると、被教唆者（正犯）の実行行為が、

　○　構成要件該当性

　○　違法性

を充足すれば、

　○　有責性

がなくとも、教唆犯が成立する（通説）。

(3)　善悪を判断できない者を教唆した場合

　善悪を判断できない者を教唆し、犯罪を実行させた場合、間接正犯となる。

4　関係判例

　被教唆者が13歳であっても、善悪を判断できる能力が認められる以上、教唆犯が成立する（最決昭58.9.21）。

5　事例検討

　事例の場合、乙が刑事未成年者（13歳以下）であっても、被教唆者の乙が善悪を判断できる以上、教唆犯が成立することから、上記法的検討及び判例のとおり、窃盗の教唆犯となる。

【間接教唆犯を教唆した】

甲は、後輩の乙に対し、「お前の後輩の丙にAのバイクを盗ませろ。」と教唆したところ、乙が丙に窃盗を教唆し、更に丙が後輩の丁に教唆をして、丁がAのバイクを窃取した。この場合、実行行為者の丁の再間接教唆者となる甲も、教唆犯の刑責を負うか。

丙ニ セットウヲ
ヤラセロ
甲
丙
ハイ
乙
教唆を教唆した
窃盗を教唆した
ヤレッ
ハイ。。
乙
丙
オマエガヤレ
ハイ
丙
丁
窃盗を教唆した
コレダナ
丁
Aのバイク
窃盗を
実行した

関係判例

間接教唆を更に教唆した場合を再間接教唆というが、間接教唆と同様、教唆犯として処罰される（大判大11.3.1）。

論文答案例

1　結　論

教唆犯が成立する。

2　争　点

間接教唆については、刑法第62条第２項に規定されているが、間接教唆犯を教唆する再間接教唆犯は成立するか。

3　法的検討

(1)　教唆犯の意義

共犯従属性説（通説・判例）によると、

①　他人を教唆して一定の犯罪を実行する決意を生じさせること。

②　教唆された者が、その決意に基づいて犯罪を実行した事実

という二つの要件が必要である。

(2)　再間接教唆犯の成否

ア　消極説

○　教唆犯に対する教唆犯は成立しない。

○　再間接教唆犯に対する教唆（連鎖的教唆犯）も成立しない。

イ　積極説（通説・判例）

○　幇助犯に対する教唆犯も成立するから、再教唆犯も成立する。

○　間接教唆や再間接教唆（連鎖的教唆犯）も成立する。

4　関係判例

間接教唆を更に教唆した場合を再間接教唆というが、間接教唆と同様、教唆犯として処罰される（大判大11.3.1）。

5　事例検討

事例の場合、実行行為者の丁に対し、教唆者が丙、間接教唆者が乙、再間接教唆者が甲になるが、この再間接教唆者については、上記法的検討、関係判例のとおり、教唆犯が成立する。

【犯行を決意している者を教唆した】

甲は、不良仲間の乙が、仲の悪いAを「ナイフで切ってけがをさせてやる。」と傷害を決意していることを知らずに、「Aをけがしない程度に殴ったらどうだ。」と暴行の教唆を行ったところ、乙はナイフを振り回し、Aに傷害を与えた。この場合、甲が負う刑責は何か。

関係判例

他人に暴行を加えることを教唆した以上、たとえ傷害の結果を認識しなかったとしても、被教唆者の暴行によって生じた傷害の結果につき責任を負う（大判大11.12.16）。

論文答案例

1　結　論

傷害の幇助犯が成立する。

2　争　点

傷害を決意している者に暴行を教唆した場合、何罪の教唆犯か、幇助犯か。

3　法的検討

(1)　教唆犯の意義

共犯従属性説（通説・判例）によると、

①　他人を教唆して一定の犯罪を実行する決意を生じさせること。

②　教唆された者が、その決意に基づいて犯罪を実行した事実

という二つの要件が必要である。

(2)　幇助犯の意義

○　犯罪の実行行為以外の行為で、正犯者の実行行為を助けるものでなければならないが、必ずしも必要不可欠でなくてもよい。

○　幇助の方法は、凶器の貸与等の有形的・物質的方法や、激励する等の無形的・精神的な方法があるが、必ずしも作為的な行為でなく、不作為によるものでもよい。

(3)　異なる構成要件の錯誤（抽象的事実の錯誤）

原則として教唆者の故意は阻却されるが、構成要件が重なる範囲内において軽い罪の教唆犯が成立する（法定的符合説）。

(4)　刑法第38条第2項

○　軽い犯罪事実を犯す意思で

○　重い犯罪事実を実現したときは

○　重い罪の刑を科することができない。

4　関係判例

○　他人に暴行を加えることを教唆した以上、たとえ傷害の結果を認識しなかったとしても、被教唆者の暴行によって生じた傷害の結果につき責任を負う（大判大11.12.16）。

○　教唆とは他人に犯罪を実行する決意を生ぜしめる意識的行為をいう。すでにその決意をもっている者に対しては単に犯罪の決意を強める意味で従犯が成立する（大判大6.5.25）。

5　事例検討

異なる構成要件の錯誤の場合、原則として故意は阻却されるが、構成要件が重なる範囲内において軽い罪の共犯となり、結果的加重犯の場合、基本となる行為に対する幇助があれば、重い結果の幇助も認められることから、上記法的検討、関係判例のとおり、傷害罪の幇助犯が成立する。

【窃盗を教唆した後にやめるよう申し入れた】

不良甲は、後輩の乙に「Aから金を盗んだらどうだ。」と窃盗を教唆したが、その後、急に怖くなって乙に電話し、「やっぱりやめてくれ。」と中止を申し入れたが、乙の決意は変わらず、A宅に侵入して金品を窃取した。この場合、甲は教唆犯となるか。

関係判例

犯罪を教唆した後に教唆を撤回して、被教唆者の犯行を防止しようとしたとしても、結果的に被教唆者が犯罪を実行した場合は、教唆犯が成立する（朝鮮高院昭9.12.6）。

論文答案例

1　結　論

窃盗の教唆犯となる。

2　争　点

甲が、乙に教唆をした後に、窃盗をやめるように申し入れた場合でも、窃盗の教唆犯となるか。

3　法的検討

(1)　教唆犯の意義

共犯従属性説（通説・判例）によると、

①　他人を教唆して一定の犯罪を実行する決意を生じさせること。

②　教唆された者が、その決意に基づいて犯罪を実行した事実

という二つの要件が必要である。

(2)　教唆犯の中止行為

被教唆者が犯罪を実行したが、犯罪実行前に教唆犯が犯罪をやめるように申入れをしていた場合であっても、実行行為と教唆行為の間の心理的な因果関係が切断されていなければ、教唆犯となる。

4　関係判例

犯罪を教唆した後に教唆を撤回して、被教唆者の犯行を防止しようとしたとしても、結果的に被教唆者が犯罪を実行した場合は、教唆犯が成立する（朝鮮高院昭9.12.6）。

5　事例検討

事例の場合、甲が乙に教唆し、その後教唆を取り消した場合であっても、実行行為と教唆行為の間に心理的な因果関係がある状態で、被教唆者が実行行為を行ったのであるから、上記法的検討、関係判例のとおり、窃盗の教唆犯となる。

【警備員が万引きを黙認した】

甲は、Aスーパーで警備員としてアルバイトをしていたところ、友人の乙が万引きをしているのを現認したが、店長のことが気にくわなかったために乙に万引きをさせて店長を困らせようと考え、乙の万引きを見て見ぬふりをした。この場合、甲は窃盗の幇助犯となるか。

関係判例

会社の倉庫係員が、同僚の会社員が窃盗を行うのを黙認した場合、幇助犯が成立する（高松高判昭28.4.4）。

論文答案例

1　結　論

窃盗の幇助犯が成立する。

2　争　点

実行者が幇助されていることを認識していない場合でも、幇助犯が成立するか。

3　法的検討

(1)　幇助犯の意義

○　犯罪の実行行為以外の行為で、正犯者の実行行為を助けるものでなければならないが、必ずしも必要不可欠でなくてもよい。

○　幇助には、凶器の貸与等の有形的・物質的方法や、激励する等の無形的・精神的な方法があるが、必ずしも作為的な行為でなく、不作為によるものでもよい。

(2)　不作為の幇助犯の成立要件

不作為の幇助犯が成立するために、結果発生を防止する法律上の作為義務が存在することが必要となる。

4　関係判例

○　会社の倉庫係員が、同僚の会社員が窃盗を行うのを黙認した場合、幇助犯が成立する（高松高判昭28.4.4）。

○　幇助者と被幇助者の間に意思の連絡は必要ないことから、幇助者が一方的に幇助行為を行い、実行者が幇助されていることの認識がなくても、いわゆる片面的従犯が成立する（大判昭8.12.9）。

5　事例検討

事例の場合、結果の発生を防止する立場になる甲が、乙の窃盗行為を黙認する行為は幇助行為にあたり、被幇助者が幇助者から幇助されている認識がなくても幇助犯は成立することから、上記法的検討、関係判例のとおり、窃盗罪の幇助犯が成立する。

【幇助を共謀したが幇助に参加しなかった】

甲と乙は、丙から「A宅から金を盗むから助けてくれ。」と窃盗の見張り役を頼まれた際、二人で丙を幇助することを共謀したが、当日、甲が怖くなって待ち合わせ場所にこなかったため、やむを得ず乙だけで見張りをした。この場合、甲は窃盗の幇助犯となるか。

窃盗の幇助を共謀した
タノム!
ウン…
アッシハ カマイマセンゼ
I ♡ MAMA
甲
乙
丙
イクコトナイザマス
ママー コワクナッチャッタヨ〜
甲
コネーナ…アイツ
キマセンネ
丙
乙
A宅
丙
乙
乙だけで幇助した

関係判例

共同して正犯の実行行為を幇助することを謀議し、そのうちの一人が幇助行為を行った場合、自ら幇助行為を行わなかったとしても、幇助犯の共謀共同正犯として処罰される（大判昭10.10.24）。

論文答案例

1　結　論

窃盗の幇助犯が成立する。

2　争　点

窃盗の幇助を共謀したが、幇助行為に参加をしなかった場合でも、幇助犯の共謀共同正犯が成立するか。

3　法的検討

(1)　幇助犯の意義

○　犯罪の実行行為以外の行為で、正犯者の実行行為を助けるものでなければならないが、必ずしも必要不可欠でなくてもよい。

○　幇助の方法は、凶器の貸与等の有形的・物質的方法や、激励する等の無形的・精神的な方法があるが、必ずしも作為的な行為でなく、不作為によるものでもよい。

(2)　共謀共同正犯の意義

二人以上の者が一定の犯罪を共謀したうえで、その中の一部の者が犯罪を実行すれば、直接に実行しなかった者も含め、全員が共同正犯としての刑責を負う。

(3)　共同正犯からの離脱の要件

離脱したといえるためには次の二つの要件が充足されることが必要である。

①　実行着手前に離脱を表明し、

②　他の共謀者がこれを了承した場合

したがって、単なる離脱の意思をもっただけでは離脱にはあたらない。

4　関係判例

共同して正犯の実行行為を幇助することを謀議し、そのうちの一人が幇助行為を行った場合、自ら幇助行為を行わなかったとしても、幇助犯の共謀共同正犯として処罰される（大判昭10.10.24）。

5　事例検討

事例の場合、甲は幇助犯の犯行に参加しなかったが、共謀共同正犯からの離脱の要件を充足していないことから、上記法的検討、関係判例のとおり、窃盗罪の幇助犯が成立する。

【軽犯罪法違反を間接教唆した】

甲は、乙に対し「丙がA子を好きらしいが、あそこにいけばA子がふろに入っているのが見えるから見せてやれ。」と軽犯罪法違反の教唆を教唆し、乙が丙にその旨を教唆した結果、丙がのぞき（軽犯罪法違反）を実行した。この場合、甲は教唆犯となるか。

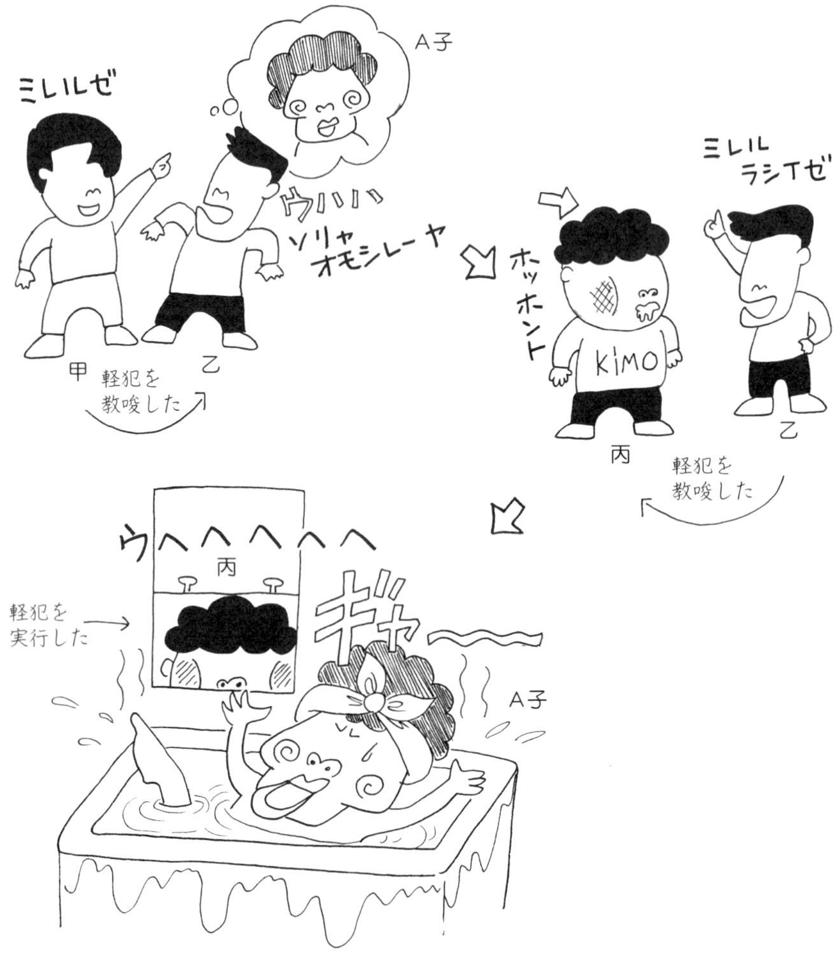

関係条文

刑法第64条（教唆及び幇助の処罰の制限）…拘留又は科料のみに処すべき罪の教唆者及び従犯は、特別の規定がなければ、罰しない。

論文答案例

1　結　論

乙は教唆犯の刑責を負うが、甲は負わない。

2　争　点

軽犯罪法違反を間接教唆した場合、教唆犯が成立するか。

3　法的検討

(1)　刑法第64条

拘留又は科料のみに処すべき罪の教唆者又は従犯は、特別の規定がなければ罰しない。

(2)　軽犯罪法第3条

第1条の罪を教唆し、又は幇助した者は、正犯に準ずる。

4　事例検討

○　刑法第64条の規定により、間接教唆犯の規定がある刑法第61条（教唆犯）の規定は、軽犯罪法に適用されない。

○　軽犯罪法第3条は、「第1条の罪を教唆し、又は幇助した者」と規定され、間接教唆（幇助）を認める規定がないから、教唆者（幇助者）を教唆（幇助）した間接教唆者（幇助者）は成立しない。

○　したがって、事例の場合、教唆犯である乙は教唆犯の刑責を負うが、間接教唆である甲は教唆犯とはならない。

【窃盗を教唆したところ被教唆者が強盗を行った】

甲が、乙に対し、「A宅が留守で金がある。」とA宅に侵入して窃盗をすることを教唆したことから、乙が甲のいうとおり窃盗を決意してA宅に侵入したが、Aが抵抗してきたため、乙が刃物で脅して現金を強奪した。この場合、甲は何罪になるか。

関係判例

窃盗を教唆したところ、被教唆者が強盗をした場合、窃盗の教唆犯となる（最判昭25.7.11）。

論文答案例

1　結　論

窃盗の教唆犯の刑責を負う。

2　争　点

甲の行為は、窃盗の教唆犯か、強盗の教唆か。

3　法的検討

(1)　教唆犯の意義

共犯従属性説（通説・判例）によると、

①　他人を教唆して一定の犯罪を実行する決意を生じさせること。

②　教唆された者が、その決意に基づいて犯罪を実行した事実

という二つの要件が必要である。

(2)　教唆した内容と実行した行為が異なる場合

ア　適用される錯誤理論

異なる構成要件の錯誤（抽象的事実の錯誤）

イ　通説・判例

法定的符合説

ウ　意　義

原則として教唆者の故意は阻却されるが、構成要件が重なる範囲内において軽い罪の教唆犯が成立する。

(3)　教唆した事実よりも被教唆者の行為が重い場合

ア　事　例

窃盗を教唆したところ強盗を実行した。

イ　教唆の範囲

窃盗の教唆犯となる。

4　関係判例

窃盗を教唆したところ、被教唆者が強盗をした場合、窃盗の教唆犯となる（最判昭25.7.11）。

5　事例検討

異なる構成要件の錯誤の場合、原則として故意は阻却されるが、構成要件が重なる範囲内において軽い罪の教唆犯となることから、事例の場合、上記法的検討、関係判例のとおり、甲は、窃盗の教唆犯となる。

【ナイフを貸して傷害の幇助をしたところ被幇助者が殺人を行った】

甲は、乙から「仲の悪いAを痛めつけるからナイフを貸してくれ。」と言われ、けがをさせるかもしれないと思いながらジャックナイフを貸したところ、乙は殺意をもってAの胸部を刺して殺してしまった。この場合、甲は何罪の幇助犯となるか。

関係判例

傷害を行うかもしれないと思ってあいくちを貸したところ、実行者が殺人を行った場合、軽い罪の傷害致死罪の幇助犯となる（最判昭25.10.10）。

論文答案例

1　結　論

傷害致死罪の幇助犯となる。

2　争　点

傷害を幇助したら、被幇助者が殺人を行った場合、傷害致死罪の幇助犯となるか、殺人の幇助犯となるか。

3　法的検討

(1)　幇助犯の意義

○　犯罪の実行行為以外の行為で、正犯者の実行行為を助けるものでなければならないが、必ずしも必要不可欠でなくてもよい。

○　幇助には、凶器の貸与等の有形的・物質的方法や、激励する等の無形的・精神的な方法があるが、必ずしも作為的な行為でなく、不作為によるものでもよい。

(2)　幇助した内容と実行した行為が異なる場合

ア　適用される錯誤理論

異なる構成要件の錯誤（抽象的事実の錯誤）

イ　通説・判例

法定的符合説

ウ　意　義

原則として幇助者の故意は阻却されるが、構成要件が重なる範囲内において軽い罪の幇助犯が成立する。

(3)　結果的加重犯の場合

基本となる行為を幇助した結果、重い結果が発生した場合は、重い結果の幇助犯となる。

4　関係判例

傷害を行うかもしれないと思ってあいくちを貸したところ、実行者が殺人を行った場合、軽い罪の傷害致死罪の幇助犯となる（最判昭25.10.10）。

5　事例検討

異なる構成要件の錯誤の場合、原則として故意は阻却されるが、構成要件が重なる範囲内において軽い罪の共犯となり、結果的加重犯の場合、基本となる行為に対する幇助があれば、重い結果の幇助も認められることから、上記法的検討、関係判例のとおり、傷害致死罪の幇助犯となる。

各　論

窃 盗 罪

<刑法ノート>

第235条・窃盗

他人の財物を窃取した者は、窃盗の罪とし、10年以下の懲役又は50万円以下の罰金に処する。

1　窃盗罪の意義

他人の財物を窃取する行為は、窃盗罪を構成する。

2　窃盗罪の保護法益（占有権説）

事実上の占有権が窃盗罪の保護法益である（通説・ 判例）。

3　構 成 要 件

(1)　窃盗罪における財物について

ア　財物の意義

所有者にとって、客観的に価値がないものであっても、主観的価値（使用価値・利用価値）があればよい。

イ　「財物」となるもの

財物に対する主観的な価値は、「それを保存しておきたい。」という積極的な意思だけでなく、「他人に渡さないため」、あるいは、「悪用を防ぐために廃棄する。」といった消極的な意思であってもよい。

ウ　「財物」とならないもの

経済的価値が極めて少なく、客観的にも主観的にも全く価値のないものは財物ではない。

(2)　窃盗罪における故意について

ア　故意の意義

窃盗罪が成立するためには、次の２つの主観的要件が必要である。

①　他人の占有を排除し財物を自己又は第三者の占有に移す意思

②　不法領得の意思

イ　「不法領得の意思」とは

○　他人の物を経済的用法に従い自己の物のように利用又は処分する意思をいう。

○　その物を利用する意思は、一時的なものであってもよい。

ウ　器物損壊罪との区別

(ア)　窃盗罪が成立する場合

不法領得の意思をもって他人の占有を侵害すること。

(イ)　器物損壊罪が成立する場合

隠匿・廃棄の意思のみで他人の占有を侵害すること。

⑶　窃盗罪における占有について

ア　刑法上の「占有」の意義

人が支配の意思をもって財物を自己の事実上の実力支配内に置くことをいい、

㈠　客観的要素

財物に対する事実上の支配関係が存在すること。

㈡　主観的要素

財物に対する支配の意思があること。

という２つの要件が必要である。

イ　占有離脱物横領罪との区別

㈠　窃盗罪が成立する場合

窃盗罪の客体が第三者の占有に属する場合は、窃盗罪になる。

㈡　占有離脱物横領罪が成立する場合

窃盗罪の客体がだれの占有にも属さない場合は、占有離脱物横領罪になる。

⑷　窃盗の行為について

ア　窃盗の手段

暴行・脅迫によることなく、占有者の意思に反してその占有を排除し、目的物を自己又は第三者の占有に移すこと。

イ　詐欺罪との関係について

㈠　詐欺罪の要件（隠れた構成要件）

①　欺く行為がある。

②　錯誤に陥る。

③　財産的処分行為がある。

④　財物の交付がある。

㈡　財産的処分行為の意義

財物を処分できる権限を有する者が、財物を交付すること。

㈢　窃盗の手段に欺く行為がある場合

詐欺罪の構成要件を充足する場合には詐欺罪が成立し、詐欺罪が成立しない場合は窃盗罪が成立する。

ウ　恐喝罪、強盗罪と窃盗罪の関係

㈠　恐喝罪と強盗罪の区別

①　恐喝罪が成立する場合

暴行・脅迫の程度が、相手の反抗を抑圧するまでに至らない程度であった場合には、恐喝罪となる。

②　強盗罪が成立する場合

暴行・脅迫の程度が、相手の反抗を抑圧する程度であった場合には、強盗罪となる。

(イ) 窃盗罪と恐喝又は強盗罪の区別

① 窃盗罪が成立する場合

恐喝（強盗）目的以外で暴行・脅迫を加え、その後に暴行・脅迫を加えることなく財物を窃取した場合は、窃盗罪となる。

② 恐喝・強盗罪が成立する場合

財物を得るために暴行・脅迫を行った場合はもとより、相手の畏怖を利用して財物を交付させた場合にも成立する。

(5) 着手時期について

他人の財物の占有を侵害する密接な行為が開始されたときに着手が認められる。

この場合、いつ侵害行為が開始されたかについては、財物の性質、形状、窃取行為の態様等によって判断すべきである。

(6) 既遂時期について

ア 通説・判例

取得説

イ 取得説の意義

財物を安全な場所まで運ばなくても、事実上、自己の支配内に移したときに既遂となる。

財物性の有無

【廃棄予定の鉄道切符を窃取した】

鉄道マニアの甲は、鉄道切符の収集のために駅を回って切符を集めていたところ、A駅の改札口に使用済みの切符が箱に入れてあるのを見つけたことから、箱の中の切符を鷲づかみにして立ち去った。なお、この切符は、不正利用を防止するために廃棄する予定であった。この場合、甲は、窃盗の既遂罪の刑責を負うか。

関係判例

鉄道会社が保管する使用済みの鉄道乗車券は財物である（大阪高判昭29.6.24）。

論文答案例

1　結　論

甲は、窃盗既遂罪の刑責を負う。

2　争　点

廃棄予定の鉄道切符が「財物」に当たるとして窃盗既遂罪となるか、「財物」に当たらないとして窃盗未遂罪となるか。

3　法的検討

(1)　窃盗罪の意義

他人が占有する財物を窃取する行為は、窃盗罪を構成する。

(2)　窃盗罪の保護法益（占有権説）

事実上の占有権が窃盗罪の保護法益である（通説・判例）。

(3)　「財物」の意義

所有者にとって、客観的に価値がないものであっても、主観的価値（使用価値・利用価値）があればよい。

ア　「財物」となるもの

財物に対する主観的な価値は、「それを保存しておきたい。」という積極的な意思だけでなく、「他人に渡さないため」、あるいは、「悪用を防ぐために廃棄する。」といった消極的な意思であってもよい。

イ　「財物」とならないもの

経済的価値が極めて少なく、客観的にも主観的にも全く価値のないものは財物ではない。

4　関係判例

鉄道会社が保管する使用済みの鉄道乗車券は財物である（大阪高判昭29.6.24）。

5　事例検討

事例の場合、上記法的検討、関係判例のとおり、甲が窃取した鉄道切符は「財物」であることから、甲の行為は、窃盗既遂罪となる。

【捨てるつもりで持っていたパンフレットを窃取した】

甲は、遊興費に窮したことからひったくりを決意し、銀行から出てきた主婦Aが手に持っている封筒に現金が入っていると思い、これをひったくって逃走した。しかし、この封筒にはパンフレットしか入っておらず、そのパンフレットは、銀行で大量に無料配布されているもので、Aもゴミ箱を見つけ次第すぐに捨てるつもりで一時的に持っていたものであった。この場合、甲は、窃盗の既遂罪が成立するか。

関係判例

◇　「財物性」が否定されたもの

○　電車の発着時刻等がメモされた紙切れは、財物ではない（大阪高判昭43.3.4）。

○　汚れたちり紙13枚を財物と認めることはできない（東京高判昭45.4.6）。

○　無料配布の広告パンフレットは客観的にも主観的にも財産的価値がないから、これを窃取しても未遂にとどまる（東京高判昭54.3.29）。

論文答案例

1　結　論

甲は、窃盗未遂罪の刑責を負う。

2　争　点

廃棄予定のパンフレットが「財物」に当たるとして窃盗既遂罪となるか、「財物」に当たらないとして窃盗未遂罪となるか。

3　法的検討

(1)　窃盗罪の意義

他人が占有する財物を窃取する行為は、窃盗罪を構成する。

(2)　窃盗罪の保護法益（占有権説）

事実上の占有権が窃盗罪の保護法益である（通説・判例）。

(3)　「財物」の意義

所有者にとって、客観的に価値がないものであっても、主観的価値（使用価値・利用価値）があればよい。

ア　「財物」となるもの

財物に対する主観的な価値は、「それを保存しておきたい。」という積極的な意思だけでなく、「他人に渡さないため」、あるいは、「悪用を防ぐために廃棄する。」といった消極的な意思であってもよい。

イ　「財物」とならないもの

経済的価値が極めて少なく、客観的にも主観的にも全く価値のないものは財物ではない。

4　関係判例

◇　「財物性」が否定されたもの

○　電車の発着時刻等がメモされた紙切れは、財物ではない（大阪高判昭43.3.4）。

○　汚れたちり紙13枚を財物と認めることはできない（東京高判昭45.4.6）。

○　無料配布の広告パンフレットは客観的にも主観的にも財産的価値がないから、これを窃取しても未遂にとどまる（東京高判昭54.3.29）。

5　事例検討

事例の場合、上記法的検討、関係判例のとおり、甲が窃取したパンフレットは刑法上保護すべき「財物」とは認められないことから、甲の行為は、窃盗未遂罪となる。

窃盗罪の着手の有無

【懐中電灯で照らしながらタンスに近づいた】

遊興費に窮した甲は、深夜、A宅の窓から侵入し、小型の懐中電灯で現金が隠してありそうな和ダンスを照らしながら、1、2歩近づいたところでAに発見されて捕まった。この場合、甲は、何罪の刑責を負うか（住居侵入罪は別論とする。）。

関係判例

現に目的物に手を触れなくても、侵入盗の犯人が室内を懐中電灯で照らして金品があると思われる場所に近づいた時点で、窃盗罪の着手がある（最決昭40.3.9）。

論文答案例

1　結　論

甲は、窃盗未遂罪の刑責を負う。

2　争　点

和ダンスに1、2歩近づいた行為は、窃盗罪の着手となるか。

3　法的検討

(1)　窃盗罪の意義

他人が占有する財物を窃取する行為は、窃盗罪を構成する。

(2)　窃盗罪の保護法益（占有権説）

事実上の占有権が窃盗罪の保護法益である（通説・判例）。

(3)　着手時期

他人の財物の占有を侵害する密接な行為が開始されたときに着手が認められる。

この場合、いつ侵害行為が開始されたかについては、財物の性質、形状、窃取行為の態様等によって判断すべきである。

4　関係判例

現に目的物に手を触れなくても、侵入盗の犯人が室内を懐中電灯で照らして金品があると思われる場所に近づいた時点で、窃盗罪の着手がある（最決昭40.3.9）。

5　事例検討

事例の場合、上記法的検討、関係判例のとおり、財物に対する他人の占有を侵害する行為が開始されていることから、甲の行為は、窃盗未遂罪を構成する。

【窃盗目的で倉庫の錠を壊した】

遊興費に窮した甲は、A宅の敷地内にある倉庫内に、高価な陶器等の骨董品があることを知っていたことから、深夜、A宅の敷地に侵入して倉庫の入り口前に行き、バールを使って入り口の錠を破壊したところ、家人に発見されたため駆け足で逃走した。この場合、甲は、何罪の刑責を負うか（住居侵入罪は別論とする。）。

関係判例

窃盗目的で倉庫や土蔵の出入口の錠を破壊する行為は、窃盗の着手がある（名古屋高判昭25.11.14）。

論文答案例

1　結　論

甲は、窃盗未遂罪の刑責を負う。

2　争　点

窃盗目的で倉庫の錠を破壊する行為が、窃盗罪の着手となるか。

3　法的検討

(1)　窃盗罪の意義

他人が占有する財物を窃取する行為は、窃盗罪を構成する。

(2)　窃盗罪の保護法益（占有権説）

事実上の占有権が窃盗罪の保護法益である（通説・判例）。

(3)　着手時期

他人の財物の占有を侵害する密接な行為が開始されたときに着手が認められる。

この場合、いつ侵害行為が開始されたかについては、財物の性質、形状、窃取行為の態様等によって判断すべきである。

4　関係判例

窃盗目的で倉庫や土蔵の出入口の錠を破壊する行為は、窃盗の着手がある（名古屋高判昭25.11.14）。

5　事例検討

事例の場合、上記法的検討、関係判例のとおり、倉庫の錠を壊す行為は窃盗の着手となることから、甲の行為は、窃盗未遂罪を構成する。

【窃盗目的で車のドアを開けようとした】

遊興費に窮した甲は、A宅の駐車場内にある自動車内に高価なカーナビがあることを知っていたことからこれを盗んで売ろうと考え、深夜、A宅の駐車場内に侵入して自動車のドアのかぎ穴にドライバーを差し込んで開けようとしたところ、Aに発見されたため駆け足で逃走した。この場合、甲は、何罪の刑責を負うか（住居侵入罪は別論とする。）。

車に近づいた
ヒヒヒ
A
Aの車
甲

ウゴクナ!!
A
ヒ〜〜
TOUZOKU
TOYOTO
甲
かぎを開けようとした

関係判例

車上荒らしをするために、自動車のドアのかぎ穴にドライバーを差し込む行為は、窃盗の着手がある（東京地判平2.11.15）。

論文答案例

1　結　論

甲は、窃盗未遂罪の刑責を負う。

2　争　点

自動車のドアのかぎ穴にドライバーを差し込む行為は、窃盗罪の着手となるか。

3　法的検討

(1)　窃盗罪の意義

他人が占有する財物を窃取する行為は、窃盗罪を構成する。

(2)　窃盗罪の保護法益（占有権説）

事実上の占有権が窃盗罪の保護法益である（通説・判例）。

(3)　着手時期

他人の財物の占有を侵害する密接な行為が開始されたときに着手が認められる。

この場合、いつ侵害行為が開始されたかについては、財物の性質、形状、窃取行為の態様等によって判断すべきである。

4　関係判例

車上荒らしをするために、自動車のドアのかぎ穴にドライバーを差し込む行為は、窃盗の着手がある（東京地判平2.11.15）。

5　事例検討

事例の場合、上記法的検討、関係判例のとおり、自動車のドアのかぎ穴にドライバーを差し込む行為は窃盗の着手となることから、甲の行為は、窃盗未遂罪を構成する。

【すり目的でズボンの外側に手を触れた】

遊興費に窮した甲は、混雑する電車に乗っていた際、若者Aがジーパンの後ろポケットに財布を入れているのを見たことから、これを窃取しようと考えて右手を伸ばし、Aのズボンの外側に指先が触ったが、Aが甲の行為に気づいて大声を出したため、人混みをかき分けながら他の車両に逃走した。この場合、甲は、何罪の刑責を負うか。

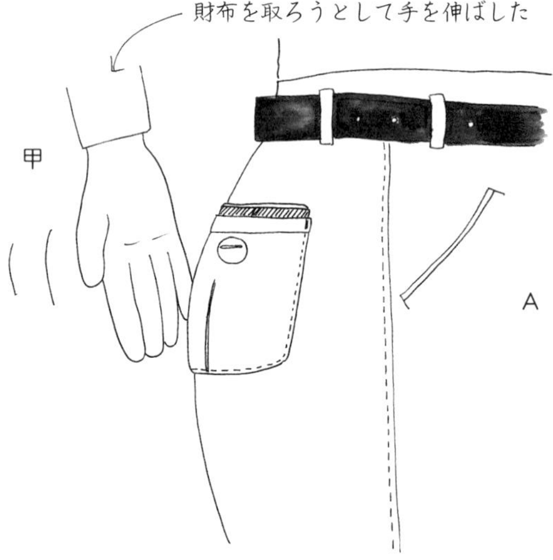

関係判例

すりをするために手でズボンの尻ポケットの外側に触れたときには、窃盗罪の着手が認められる（最決昭29.5.6）。

論文答案例

1 結 論

甲は、窃盗未遂罪の刑責を負う。

2 争 点

すり目的でズボンの外側に触れる行為は、窃盗罪の着手となるか。

3 法的検討

(1) 窃盗罪の意義

他人が占有する財物を窃取する行為は、窃盗罪を構成する。

(2) 窃盗罪の保護法益（占有権説）

事実上の占有権が窃盗罪の保護法益である（通説・判例）。

(3) 着手時期

他人の財物の占有を侵害する密接な行為が開始されたときに着手が認められる。

この場合、いつ侵害行為が開始されたかについては、財物の性質、形状、窃取行為の態様等によって判断すべきである。

4 関係判例

すりをするために手でズボンの尻ポケットの外側に触れたときには、窃盗罪の着手が認められる（最決昭29.5.6）。

5 事例検討

事例の場合、上記法的検討、関係判例のとおり、すり目的でズボンの外側に触れる行為は窃盗の着手となることから、甲の行為は、窃盗未遂罪を構成する。

【ズボンに手を触れて財布があるかどうかを確認した】

遊興費に窮した甲は、混雑する電車に乗っていた際、若者Aのジーパンの後ろポケットに財布が入っているように見えたことから、これを窃取しようと考えて右手を伸ばし、Aのズボンの外側に手の甲を当てて財布があるかどうかを確認（いわゆる「あたり行為」）したが、Aに気づかれたことからあきらめた。この場合、甲は、何罪の刑責を負うか。

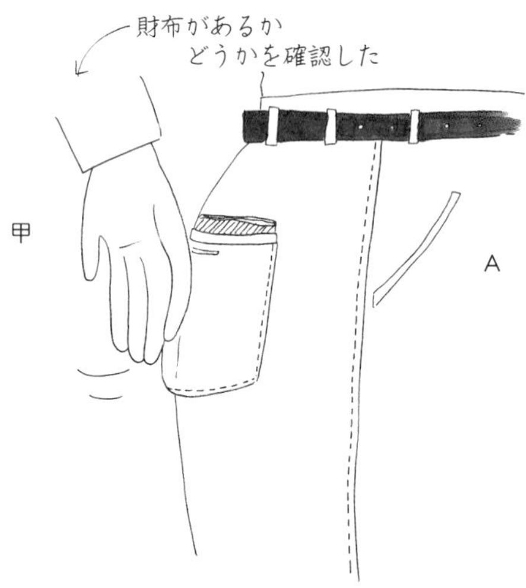

関係判例

すり犯人が、財布の所在を確かめるために行ういわゆる「あたり行為」は、いまだ窃盗の着手があったとはいえない（最決昭29.5.6）。

論文答案例

1　結　論

甲の行為は、窃盗未遂罪が成立しない。

2　争　点

すり犯人が、財布の所在を確かめるために行ういわゆる「あたり行為」は、窃盗罪の着手となるか。

3　法的検討

(1)　窃盗罪の意義

他人が占有する財物を窃取する行為は、窃盗罪を構成する。

(2)　窃盗罪の保護法益（占有権説）

事実上の占有権が窃盗罪の保護法益である（通説・判例）。

(3)　着手時期

他人の財物の占有を侵害する密接な行為が開始されたときに着手が認められる。

この場合、いつ侵害行為が開始されたかについては、財物の性質、形状、窃取行為の態様等によって判断すべきである。

4　関係判例

すり犯人が、財布の所在を確かめるために行ういわゆる「あたり行為」は、いまだ窃盗の着手があったとはいえない（最決昭29.5.6）。

5　事例検討

事例の場合、上記法的検討、関係判例のとおり、すり目的で行う「あたり行為」は窃盗の着手とならないことから、甲の行為は、窃盗未遂罪とならない。

窃盗罪の未遂か既遂か

【事情を知らない者を使って荷物を搬送させた】

運送会社でアルバイト中の甲は、倉庫に保管している荷物（パソコン）を窃取するために荷札をはぎ取って自宅の住所を書いた荷札を貼り付け、事情を知らない同僚乙が荷物をトラックに積んで会社を出発したが、他の社員丙が捨てられている荷札を発見して乙に連絡したため、甲宅には配送されなかった。この場合、甲は、何罪の刑責を負うか。

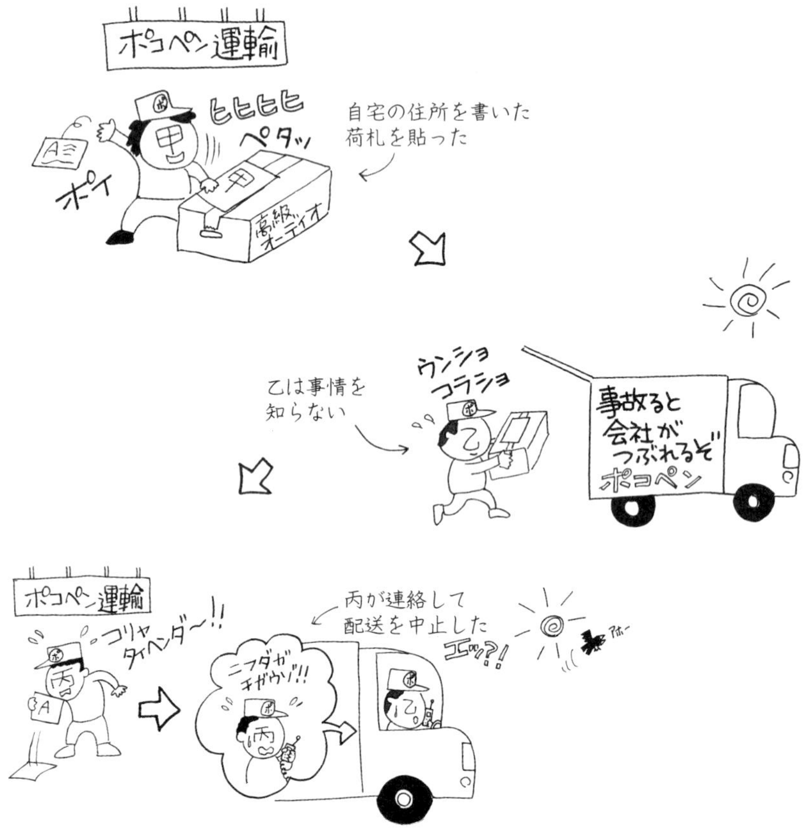

関係判例

運送会社が保管中の荷物の荷札を取り換えて、事情を知らない同僚に配達させた場合、荷物が発送した段階で荷物に対する会社の占有権が侵害され、既遂に達する（大阪高判昭27.4.28）。

論文答案例

1 結 論

甲は、窃盗既遂罪の刑責を負う。

2 争 点

同僚を使って荷物を搬送させたが自宅に届かなかった場合、窃盗罪は未遂か、既遂か。

3 法的検討

(1) 窃盗罪の意義

他人が占有する財物を窃取する行為は、窃盗罪を構成する。

(2) 窃盗罪の保護法益（占有権説）

事実上の占有権が窃盗罪の保護法益である（通説・判例）。

(3) 既遂時期について

ア 通説・判例

取得説

イ 取得説の意義

財物を安全な場所まで運ばなくても、事実上、自己の支配内に移したときに既遂となる。

4 関係判例

運送会社が保管中の荷物の荷札を取り換えて、事情を知らない同僚に配達させた場合、荷物が発送した段階で荷物に対する会社の占有権が侵害され、既遂に達する（大阪高判昭27.4.28）。

5 事例検討

事例の場合、上記法的検討、関係判例のとおり、荷物を搬送させた時点で会社の占有権が侵害されていることから、甲の行為は、窃盗既遂罪となる。

【ライトを窃取する目的で自転車を移動した】

甲は、Ａ宅に駐輪してある自転車のライトが欲しくなったことからこれを窃取しようと考え、深夜、自転車をＡ宅から公園まで運んでからライトをはずそうとして、Ａ宅から無施錠の自転車に乗って道路上を約300メートルほど進んだところ、警察官に職務質問をされたため、自転車を放置して逃走した。この場合、甲は、何罪の刑責を負うか。

関係判例

自転車のランプを盗む目的で200～300メートル移動し、自転車全体を自己の事実上の支配内に移した場合、自転車全体に対する窃盗罪既遂が成立する（東京高判昭27.5.31）。

論文答案例

1 結 論

甲は、窃盗既遂罪の刑責を負う。

2 争 点

自転車のランプを盗む目的で自転車を約300メートル乗車する行為は、窃盗罪の未遂か、既遂か。

3 法的検討

(1) 窃盗罪の意義

他人が占有する財物を窃取する行為は、窃盗罪を構成する。

(2) 窃盗罪の保護法益（占有権説）

事実上の占有権が窃盗罪の保護法益である（通説・判例）。

(3) 既遂時期について

ア 通説・判例

取得説

イ 取得説の意義

財物を安全な場所まで運ばなくても、事実上、自己の支配内に移したときに既遂となる。

4 関係判例

自転車のランプを盗む目的で200〜300メートル移動し、自転車全体を自己の事実上の支配内に移した場合、自転車全体に対する窃盗罪既遂が成立する（東京高判昭27.5.31）。

5 事例検討

事例の場合、上記法的検討、関係判例のとおり、自転車を自己の支配内に移していることから、甲の行為は、窃盗罪の既遂となる。

【自転車を軒下から持ち出した】

甲は、A子宅の自転車が欲しくなったことからこれを窃取しようと考え、深夜、A子宅の軒下から自転車を道路上に持ち出して自転車にまたがって乗り出そうとしたとき、甲の行為に気づいたA子宅の家人が玄関から出てきたため、甲は自転車をその場に放置して逃走した。この場合、甲は、何罪の刑責を負うか（住居侵入罪は別論とする。）。

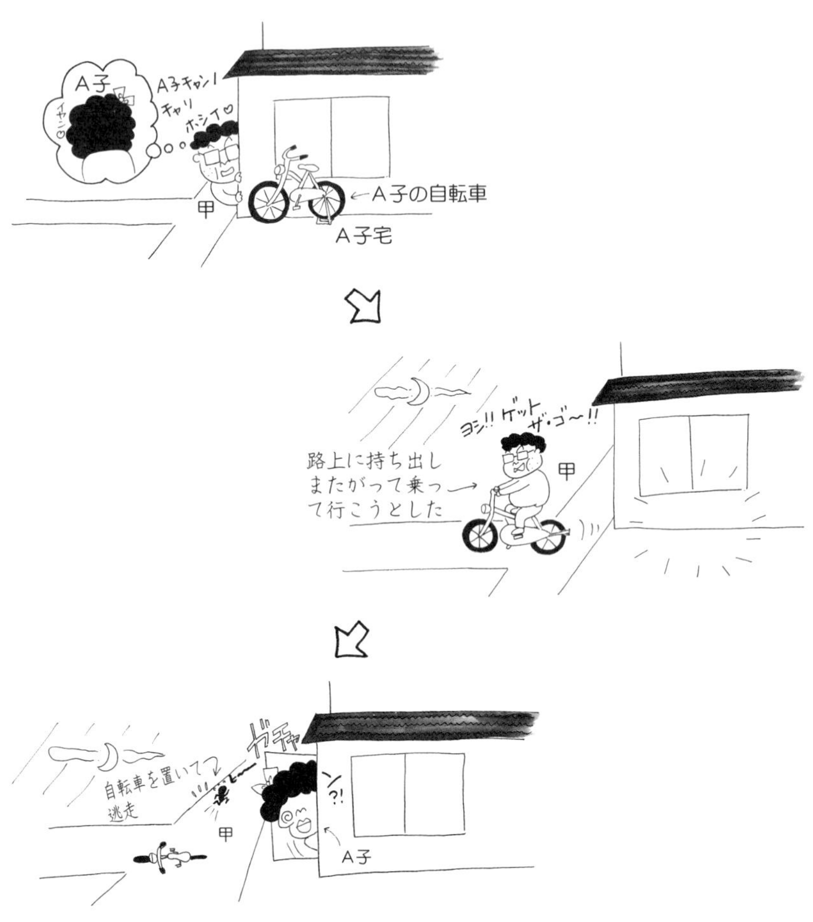

関係判例

他人の自転車を民家の軒下から道路上に持ち出した場合、窃盗の既遂となる（名古屋高判昭25.3.1）。

論文答案例

1　結　論

甲は、窃盗既遂罪の刑責を負う。

2　争　点

他人の自転車を民家の軒下から道路上に持ち出す行為は、窃盗罪の未遂か、既遂か。

3　法的検討

(1)　窃盗罪の意義

他人が占有する財物を窃取する行為は、窃盗罪を構成する。

(2)　窃盗罪の保護法益（占有権説）

事実上の占有権が窃盗罪の保護法益である（通説・判例）。

(3)　既遂時期について

ア　通説・判例

取得説

イ　取得説の意義

財物を安全な場所まで運ばなくても、事実上、自己の支配内に移したときに既遂となる。

4　関係判例

他人の自転車を民家の軒下から道路上に持ち出した場合、窃盗の既遂となる（名古屋高判昭25.3.1）。

5　事例検討

事例の場合、上記法的検討、関係判例のとおり、自転車を自己の支配内に移していることから、甲の行為は、窃盗罪の既遂となる。

【自転車のかぎを外して方向転換した】

甲は、A子宅の自転車が欲しくなったことからこれを窃取しようと考え、深夜、A子宅の敷地内から自転車を道路上に持ち出し、自転車のかぎを外して自転車の向きを変えたときに、甲の行為に気づいたA子宅の家人が玄関から出てきたため、甲は自転車をその場に放置して逃走した。この場合、甲は、何罪の刑責を負うか（住居侵入罪は別論とする。）。

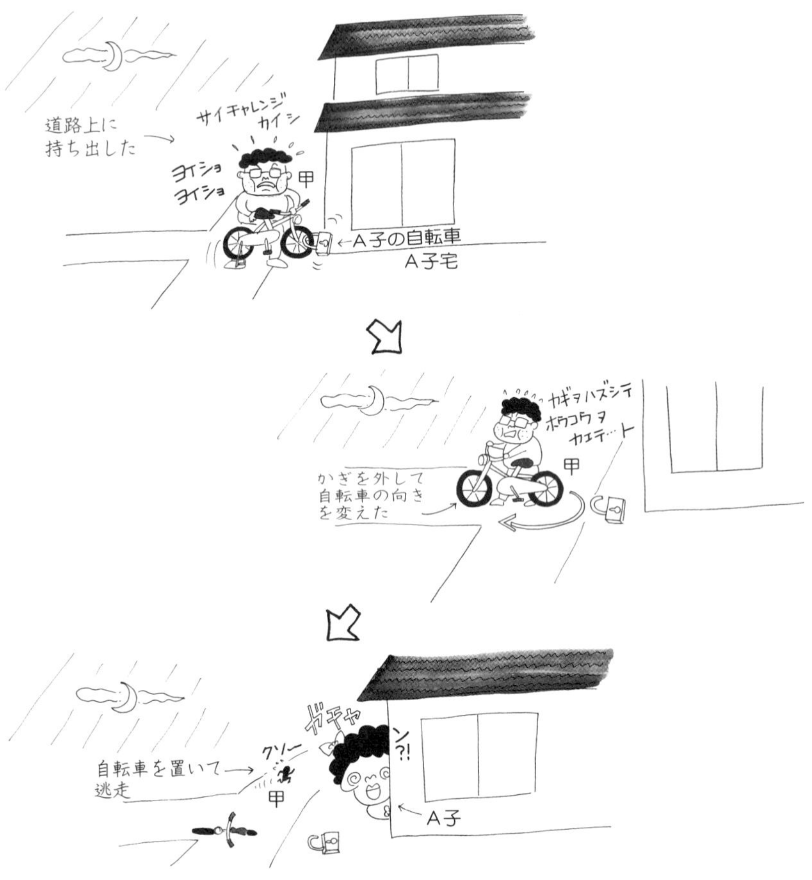
道路上に
持ち出した
サイチャレンジ
カイシ
ヨイショ
ヨイショ
甲
A子の自転車
A子宅
カギヲハズシテ
ホウコウヲ
カエテ…ト
甲
かぎを外して
自転車の向き
を変えた
ガチャ
ン
?!
クルー
自転車を置いて
逃走
甲
A子

関係判例

自転車のかぎを外して方向転換し、直ちに発車できる状態にした場合、窃盗罪の既遂である（大阪高判昭25.4.5）。

論文答案例

1　結　論

甲は、窃盗既遂罪の刑責を負う。

2　争　点

他人の自転車を道路上に持ち出し、かぎを外して方向を転換する行為は、窃盗罪の未遂か、既遂か。

3　法的検討

(1)　窃盗罪の意義

他人が占有する財物を窃取する行為は、窃盗罪を構成する。

(2)　窃盗罪の保護法益（占有権説）

事実上の占有権が窃盗罪の保護法益である（通説・判例）。

(3)　既遂時期について

ア　通説・判例

取得説

イ　取得説の意義

財物を安全な場所まで運ばなくても、事実上、自己の支配内に移したときに既遂となる。

4　関係判例

自転車のかぎを外して方向転換し、直ちに発車できる状態にした場合、窃盗罪の既遂である（大阪高判昭25.4.5）。

5　事例検討

事例の場合、上記法的検討、関係判例のとおり、自転車を自己の支配内に移していることから、甲の行為は、窃盗罪の既遂となる。

【かぎのかかった自転車を道路上に持ち出した】

甲は、A子宅の自転車が欲しくなったことからこれを窃取しようと考え、深夜、A子宅の敷地内からかぎのかかった自転車を担いで道路上に持ち出したときに、甲の行為に気づいたA子宅の家人が玄関から出てきたため、甲は自転車をその場に放置して逃走した。この場合、甲は、何罪の刑責を負うか（住居侵入罪は別論とする。）。

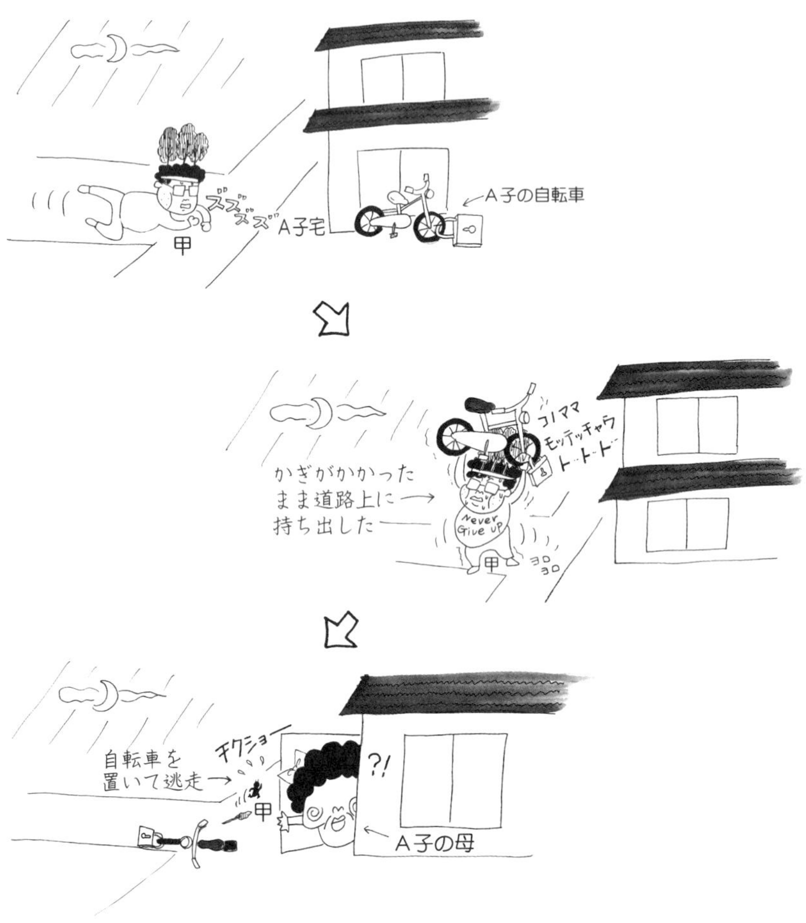

関係判例

かぎのかかった自転車を、約3メートル先の道路上に持ち出す行為は、窃盗罪の既遂である（仙台高判昭28.11.30）。

論文答案例

1　結　論

甲は、窃盗既遂罪の刑責を負う。

2　争　点

かぎのかかった自転車を道路上に持ち出す行為は、窃盗罪の未遂か、既遂か。

3　法的検討

(1)　窃盗罪の意義

他人が占有する財物を窃取する行為は、窃盗罪を構成する。

(2)　窃盗罪の保護法益（占有権説）

事実上の占有権が窃盗罪の保護法益である（通説・判例）。

(3)　既遂時期について

ア　通説・判例

取得説

イ　取得説の意義

財物を安全な場所まで運ばなくても、事実上、自己の支配内に移したときに既遂となる。

4　関係判例

かぎのかかった自転車を、約3メートル先の道路上に持ち出す行為は、窃盗罪の既遂である（仙台高判昭28.11.30）。

5　事例検討

事例の場合、上記法的検討、関係判例のとおり、自転車を自己の支配内に移していることから、甲の行為は、窃盗罪の既遂となる。

【パソコン等を箱につめて出入口まで運んだ】

遊興費に窮した甲は、深夜、留守であるＡ宅の玄関から侵入し、パソコン等を用意しておいた段ボール箱に詰めて玄関の土間に置き、さらに、物色するために２階に上がろうとしたところ、Ａが帰宅してきたことからパソコン等を玄関に置いたまま１階窓から逃走した。この場合、甲は、何罪の刑責を負うか（住居侵入罪は別論とする。）。

関係判例

侵入盗の犯人が衣類を袋につめ、出入口まで運んでいつでも外に持ち出せる状態にした場合、窃盗罪は既遂となる（東京高判昭27.12.11）。

論文答案例

1　結　論

甲は、窃盗既遂罪の刑責を負う。

2　争　点

侵入盗の犯人がパソコン等を箱につめて出入口に置いた場合、窃盗罪の未遂か、既遂か。

3　法的検討

(1)　窃盗罪の意義

他人が占有する財物を窃取する行為は、窃盗罪を構成する。

(2)　窃盗罪の保護法益（占有権説）

事実上の占有権が窃盗罪の保護法益である（通説・判例）。

(3)　既遂時期について

ア　通説・判例

取得説

イ　取得説の意義

財物を安全な場所まで運ばなくても、事実上、自己の支配内に移したときに既遂となる。

4　関係判例

侵入盗の犯人が衣類を袋につめ、出入口まで運んでいつでも外に持ち出せる状態にした場合、窃盗罪は既遂となる（東京高判昭27.12.11）。

5　事例検討

事例の場合、上記法的検討、関係判例のとおり、パソコン等を自己の支配内に移していることから、甲の行為は、窃盗罪の既遂となる。

【万引き犯人が商品をポケットに入れた】

甲は、近所の電器店に行ったところ、前から欲しかった携帯音楽プレーヤーが陳列されていたが、持ち合わせの金がなかったことから、万引き防止用に付けられているワイヤーを引きちぎってプレーヤーをポケットに入れたところ、警備員に発見されて捕まった。この場合、甲は、何罪の刑責を負うか（器物損壊罪は別論とする。）。

関係判例

万引き犯人が、商品（靴下）を懐にしまった場合、たとえ店外に持ち出さなくても、窃盗罪は既遂となる（大判大12.4.9）。

論文答案例

1 結 論

甲は、窃盗既遂罪の刑責を負う。

2 争 点

音楽プレーヤーをポケットに入れた場合、窃盗罪の未遂か、既遂か。

3 法的検討

(1) 窃盗罪の意義

他人が占有する財物を窃取する行為は、窃盗罪を構成する。

(2) 窃盗罪の保護法益（占有権説）

事実上の占有権が窃盗罪の保護法益である（通説・判例）。

(3) 既遂時期について

ア 通説・判例

取得説

イ 取得説の意義

財物を安全な場所まで運ばなくても、事実上、自己の支配内に移したときに既遂となる。

4 関係判例

万引き犯人が、商品（靴下）を懐にしまった場合、たとえ店外に持ち出さなくても、窃盗罪は既遂となる（大判大12.4.9）。

5 事例検討

事例の場合、上記法的検討、関係判例のとおり、音楽プレーヤーを自己の支配内に移していることから、甲の行為は、窃盗罪の既遂となる。

【万引き犯人が商品をスーパーの袋に入れようとした】

甲は、近所のスーパーで夕食のおかずを購入し、レジ横の台上で買った食品類をビニール袋に入れたところ、タマネギを買い忘れたことに気づいて袋を置いたままタマネギ1個を持ってきたが、お金を払うのが面倒くさくなってタマネギを袋の中に入れようとしたところ、店員に捕まった。この場合、甲は、何罪の刑責を負うか。

ポコペンスーパー
アッ!! タマネギ…
店員
買物をした後再度買物をしに行った
ポコペ
甲
賞味期限切品大特売中!!
タカイワネ… コレクライ イイワヨネ…
生野菜コーナー 焼物用生食禁止
万引きの犯意が生じた
甲
ポコペンスーパー
イソガナクチャ
チョッ チョット オキャクサン! ダ‥ダレカ!!
店員
ポコペン
甲
窃取したタマネギを袋に入れたところで店員に捕まった

関係判例

万引き犯人が、持参した買い物カゴに商品を入れてレジでお金を支払わずにレジ横のカウンターまで運び、同店備付けのビニール袋に移そうとした場合、窃盗既遂が成立する（東京高判平4.10.28）。

論文答案例

1 結 論
甲は、窃盗既遂罪の刑責を負う。
2 争 点
タマネギをスーパーの袋に入れようとした場合、窃盗罪の未遂か、既遂か。
3 法的検討
(1) 窃盗罪の意義
他人が占有する財物を窃取する行為は、窃盗罪を構成する。
(2) 窃盗罪の保護法益（占有権説）
事実上の占有権が窃盗罪の保護法益である（通説・判例）。
(3) 既遂時期について
ア 通説・判例
取得説
イ 取得説の意義
財物を安全な場所まで運ばなくても、事実上、自己の支配内に移したときに既遂となる。
4 関係判例
万引き犯人が、持参した買い物カゴに商品を入れてレジでお金を支払わずにレジ横のカウンターまで運び、同店備付けのビニール袋に移そうとした場合、窃盗既遂が成立する（東京高判平4.10.28）。
5 事例検討
事例の場合、上記法的検討、関係判例のとおり、タマネギを自己の支配内に移していることから、甲の行為は、窃盗罪の既遂となる。

【万引き犯人がＴシャツを上着の下に着用した】

甲は、近所の洋服店で買い物をしていた際、買おうと思っていた有名ブランドのＴシャツが考えていたよりも高価だったことからこれを万引きしようと考え、試着室に持ち込んで上着の下に着て、その上から上着を着て店外に出ようと出入口に向かったところ、甲の行動を見ていた店員に捕まった。この場合、甲は、何罪の刑責を負うか。

関係判例

陳列していた服地を、着用していたコートの内側に隠した場合、店外に持ち出さなくても、窃盗罪の既遂となる（東京高判昭29.5.11）。

論文答案例

1　結　論

甲は、窃盗既遂罪の刑責を負う。

2　争　点

Tシャツを上着の下に着用して店外に出ようとした場合、窃盗罪の未遂か、既遂か。

3　法的検討

(1)　窃盗罪の意義

他人が占有する財物を窃取する行為は、窃盗罪を構成する。

(2)　窃盗罪の保護法益（占有権説）

事実上の占有権が窃盗罪の保護法益である（通説・判例）。

(3)　既遂時期について

ア　通説・判例

取得説

イ　取得説の意義

財物を安全な場所まで運ばなくても、事実上、自己の支配内に移した時に既遂となる。

4　関係判例

陳列していた服地を、着用していたコートの内側に隠した場合、店外に持ち出さなくても、窃盗罪の既遂となる（東京高判昭29.5.11）。

5　事例検討

事例の場合、上記法的検討、関係判例のとおり、Tシャツを自己の支配内に移していることから、甲の行為は、窃盗罪の既遂となる。

【万引き犯人が本をわきの下に挟んだ】

甲は、近所の書店に行った際、お金がなかったことから、雑誌を万引きしようと考え、マンガ１冊を右わきに挟んで店頭から立ち去ろうとしたところ、甲の行動を見ていた店主に捕まった。この場合、甲は、何罪の刑責を負うか。

関係判例

書店の店頭に置いてある本を、わきの下に挟んで立ち去ろうした場合、窃盗罪は既遂である（広島高岡山支判昭28.2.12）。

論文答案例

1　結　論

甲は、窃盗既遂罪の刑責を負う。

2　争　点

本をわきの下に挟んで店外に出ようとした場合、窃盗罪の未遂か、既遂か。

3　法的検討

(1)　窃盗罪の意義

他人が占有する財物を窃取する行為は、窃盗罪を構成する。

(2)　窃盗罪の保護法益（占有権説）

事実上の占有権が窃盗罪の保護法益である（通説・判例）。

(3)　既遂時期について

ア　通説・判例

取得説

イ　取得説の意義

財物を安全な場所まで運ばなくても、事実上、自己の支配内に移したときに既遂となる。

4　関係判例

書店の店頭に置いてある本を、わきの下に挟んで立ち去ろうした場合、窃盗罪は既遂である（広島高岡山支判昭28.2.12）。

5　事例検討

事例の場合、上記法的検討、関係判例のとおり、本を自己の支配内に移していることから、甲の行為は、窃盗罪の既遂となる。

【タイヤを駐車場の外に運ぼうとした】

甲は、自分の自動車のタイヤを交換するお金がなかったことから、深夜、近所の月極め駐車場内（屋外で出入りが自由）のAの車からタイヤをはずして転がしながら搬送したところ、駐車場の出入口付近（まだ路上まで出ておらず駐車場敷地内）まで来たときに警察官に見つかって捕まった。この場合、甲は、何罪の刑責を負うか（侵入罪は別論とする。）。

関係判例

出入りが自由な屋外駐車場内に侵入し、駐車中の自動車のタイヤをはずして、駐車場の出入口に搬送する場合、窃盗行為は既遂に達しているものと解する（東京高判昭63.4.21）。

論文答案例

1　結　論

甲は、窃盗既遂罪の刑責を負う。

2　争　点

タイヤを駐車場出口から道路上に搬送しようとした場合、窃盗罪の未遂か、既遂か。

3　法的検討

(1)　窃盗罪の意義

他人が占有する財物を窃取する行為は、窃盗罪を構成する。

(2)　窃盗罪の保護法益（占有権説）

事実上の占有権が窃盗罪の保護法益である（通説・判例）。

(3)　既遂時期について

ア　通説・判例

取得説

イ　取得説の意義

財物を安全な場所まで運ばなくても、事実上、自己の支配内に移したときに既遂となる。

4　関係判例

出入りが自由な屋外駐車場内に侵入し、駐車中の自動車のタイヤをはずして、駐車場の出入口に搬送する場合、窃盗行為は既遂に達しているものと解する（東京高判昭63.4.21）。

5　事例検討

事例の場合、上記法的検討、関係判例のとおり、タイヤを自己の支配内に移していることから、甲の行為は、窃盗罪の既遂となる。

【タイヤをさく外に運んだ】

甲は、自動車のタイヤを交換するお金がなかったことから、深夜、近所の自動車修理工場（2メートルのさくがあり出入口は施錠されている。）に侵入して、中の車からタイヤをはずしてさくの外の道路上にタイヤ4個を放り投げ、自分の車に積もうとしたところ警察官に見つかって捕まった。この場合、甲は、何罪の刑責を負うか（侵入罪は別論とする。）。

関係判例

さくや守衛がいるなどの施設の場合、目的物を屋外に持ち出しただけでなく、これをさく外の路上まで持ち出すか、敷地内のどこかに覆いをして隠匿するなどの行為がなければ、窃盗罪は既遂に達しない（東京高判昭27.10.9）。

論文答案例

1　結　論

甲は、窃盗既遂罪の刑責を負う。

2　争　点

タイヤをさく外の道路上に搬送した場合、窃盗罪の未遂か、既遂か。

3　法的検討

(1)　窃盗罪の意義

他人が占有する財物を窃取する行為は、窃盗罪を構成する。

(2)　窃盗罪の保護法益（占有権説）

事実上の占有権が窃盗罪の保護法益である（通説・判例）。

(3)　既遂時期について

ア　通説・判例

取得説

イ　取得説の意義

財物を安全な場所まで運ばなくても、事実上、自己の支配内に移したときに既遂となる。

4　関係判例

さくや守衛がいるなどの施設の場合、目的物を屋外に持ち出しただけでなく、これをさく外の路上まで持ち出すか、敷地内のどこかに覆いをして隠匿するなどの行為がなければ、窃盗罪は既遂に達しない（東京高判昭27.10.9）。

5　事例検討

事例の場合、上記法的検討、関係判例のとおり、タイヤを自己の支配内に移していることから、甲の行為は、窃盗罪の既遂となる。

【窃盗既遂後の窃取行為が未遂に終わった】

甲は、夜間、Ａ電器店からテレビ等の電器製品を屋外に持ち出し、用意していた搬送用の車に積み、さらに、別の物を持ち出そうとしてＡ電器店に再度侵入し、展示していたパソコンに手をかけたところ、巡回中の警備員に見つかったことから、屋外に飛び出して車で逃走した。この場合、甲は、何罪の刑責を負うか。

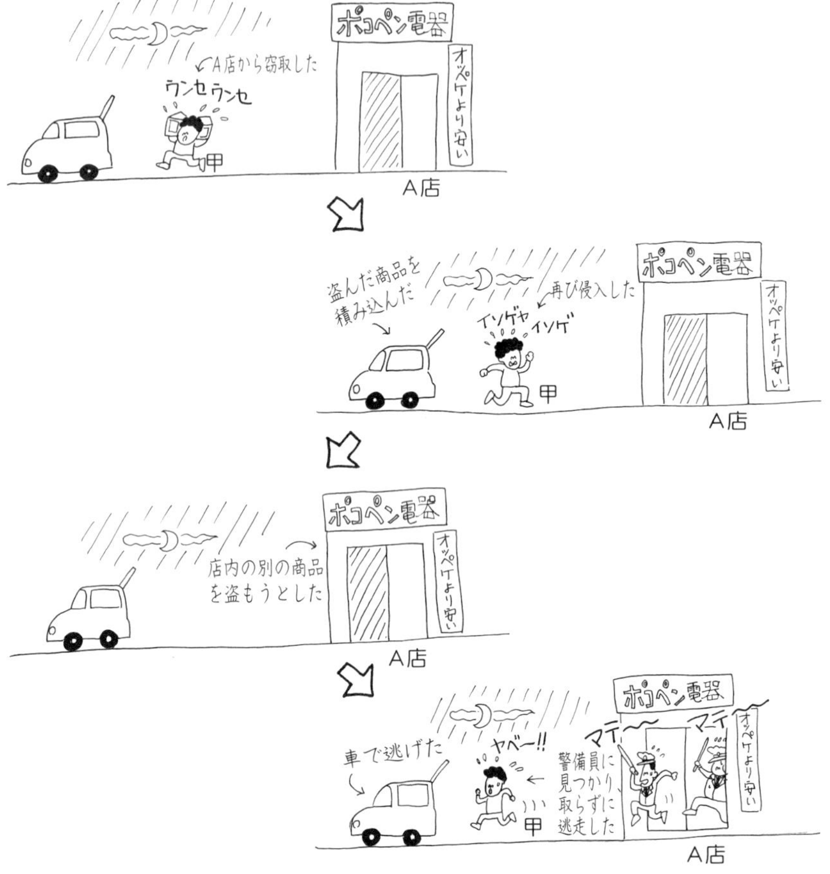

関係判例

財物を屋外に持ち出し、続けて屋内で他の財物を窃取しようとした際に発見され、逃走した場合、全体を通じて１個の窃盗既遂罪が成立する（札幌高函館支判昭30.5.10）。

論文答案例

1　結　論

甲は、1個の窃盗既遂罪の刑責を負う。

2　争　点

窃盗未遂罪と窃盗既遂罪を連続して行った場合、窃盗未遂罪と窃盗既遂罪の二罪が成立するか、窃盗既遂罪の一罪が成立するか。

3　法的検討

(1)　窃盗罪の意義

他人が占有する財物を窃取する行為は、窃盗罪を構成する。

(2)　窃盗罪の保護法益（占有権説）

事実上の占有権が窃盗罪の保護法益である（通説・判例）。

(3)　着手時期

他人の財物の占有を侵害する密接な行為が開始されたときに着手が認められる。

この場合、いつ侵害行為が開始されたかについては、財物の性質、形状、窃取行為の態様等によって判断すべきである。

(4)　既遂時期について

ア　通説・判例

取得説

イ　取得説の意義

財物を安全な場所まで運ばなくても、事実上、自己の支配内に移したときに既遂となる。

4　関係判例

財物を屋外に持ち出し、続けて屋内で他の財物を窃取しようとした際に発見され、逃走した場合、全体を通じて1個の窃盗既遂罪が成立する（札幌高函館支判昭30.5.10）。

5　事例検討

事例の場合、甲の行為は、上記法的検討、関係判例から、窃盗既遂罪の一罪が成立する。

使用窃盗か窃盗罪か

【20時間あまり他人の自動車を乗り回した】

甲は、自動車の免許証を取得したが自動車を持っていないことから、友人Aのアパートに遊びに行ったときにAが所有する自動車のかぎを窃取し、自動車を約20時間乗り回し、元の駐車場に戻してかぎはAの郵便受けに投函しておいた。この場合、甲は、自動車に対する窃盗罪が成立するか（かぎに対する窃盗罪は別論とする。）。

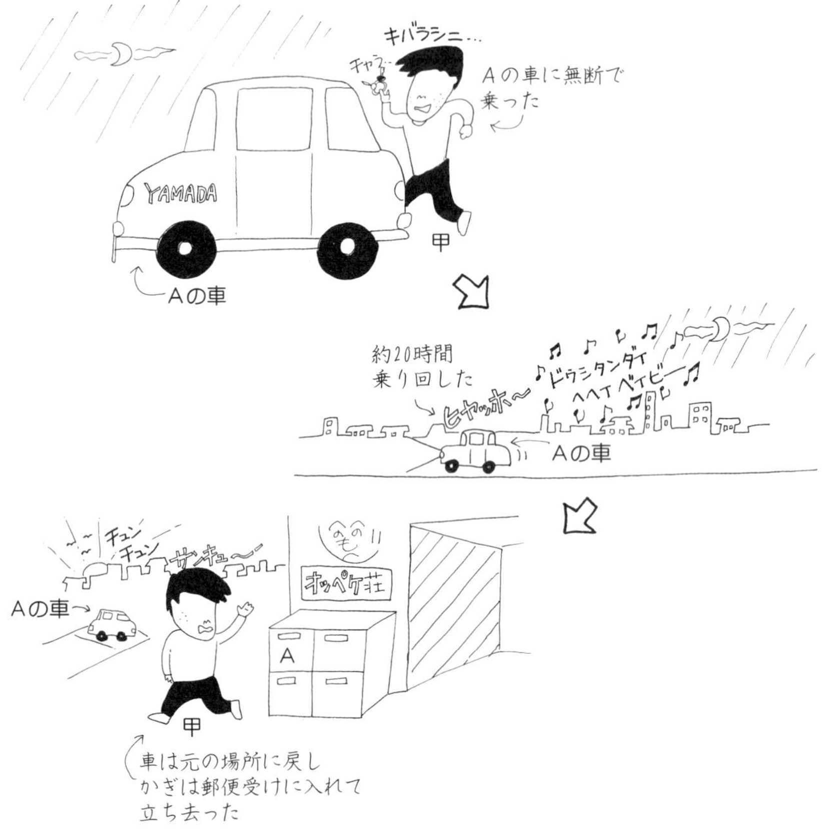

関係判例

18時間もの間他人の自動車を乗り回した場合、その使用時間が一時的であり元の場所に戻した場合であっても、権利者がその物を利用する権利を排除する意思があることから、不法領得の意思を認める（東京高判昭33.3.4）。

論文答案例

1　結　論

甲は、窃盗罪の刑責を負う。

2　争　点

自動車を一時的に利用する行為は、不法領得の意思がないとして使用窃盗となるか、不法領得の意思があるとして窃盗罪が成立するか。

3　法的検討

(1)　窃盗罪の意義

他人が占有する財物を窃取する行為は、窃盗罪を構成する。

(2)　窃盗罪の保護法益（占有権説）

事実上の占有権が窃盗罪の保護法益である（通説・判例）。

(3)　窃盗罪の故意

ア　意　義

窃盗罪が成立するためには、次の２つの主観的要件が必要である。

①　他人の占有を排除し、財物を自己又は第三者の占有に移す意思

②　不法領得の意思

イ　「不法領得の意思」とは

○　他人の物を経済的用法に従い自己の物のように利用又は処分する意思をいう。

○　その物を利用する意思は、一時的なものであってもよい。

4　関係判例

18時間もの間他人の自動車を乗り回した場合、その使用時間が一時的であり元の場所に戻した場合であっても、権利者がその物を利用する権利を排除する意思があることから、不法領得の意思を認める（東京高判昭33.3.4）。

5　事例検討

事例の場合、上記法的検討、関係判例から、乙の自動車を乗り回す行為に不法領得の意思が認められることから、甲の行為は、窃盗罪となる。

【窃盗品の運搬のために自動車を使用した】

甲は、遊興費に窮したことから、大型電器店に侵入して電器製品を店外に持ち出し、同店舗内駐車場に駐車していた軽貨物自動車（かぎ付きの状態で駐車してある。）に積み込んで電器製品を自宅まで搬送し、自動車は元の場所に戻すという窃盗行為を、日を変えて数度にわたって行った。この場合、甲は、自動車に対する窃盗罪が成立するか（電器製品に対する窃盗罪は別論とする。）。

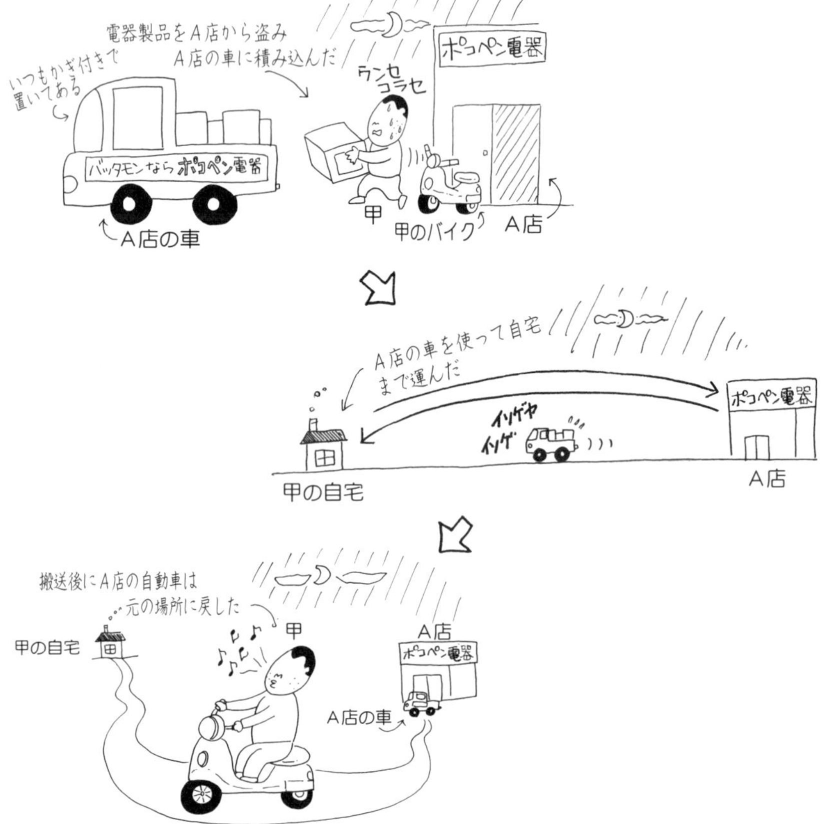
電器製品をA店から盗み
A店の車に積み込んだ
いつもかぎ付きで
置いてある
ランセ
コラセ
ポコペン電器
バッタモンならポコペン電器
甲
甲のバイク
A店
A店の車
A店の車を使って自宅
まで運んだ
イソゲヤ
イソゲ
ポコペン電器
甲の自宅
A店
搬送後にA店の自動車は
元の場所に戻した
甲
A店
甲の自宅
ポコペン電器
A店の車

関係判例

自動車を窃盗の運搬に使用し、長時間にわたって夜間自動車を乗り回すという行為を繰り返した場合、その都度、朝には元の場所に戻したとしても、不法領得の意思がある（最決昭43.9.17）。

論文答案例

1 結 論

甲は、窃盗罪の刑責を負う。

2 争 点

自動車を窃盗品の搬送のために使用する行為は、不法領得の意思がないとして使用窃盗となるか、不法領得の意思があるとして窃盗罪が成立するか。

3 法的検討

(1) 窃盗罪の意義

他人が占有する財物を窃取する行為は、窃盗罪を構成する。

(2) 窃盗罪の保護法益（占有権説）

事実上の占有権が窃盗罪の保護法益である（通説・判例）。

(3) 窃盗罪の故意

ア 意 義

窃盗罪が成立するためには、次の2つの主観的要件が必要である。

① 他人の占有を排除し、財物を自己又は第三者の占有に移す意思

② 不法領得の意思

イ 「不法領得の意思」とは

○ 他人の物を経済的用法に従い自己の物のように利用又は処分する意思をいう。

○ その物を利用する意思は、一時的なものであってもよい。

4 関係判例

自動車を窃盗の運搬に使用し、長時間にわたって夜間自動車を乗り回すという行為を繰り返した場合、その都度、朝には元の場所に戻したとしても、不法領得の意思がある（最決昭43.9.17）。

5 事例検討

事例の場合、上記法的検討、関係判例から、乙の自動車を搬送用に使用する行為に不法領得の意思が認められることから、甲の行為は、窃盗罪となる。

【友人の自動車を無断で使用した】

甲は、交際しているＢ子をドライブしながら自宅まで送りたいと思ったが、自分の車を持っていないことから、同じアパートに住むＡの自動車を使用することを思いつき、Ａには無断でＡの自動車の車底部に隠してあるかぎを取り出し、約５時間にわたってＢ子を乗せて自動車を乗り回し、Ｂ子を自宅に送り届けてから車を元の場所に戻した。この場合、甲は、自動車に対する窃盗罪が成立するか。

関係判例

他人の自動車を、４時間にわたりあたかも自分のものであるかのように乗り回した場合、約５時間後に元の場所に戻すつもりでいたとしても、不法領得の意思があるから、窃盗罪が成立する（最決昭55.10.30）。

論文答案例

1　結　論

甲は、窃盗罪の刑責を負う。

2　争　点

自動車を所有者に無断で一時的に使用する行為は、不法領得の意思がないとして使用窃盗となるか、不法領得の意思があるとして窃盗罪が成立するか。

3　法的検討

(1)　窃盗罪の意義

他人が占有する財物を窃取する行為は、窃盗罪を構成する。

(2)　窃盗罪の保護法益（占有権説）

事実上の占有権が窃盗罪の保護法益である（通説・判例）。

(3)　窃盗罪の故意

ア　意　義

窃盗罪が成立するためには、次の２つの主観的要件が必要である。

①　他人の占有を排除し、財物を自己又は第三者の占有に移す意思

②　不法領得の意思

イ　「不法領得の意思」とは

○　他人の物を経済的用法に従い自己の物のように利用又は処分する意思をいう。

○　その物を利用する意思は、一時的なものであってもよい。

4　関係判例

他人の自動車を、４時間にわたりあたかも自分のものであるかのように乗り回した場合、約５時間後に元の場所に戻すつもりでいたとしても、不法領得の意思があるから、窃盗罪が成立する（最決昭55.10.30）。

5　事例検討

事例の場合、上記法的検討、関係判例から、乙の自動車を所有者に無断で使用する行為に不法領得の意思が認められることから、甲の行為は、窃盗罪となる。

【会社の書類を持ち出してコピーした】

甲は、会社の部長に叱られたことを恨んで嫌がらせをしてやろうと考え、会社が保管する機密書類の内容をライバル会社に漏らして対価をもらうことを思いつき、昼休みに会社から書類を持ち出して近くのコンビニでコピーをし、他会社の社員に渡して同社員から報酬をもらい、持ち出した書類は会社の元の場所に戻した。この場合、甲は、書類に対する窃盗罪が成立するか。

関係判例

出版会社の社員が、会社を辞職する際に機密資料を他社に売ろうと考え、事務室から持ち出して付近の店舗においてコピーをし、約２時間後に元の場所に戻した場合、不法領得の意思があることから窃盗罪を構成する（東京地判昭55.2.14）。

論文答案例

1　結　論

甲は、窃盗罪の刑責を負う。

2　争　点

書類を一時的に持ち出してコピーする行為は、不法領得の意思がないとして使用窃盗となるか、不法領得の意思があるとして窃盗罪が成立するか。

3　法的検討

(1)　窃盗罪の意義

他人が占有する財物を窃取する行為は、窃盗罪を構成する。

(2)　窃盗罪の保護法益（占有権説）

事実上の占有権が窃盗罪の保護法益である（通説・判例）。

(3)　窃盗罪の故意

ア　意　義

窃盗罪が成立するためには、次の２つの主観的要件が必要である。

①　他人の占有を排除し、財物を自己又は第三者の占有に移す意思

②　不法領得の意思

イ　「不法領得の意思」とは

○　他人の物を経済的用法に従い自己の物のように利用又は処分する意思をいう。

○　その物を利用する意思は、一時的なものであってもよい。

4　関係判例

出版会社の社員が、会社を辞職する際に機密資料を他社に売ろうと考え、事務室から持ち出して付近の店舗においてコピーをし、約２時間後に元の場所に戻した場合、不法領得の意思があることから窃盗罪を構成する（東京地判昭55.2.14）。

5　事例検討

事例の場合、上記法的検討、関係判例から、書類を持ち出してコピーする行為に不法領得の意思が認められることから、甲の行為は、窃盗罪となる。

器物損壊罪か窃盗罪か

【逮捕を免れるためにバイクを一時的に利用した】

甲が本を万引きしたところ、店主に捕まりそうになったことから駆け足で逃走したが、店主に捕まりそうになったため、たまたま路上にエンジンをかけたまま駐車してあったＡの原付バイクに乗車して逃走し、約１キロメートル先の駅前まで逃げてきたところでバイクを川に投げ捨てて電車で立ち去った。この場合、甲は、原付バイクに対する窃盗罪が成立するか。

関係判例

強盗犯人が追跡から逃れるために船を盗み、50メートル先までこぎ出した場合、その使用が一時的であったとしても、船を経済的用法に従って利用する意思がある以上、窃盗罪が成立する（最判昭26.7.13）。

論文答案例

1 結 論

甲は、窃盗罪の刑責を負う。

2 争 点

バイクを一時的に利用して廃棄する行為が、器物損壊罪と窃盗罪のどちらに当たるか。

3 法的検討

(1) 窃盗罪の意義

他人が占有する財物を窃取する行為は、窃盗罪を構成する。

(2) 窃盗罪の保護法益（占有権説）

事実上の占有権が窃盗罪の保護法益である（通説・判例）。

(3) 窃盗罪の故意

ア 意 義

窃盗罪が成立するためには、次の２つの主観的要件が必要である。

① 他人の占有を排除し、財物を自己又は第三者の占有に移す意思

② 不法領得の意思

イ 「不法領得の意思」とは

○ 他人の物を経済的用法に従い自己の物のように利用又は処分する意思をいう。

○ その物を利用する意思は一時的なものであってもよい。

ウ 器物損壊罪との区別

(ア) 窃盗罪が成立する場合

不法領得の意思をもって他人の占有を侵害すること。

(イ) 器物損壊罪が成立する場合

隠匿・廃棄の意思のみで他人の占有を侵害すること。

4 関係判例

強盗犯人が追跡から逃れるために船を盗み、50メートル先までこぎ出した場合、その使用が一時的であったとしても、船を経済的用法に従って利用する意思がある以上、窃盗罪が成立する（最判昭26.7.13）。

5 事例検討

事例の場合、上記法的検討、関係判例から、Ａのバイクを経済的用法に従って利用する意思で持ち出す行為に不法領得の意思が認められることから、甲の行為は、窃盗罪となる。

【嫌がらせのために自転車を盗んだ】

甲は、同じ学生寮に住むＡとささいなことから大げんかをしたところ、どうしても腹の虫が治まらなかったことからＡに何か嫌がらせをしてやろうと考え、寮の自転車置き場に駐輪していたＡの自転車を持ち出して約１キロメートル離れた公園内まで乗って行き、自転車を公園内の池に投げ捨ててしまった。この場合、甲の刑責は何か。

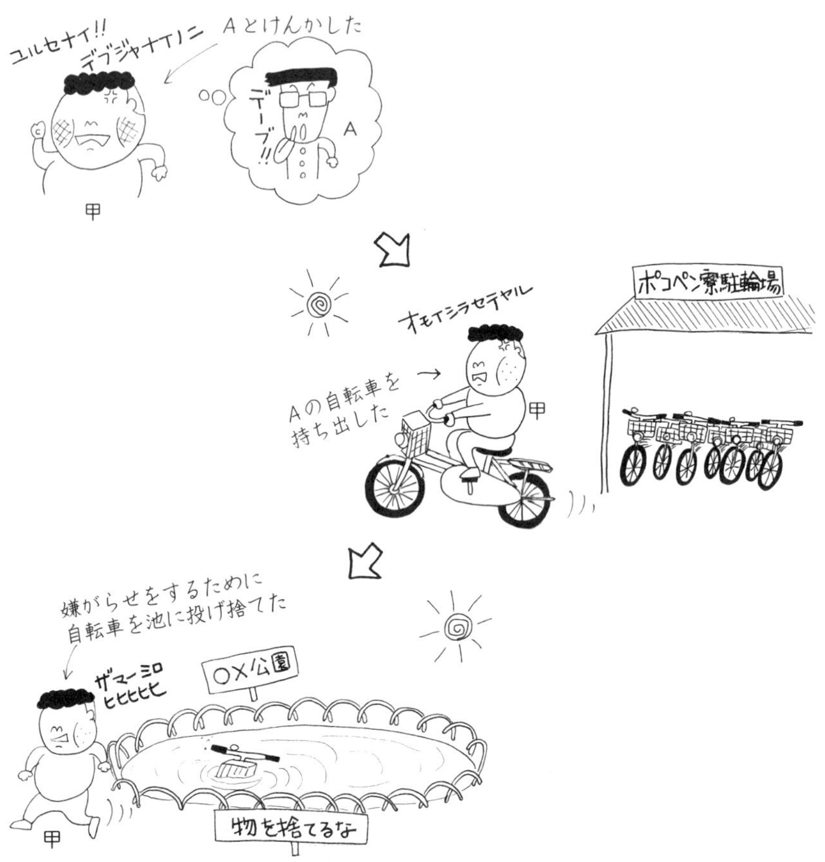

関係判例

他人を困らせる目的で、自転車を持ち出して乗り、約１キロメートル先で放置した場合、乗車した時間は短くとも、自転車を経済的用法に従って利用する意思がある以上、窃盗罪が成立する（東京高判昭30.4.26）。

論文答案例

1　結　論

甲は、窃盗罪の刑責を負う。

2　争　点

自転車を廃棄する目的で盗む行為が、器物損壊罪となるか、窃盗罪となるか。

3　法的検討

(1)　窃盗罪の意義

他人が占有する財物を窃取する行為は、窃盗罪を構成する。

(2)　窃盗罪の保護法益（占有権説）

事実上の占有権が窃盗罪の保護法益である（通説・判例）。

(3)　窃盗罪の故意

ア　意　義

窃盗罪が成立するためには、次の２つの主観的要件が必要である。

①　他人の占有を排除し、財物を自己又は第三者の占有に移す意思

②　不法領得の意思

イ　「不法領得の意思」とは

○　他人の物を経済的用法に従い自己の物のように利用又は処分する意思をいう。

○　その物を利用する意思は一時的なものであってもよい。

ウ　器物損壊罪との区別

(ア)　窃盗罪が成立する場合

不法領得の意思をもって他人の占有を侵害すること。

(イ)　器物損壊罪が成立する場合

隠匿・廃棄の意思のみで他人の占有を侵害すること。

4　関係判例

他人を困らせる目的で、自転車を持ち出して乗り、約1キロメートル先で放置した場合、乗車した時間は短くとも、自転車を経済的用法に従って利用する意思がある以上、窃盗罪が成立する（東京高判昭30.4.26）。

5　事例検討

事例の場合、上記法的検討、関係判例のとおり、乙の自転車を経済的用法に従って持ち出す行為に不法領得の意思が認められることから、甲の行為は、窃盗罪となる。

【抗議団体員が警察署の看板を損壊した】

政治団体の長である甲は、団体構成員乙がビラ貼りで逮捕されたことから、数十名の団体員とともに警察署前に集結して乙を釈放するよう要求したが、警察署幹部がこれを拒絶したため、激高した甲が警察署の看板を取り外して約10メートル先まで持ち出し、看板をガードレールにたたきつけて損壊した。この場合、甲の行為は、窃盗罪となるか。

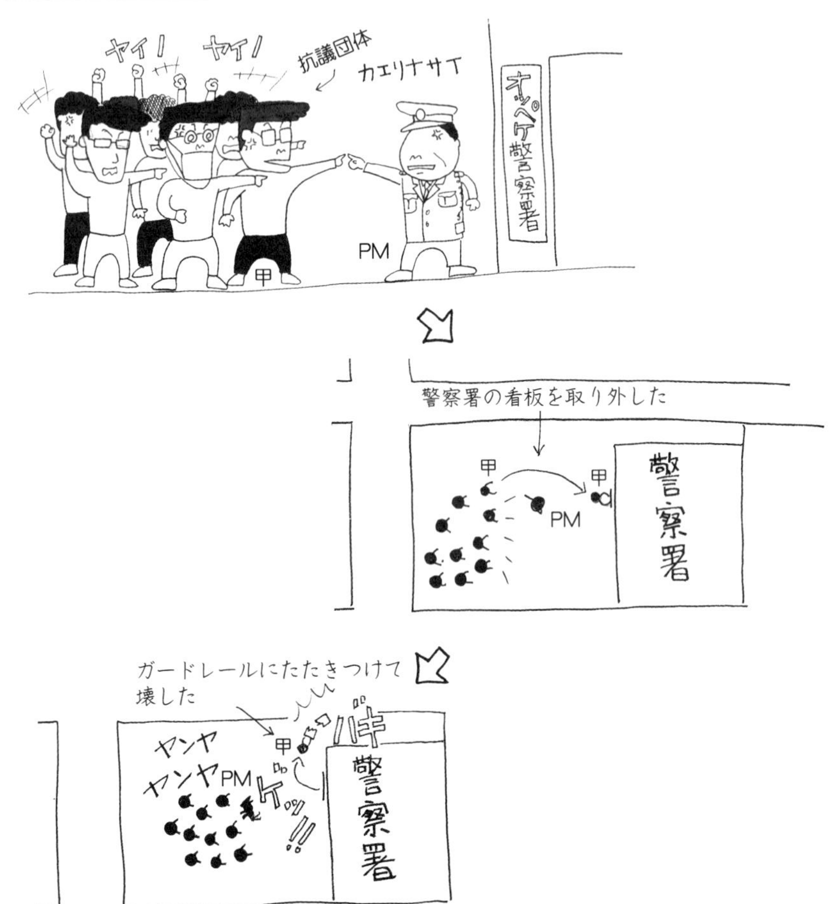

ヤイ！
ヤイ！
抗議団体
カエリナサイ
オッペケ警察署
PM
甲
警察署の看板を取り外した
甲
甲
PM
警察署
ガードレールにたたきつけて壊した
ヤンヤ
ヤンヤ
PM
甲
バキ
ゲッ!!
警察署

関係判例

労働争議に際し、社内の看板を捨てる行為は、看板を経済的用法に従って使用する意思が行為者にないから、窃盗罪は成立せず、器物損壊罪が成立する（最判昭32.4.4）。

論文答案例

1 結 論

甲は、器物損壊罪の刑責を負う。

2 争 点

警察署の看板を取り外し、持ち出して損壊した行為が、器物損壊罪と窃盗罪のどちらに当たるか。

3 法的検討

(1) 窃盗罪の意義

他人が占有する財物を窃取する行為は、窃盗罪を構成する。

(2) 窃盗罪の保護法益（占有権説）

事実上の占有権が窃盗罪の保護法益である（通説・判例）。

(3) 窃盗罪の故意

ア 意 義

窃盗罪が成立するためには、次の2つの主観的要件が必要である。

① 他人の占有を排除し、財物を自己又は第三者の占有に移す意思

② 不法領得の意思

イ 「不法領得の意思」とは

○ 他人の物を経済的用法に従い自己の物のように利用又は処分する意思をいう。

○ その物を利用する意思は一時的なものであってもよい。

ウ 器物損壊罪との区別

(ア) 窃盗罪が成立する場合

不法領得の意思をもって他人の占有を侵害すること。

(イ) 器物損壊罪が成立する場合

隠匿・廃棄の意思のみで他人の占有を侵害すること。

4 関係判例

労働争議に際し、社内の看板を捨てる行為は、看板を経済的用法に従って使用する意思が行為者にないから、窃盗罪は成立せず、器物損壊罪が成立する（最判昭32.4.4）。

5 事例検討

事例の場合、上記法的検討、関係判例のとおり、看板を経済的用法に従って利用するという不法領得の意思は認められないことから、甲の行為は、器物損壊罪となる。

【借金の弁済を担保するためにパソコンを取り上げた】

甲は、Aに10万円を貸していたことから返済を迫っていたが、Aが返済しないため、業を煮やした甲がAのアパートに忍び込み、「金を返すまでパソコンを預かる。」と書いたメモを机の上に置いて、パソコンを持ち帰って押入れにしまっておいた。この場合、甲の行為は、窃盗罪となるか（住居侵入罪は別論とする。）。

関係判例

債務の弁済を確保するために所有者の所有物を持ち去る行為は、その物を経済的用法に従って利用しなくても、所有者の意思に反して占有を奪う行為であるから、不法領得の意思がある（東京高判昭36.6.8）。

論文答案例

1　結　論

甲は、窃盗罪の刑責を負う。

2　争　点

借金の返済を担保するためにパソコンを盗む行為が窃盗罪となるか。

3　法的検討

(1)　窃盗罪の意義

他人が占有する財物を窃取する行為は、窃盗罪を構成する。

(2)　窃盗罪の保護法益（占有権説）

事実上の占有権が窃盗罪の保護法益である（通説・判例）。

(3)　窃盗罪の故意

ア　意　義

窃盗罪が成立するためには、次の２つの主観的要件が必要である。

①　他人の占有を排除し、財物を自己又は第三者の占有に移す意思

②　不法領得の意思

イ　「不法領得の意思」とは

○　他人の物を経済的用法に従い自己の物のように利用又は処分する意思をいう。

○　その物を利用する意思は一時的なものであってもよい。

ウ　器物損壊罪との区別

(ア)　窃盗罪が成立する場合

不法領得の意思をもって他人の占有を侵害すること。

(イ)　器物損壊罪が成立する場合

隠匿・廃棄の意思のみで他人の占有を侵害すること。

4　関係判例

債務の弁済を確保するために所有者の所有物を持ち去る行為は、その物を経済的用法に従って利用しなくても、所有者の意思に反して占有を奪う行為であるから、不法領得の意思がある（東京高判昭36.6.8）。

5　事例検討

事例の場合、上記法的検討、関係判例のとおり、自己の直接的な利益のために所有者の意思に反して占有を侵害する意思は不法領得の意思と同一であることから、甲の行為は、窃盗罪となる。

【他人を傷害するために包丁を盗んだ】

甲は、路上でAとけんかとなったが、このままでは勝てないと考え、凶器を入手するために近くの金物店に駆け込み、店内から包丁を持ち出してAに切りつけ腕に傷害を与えたところ、Aが逃げていったので血のついた包丁を路上に投げ捨てて立ち去った。この場合、甲の刑責は何か（傷害罪等は別論とする。）。

関係判例

脅迫に使うために他人の猟銃を無断で持ち出す行為は、それによって犯人が直接的な利益を得るために行ったのであり、経済的用法に従って利用する意思と同一であるから、不法領得の意思を否定されない（大津地判昭35.9.22）。

論文答案例

1　結　論

甲は、窃盗罪の刑責を負う。

2　争　点

人を傷害するための凶器に使うために店頭から一時的に包丁を持ち出す行為が窃盗罪となるか。

3　法的検討

(1)　窃盗罪の意義

他人が占有する財物を窃取する行為は、窃盗罪を構成する。

(2)　窃盗罪の保護法益（占有権説）

事実上の占有権が窃盗罪の保護法益である（通説・判例）。

(3)　窃盗罪の故意

ア　意　義

窃盗罪が成立するためには、次の２つの主観的要件が必要である。

①　他人の占有を排除し、財物を自己又は第三者の占有に移す意思

②　不法領得の意思

イ　「不法領得の意思」とは

○　他人の物を経済的用法に従い自己の物のように利用又は処分する意思をいう。

○　その物を利用する意思は一時的なものであってもよい。

ウ　器物損壊罪との区別

(ア)　窃盗罪が成立する場合

不法領得の意思をもって他人の占有を侵害すること。

(イ)　器物損壊罪が成立する場合

隠匿・廃棄の意思のみで他人の占有を侵害すること。

4　関係判例

脅迫に使うために他人の猟銃を無断で持ち出す行為は、それによって犯人が直接的な利益を得るために行ったのであり、経済的用法に従って利用する意思と同一であるから、不法領得の意思を否定されない（大津地判昭35.9.22）。

5　事例検討

事例の場合、上記法的検討、関係判例のとおり、傷害に使うために他人の包丁を無断で持ち出す行為は不法領得の意思を否定されないことから、甲の行為は、窃盗罪となる。

【ライトだけを窃取して自転車を投棄した】

甲は、自分の自転車のライトが何者かに窃取されたことから、駅前の有料駐輪場に駐輪してあったAの自転車を近くの公園まで持ち出し、公園内においてライトをはずして持ち去り、乗ってきた自転車は公園内に投げ捨てた。この場合、甲は、何罪の刑責を負うか。

関係判例

自転車を持ち出し、ランプを取り外して自転車を廃棄した場合、ランプに対する不法領得の意思がある以上、自転車全体に対する不法領得の意思が認められる（東京高判昭27.5.31）。

論文答案例

1 結 論

甲は、自転車全体に対する窃盗罪の刑責を負う。

2 争 点

自転車のランプだけを窃取して自転車本体を投棄した場合、ランプに対する窃盗罪のほかに、自転車に対する器物損壊罪も成立するか。

3 法的検討

(1) 窃盗罪の意義

他人が占有する財物を窃取する行為は、窃盗罪を構成する。

(2) 窃盗罪の保護法益（占有権説）

事実上の占有権が窃盗罪の保護法益である（通説・判例）。

(3) 窃盗罪の故意

ア 意 義

窃盗罪が成立するためには、次の２つの主観的要件が必要である。

① 他人の占有を排除し、財物を自己又は第三者の占有に移す意思

② 不法領得の意思

イ 「不法領得の意思」とは

○ 他人の物を経済的用法に従い自己の物のように利用又は処分する意思をいう。

○ その物を利用する意思は一時的なものであってもよい。

ウ 器物損壊罪との区別

(ア) 窃盗罪が成立する場合

不法領得の意思をもって他人の占有を侵害すること。

(イ) 器物損壊罪が成立する場合

隠匿・廃棄の意思のみで他人の占有を侵害すること。

4 関係判例

自転車を持ち出し、ランプを取り外して自転車を廃棄した場合、ランプに対する不法領得の意思がある以上、自転車全体に対する不法領得の意思が認められる（東京高判昭27.5.31）。

5 事例検討

事例の場合、上記法的検討、関係判例のとおり、ライトに対して不法領得の意思を有している以上、自転車全体に対して不法領得の意思が認められることから、甲の行為は、自転車全体に対する窃盗罪が成立する。

【有料の自転車預かり所に放置した】

甲は、日ごろから仲が悪かったＡを困らせてやろうと考え、Ａの自転車を持ち出し、駅まで行って有料駐輪場の一日駐輪券を購入し、同所に預けっぱなしにする意思で同駐輪場に駐輪した。この場合、甲は、何罪の刑責を負うか。

関係判例

他人の自転車を有料の預かり所に預けて放置する意思で持ち出す行為は、被害者のもとに返還する意思がなく乗り捨てる意思で自転車を窃取した以上、不法領得の意思がある（東京高判昭28.7.6）。

論文答案例

1　結　論

甲は、自転車全体に対する窃盗罪の刑責を負う。

2　争　点

いやがらせのために自転車を持ち出して一時的に利用した後に放置する行為は、自転車に対する窃盗罪のほかに、器物損壊罪も成立するか。

3　法的検討

(1)　窃盗罪の意義

他人が占有する財物を窃取する行為は、窃盗罪を構成する。

(2)　窃盗罪の保護法益（占有権説）

事実上の占有権が窃盗罪の保護法益である（通説・判例）。

(3)　窃盗罪の故意

ア　意　義

窃盗罪が成立するためには、次の２つの主観的要件が必要である。

①　他人の占有を排除し、財物を自己又は第三者の占有に移す意思

②　不法領得の意思

イ　「不法領得の意思」とは

○　他人の物を経済的用法に従い自己の物のように利用又は処分する意思をいう。

○　その物を利用する意思は一時的なものであってもよい。

ウ　器物損壊罪との区別

(ア)　窃盗罪が成立する場合

不法領得の意思をもって他人の占有を侵害すること。

(イ)　器物損壊罪が成立する場合

隠匿・廃棄の意思のみで他人の占有を侵害すること。

4　関係判例

他人の自転車を有料の預かり所に預けて放置する意思で持ち出す行為は、被害者のもとに返還する意思がなく乗り捨てる意思で自転車を窃取した以上、不法領得の意思がある（東京高判昭28.7.6）。

5　事例検討

事例の場合、上記法的検討、関係判例のとおり、乗り捨てる意思で自転車を持ち出す行為には不法領得の意思が認められることから、甲の行為は、窃盗罪が成立する。

【動画を撮影し投稿するため、店内に陳列されている精算前の商品を代金を支払う意思をもって食べた】

ユーチューバーの甲は、動画視聴者の目を引く動画を撮影するため、スーパーマーケットに入店し、陳列されていた魚の切り身１点を手に取り、その切り身を口の中に入れ（直後に商品の代金の支払をする意思を持って）、これを食べながらレジまで歩き、そこで空のトレイを店員に見せて、その代金を支払うまでの過程を動画撮影した。

この場合、甲は、どのような刑責を負うか。

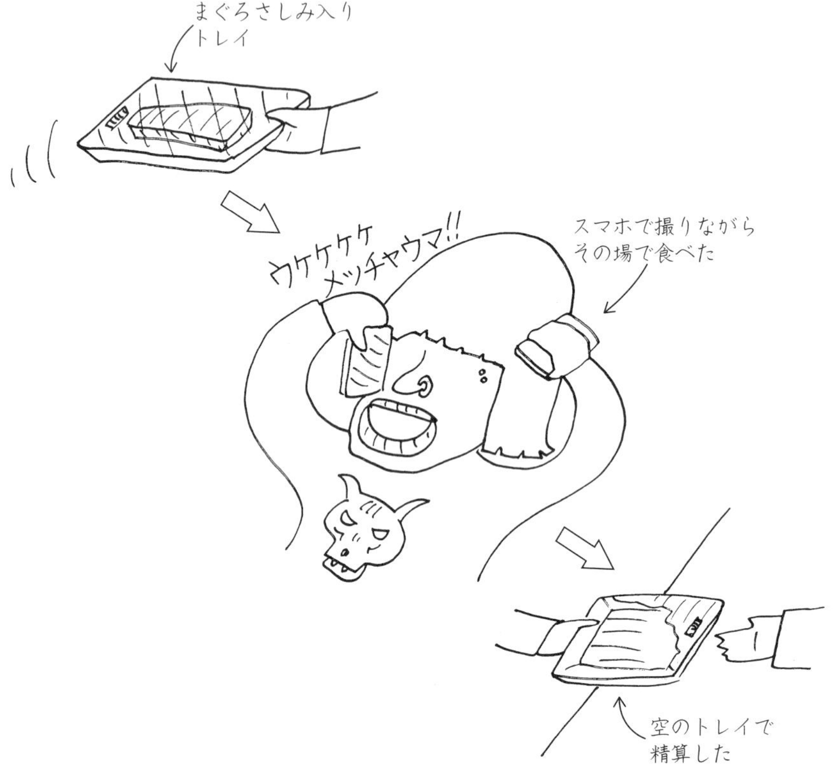
まぐろさしみ入り
トレイ
ウケケケケ
メッチャヤウマ!!
スマホで撮りながら
その場で食べた
空のトレイで
精算した

関係判例

その行為が窃盗罪として可罰的な程度の違法性を有しているかを判断するために、行為者がその後予定する当該財物の利用の程度、すなわち被害者の利用妨害の程度が窃盗罪として可罰的な程度に至っているかどうか、という観点から判断する（名古屋高判令3.12.14）。

論文答案例

1　結　論

窃盗罪の刑責を負う。

2　争　点

甲は、代金と交換することが予定されている陳列中の商品について、代金を支払う能力と意思があり、商品を食べながらレジに直行しており、食べてからわずかな時間の間に代金を精算した甲に、不法領得の意思が認められるか。

3　法的検討

「不法領得の意思」とは、権利者を排除し他人の物を自己の所有物と同様にその経済的用法に従いこれを利用し又は処分する意思をいう。

権利者排除意思は、いわゆる使用窃盗（一時使用）を窃盗罪として処罰しない機能を果たし、利用処分意思は、窃盗罪を毀棄・隠匿罪と区別する基準としての機能を果たしている。

4　関係判例

○　権利者排除意思については、その行為が窃盗罪として可罰的な程度の違法性を有しているかを判断するために、行為者がその後予定する当該財物の利用の程度、すなわち被害者の利用妨害の程度が窃盗罪として可罰的な程度に至っているかどうか、という観点から判断する（名古屋高判令3.12.14）。

○　利用処分意思については、被告人の意図が毀棄・隠匿罪よりも法定刑の重い領得罪たる窃盗罪として処罰するだけの実質を備えているか、すなわち、被告人において、財物自体から生ずる何らかの効用を享受する意思を有しているかどうかを検討する（名古屋高判令3.12.14）。

5　事例検討

事例の場合、甲の当該行為には、スーパーが定めた手順に基づく精算が行われなければ、店舗内の商品を適正に管理することが著しく困難になる（権利者排除意思）、商品を口に入れるという行為は、「動画視聴者の興味を引くような面白い『絵』」という効用を享受する意思を有している（利用処分意思）ため、不法領得の意思が認められ、甲は、窃盗罪の刑責を負う。

窃盗罪か横領罪か

【マンスリーマンション居室内から備付けの家電製品を持ち出して売却した】

単身赴任中の会社員甲は、Y社と家具・家電付きのマンスリーマンションの賃貸借契約を結んで利用していたところ、生活費に窮したことから、居室内に設置されているテレビ等の家電製品を買取業者に売却し、得た現金を飲食代金等に充てた。この場合、甲は、どのような刑責を負うか。

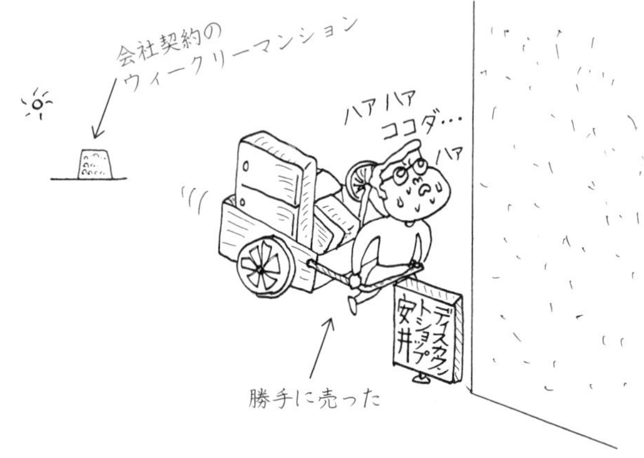

関係判例

占有の基礎には、物の所有者と占有者との間に委託関係がなければならない。委託によらないで偶然に自己の支配下に入ってきた物は、占有離脱物横領罪の客体であって、委託物横領罪の客体ではない（東京高判昭25.6.19）。

論文答案例

1　結　論

横領罪の刑責を負う。

2　争　点

家電製品の占有が甲に認められれば、同人の行為は、自己の占有する他人の物を領得したとして横領罪が、他方、家電の占有がY社に認められれば、同人の行為は、同社の占有を排除したとして窃盗罪が成立する。

3　法的検討

横領罪の客体は、「自己の占有する他人の物」であり、その占有は、委託信任関係に基づくものでなければならない。

委託信任関係は、委任、寄託、賃貸借、使用貸借のような物の保管を内容とする契約の場合のほか、法定代理人や法人の代表者たる地位、売買契約の売主としての地位、雇用契約等によっても認められる。

一般的に、家具・家電付きのマンスリーマンションの賃貸借契約を締結した場合、管理会社等は、賃借人が備付け家具等を自由に使用することを許可していると解され、管理会社と賃借人の間に、委託信任関係が生じたといえる。

4　事例検討

事例の場合、マンスリーマンションの居室内に備え付けられていたテレビ等の家電製品の占有は、居室の賃貸借契約が成立して、甲が居住するようになった段階で、管理会社等と同人との委託信任関係に基づき同人に帰属し、同人が、テレビ等の家電製品を買取業者に売却した行為は、自己の占有する他人の物を横領したといえる。

【客に釣銭の一部を返さず、残りを自己のものとした】

コンビニエンスストアX店でアルバイトをしている甲は、携帯電話を見ながら弁当等の会計に来たAが一万円札で支払を行ったことから、釣銭を渡す際、「9,300円のお返しです。」と言いながら、8,300円を手渡すと、Aは、それを確認することなくそのまま受け取り、財布に入れて退店し、甲はレジ内から千円札を取り出してズボンのポケットに入れて領得した。

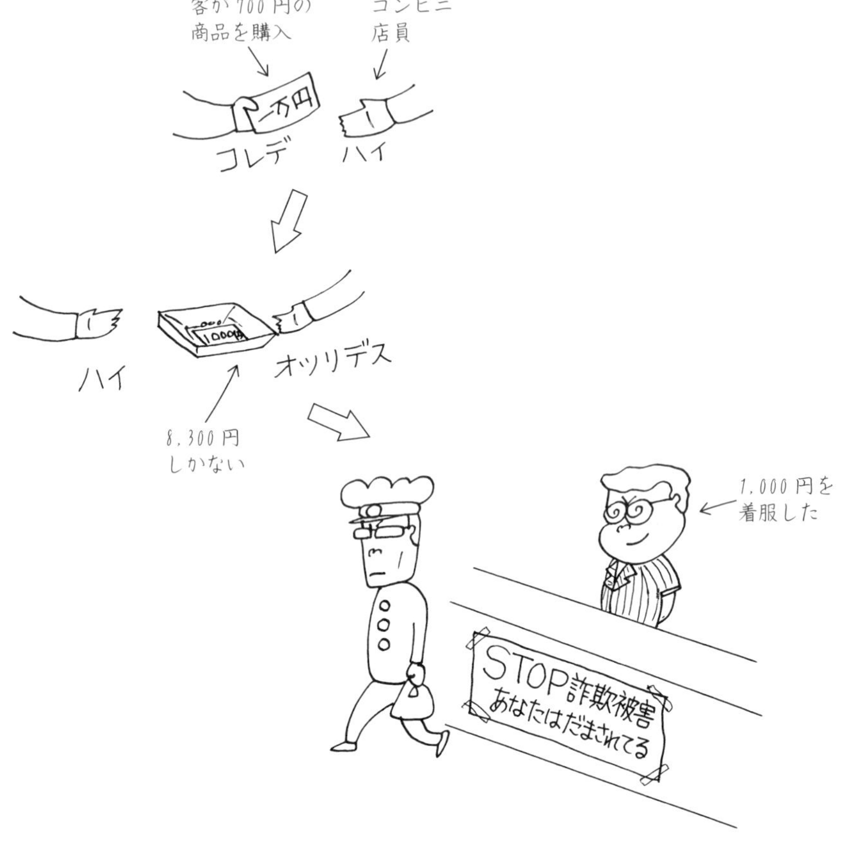

関係判例

店員が店主に無断で店内の商品を持ち出した場合（大判大7.2.6）、倉庫係が倉庫内の品物を持ち出した場合（大判昭21.11.26）などは、店主等の上位者に占有が認められ、窃盗罪が成立する。

論文答案例

1 結 論

X店店長を被害者とする窃盗罪の刑責を負う。

2 争 点

業務上横領罪か窃盗罪かについては、レジ内の現金の占有が甲にあれば、業務上横領罪が成立し、占有がX店店長にあるのであれば、他人の財物を窃取したとして窃盗罪が成立することになる。

3 法的検討

刑法上の占有は、財物に対する事実上の支配を意味し、必ずしも現実に物を把持している者が占有者になるわけではない。雇用関係等において、上下主従の関係にある者の間で事実上、物を共同支配しているときに、一般的には、刑法上の占有は上位の者にあり、下位の者は占有補助者にすぎない。

4 関係判例

店員が店主に無断で店内の商品を持ち出した場合（大判大7.2.6）、倉庫係が倉庫内の品物を持ち出した場合（大判昭21.11.26）などは、店主等の上位者に占有が認められ、窃盗罪が成立する。

※ 下位の者の占有が一切排除されるわけではなく、支配人等のように、会社等との一定の関係において、財物の処分権がある程度認められているような場合には、下位の者に占有が認められる場合もある。

5 事例検討

事例の場合、甲は、単なるアルバイト店員であり、売上金の管理を任されている立場の者ではないことから、レジ内の現金の占有について、その占有補助者にすぎず、その占有はX店店長に帰属している。よって、甲は、X店店長を被害者とする窃盗罪の刑責を負う。

占有離脱物横領罪か窃盗罪か

【旅館内のトイレに置き忘れられた財布を窃取した】

甲は、B旅館に宿泊中、一次会が終わって二次会に向かう途中、トイレに入って小用を足していたところ、小便器の前にだれかの財布（A所有）が置き忘れられているのを発見したことから、二次会の会費に充てようと悪心を起こし、財布を浴衣の懐に入れてその場を立ち去った。この場合、甲は、何罪の刑責を負うか。

関係判例

宿泊客が旅館の屋内トイレに置き忘れた財布は、旅館主の概括的占有権が及ぶと認められることから、旅館主が占有する財物である（大判大8.4.4）。

論文答案例

1　結　論

甲は、窃盗罪の刑責を負う。

2　争　点

財布が旅館主の占有にあるとして窃盗罪が成立するか、占有がない財物として占有離脱物横領罪が成立するか。

3　法的検討

(1)　窃盗罪の意義

他人が占有する財物を窃取する行為は、窃盗罪を構成する。

(2)　窃盗罪の保護法益（占有権説）

事実上の占有権が窃盗罪の保護法益である（通説・判例）。

(3)　刑法上の「占有」の意義

人が支配の意思をもって財物を自己の事実上の実力支配内に置くことをいい、

ア　客観的要素

財物に対する事実上の支配関係が存在すること。

イ　主観的要素

財物に対する支配の意思があること。

という２つの要件が必要である。

(4)　占有離脱物横領罪との区別

ア　窃盗罪が成立する場合

窃取の客体が第三者の占有に属する場合は、窃盗罪になる。

イ　占有離脱物横領罪が成立する場合

窃取の客体がだれの占有にも属さない場合は、占有離脱物横領罪になる。

4　関係判例

宿泊客が旅館の屋内トイレに置き忘れた財布は、旅館主の概括的占有権が及ぶと認められることから、旅館主が占有する財物である（大判大8.4.4）。

5　事例検討

事例の場合、上記法的検討、関係判例のとおり、旅館の屋内トイレに置き忘れられた財布には旅館主の占有権が及ぶと認められることから、甲の行為は、窃盗罪が成立する。

【公衆電話の硬貨返却口に忘れられた硬貨を窃取した】

ホームレスの甲は、生活費を稼ぐために街頭に落ちている小銭を拾って歩いていたところ、公園内に公衆電話があることに気づき、公衆電話ボックス内に立ち入って硬貨返却口の中に指を入れて中を探ったところ、百円玉が１個あったことからこれを取り出して持ち去った。この場合、甲は、何罪の刑責を負うか。

電話ボックス
内の100円玉を
拾得した
甲
そのまま
持ち去った
甲

関係判例

公衆電話機は、定期的に管理者が電話機内の金を回収するなど管理されているものであるから、公衆電話機内に置き忘れた硬貨の占有権は管理者にある（東京高判昭33.3.10）。

論文答案例

1　結　論

甲は、窃盗罪の刑責を負う。

2　争　点

硬貨が管理者の占有にあるとして窃盗罪が成立するか、占有がないとして占有離脱物横領罪が成立するか。

3　法的検討

(1)　窃盗罪の意義

他人が占有する財物を窃取する行為は、窃盗罪を構成する。

(2)　窃盗罪の保護法益（占有権説）

事実上の占有権が窃盗罪の保護法益である（通説・判例）。

(3)　刑法上の「占有」の意義

人が支配の意思をもって財物を自己の事実上の実力支配内に置くことをいい、

ア　客観的要素

財物に対する事実上の支配関係が存在すること。

イ　主観的要素

財物に対する支配の意思があること。

という2つの要件が必要である。

(4)　占有離脱物横領罪との区別

ア　窃盗罪が成立する場合

窃取の客体が第三者の占有に属する場合は、窃盗罪になる。

イ　占有離脱物横領罪が成立する場合

窃取の客体がだれの占有にも属さない場合は、占有離脱物横領罪になる。

4　関係判例

公衆電話機は、定期的に管理者が電話機内の金を回収するなど管理されているものであるから、公衆電話機内に置き忘れた硬貨の占有権は管理者にある（東京高判昭33.3.10）。

5　事例検討

事例の場合、上記法的検討、関係判例のとおり、電話機内に置き忘れた硬貨には管理者の占有権が及ぶと認められることから、甲の行為は、窃盗罪が成立する。

【列車内に置き忘れられたバッグを窃取した】

運行中の電車の席で寝ていた甲が目を覚ましたところ、ほかにだれもいない車両の棚の上にだれかが置き忘れた新品のバッグがあったことから、それを自分のものにしようと悪心を起こし、そのバッグを持って自宅の最寄り駅で降り、中身をゴミ箱に捨ててバッグだけを自宅に持ち帰った。この場合、甲は、何罪の刑責を負うか。

関係判例

駅で降車した乗客が列車内に置き忘れた物は、列車が既に駅を出発し、かつ、車掌等が発見していない状況下では、無主物である（大判大15.11.2）。

論文答案例

1　結　論

甲は、占有離脱物横領罪の刑責を負う。

2　争　点

バッグが管理者の占有にあるとして窃盗罪が成立するか、占有がないとして占有離脱物横領罪が成立するか。

3　法的検討

(1)　窃盗罪の意義

他人が占有する財物を窃取する行為は、窃盗罪を構成する。

(2)　窃盗罪の保護法益（占有権説）

事実上の占有権が窃盗罪の保護法益である（通説・判例）。

(3)　刑法上の「占有」の意義

人が支配の意思をもって財物を自己の事実上の実力支配内に置くことをいい、

ア　客観的要素

財物に対する事実上の支配関係が存在すること。

イ　主観的要素

財物に対する支配の意思があること。

という２つの要件が必要である。

(4)　占有離脱物横領罪との区別

ア　窃盗罪が成立する場合

窃取の客体が第三者の占有に属する場合は、窃盗罪になる。

イ　占有離脱物横領罪が成立する場合

窃取の客体がだれの占有にも属さない場合は、占有離脱物横領罪になる。

4　関係判例

駅で降車した乗客が列車内に置き忘れた物は、列車が既に駅を出発し、かつ、車掌等が発見していない状況下では、無主物である（大判大15.11.2）。

5　事例検討

事例の場合、上記法的検討、関係判例のとおり、列車が既に駅を出発し、かつ、車掌等が発見していないバッグには管理者の占有権が及ばないと認められることから、甲の行為は、占有離脱物横領罪が成立する。

【席を確保するために置かれていた旅行バッグを窃取した】

甲が駅構内の待合室で電車の時間待ちをしていたところ、Aが、待合室の席を確保するために旅行バッグを席の上に置いたまま、約200メートル離れた駅構内の店に行って買い物をしたが、これを見ていた甲がAの旅行バッグを窃取して持ち去った。この場合、甲は、何罪の刑責を負うか。

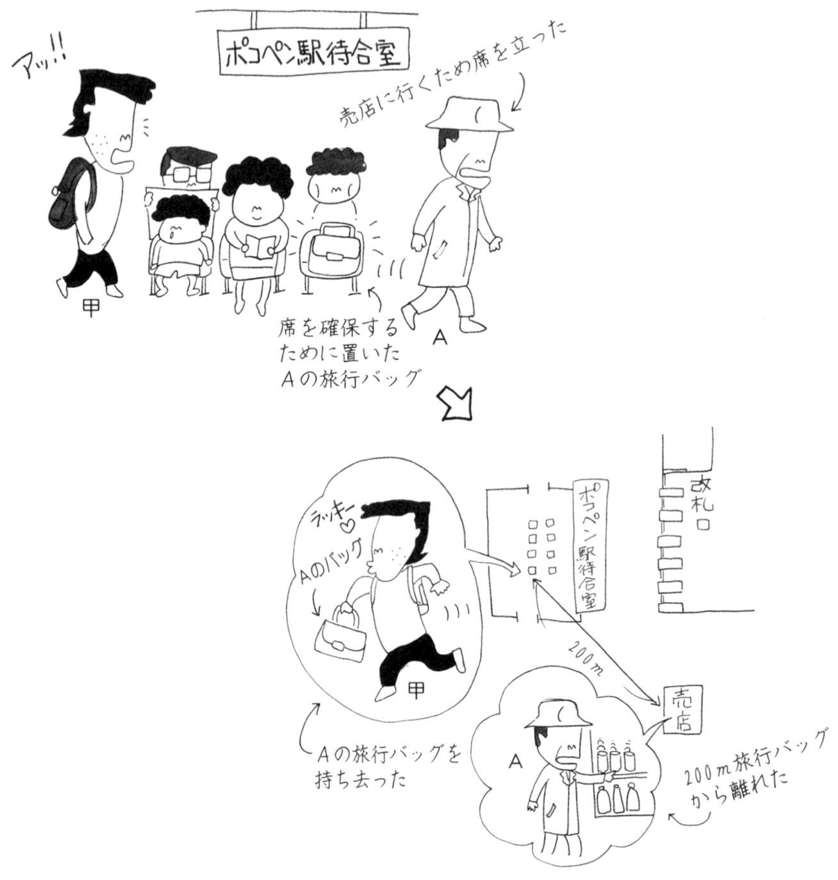

関係判例

座席を確保するために駅構内の待合室の席上に旅行バッグを置いたまま、約200メートル離れた食堂に行って食事をしていた状態は、被害者の占有が認められる（東京高判昭35.7.26）。

論文答案例

1　結　論
　甲は、窃盗罪の刑責を負う。
2　争　点
　旅行バッグがAの占有にあるとして窃盗罪が成立するか、占有がないとして占有離脱物横領罪が成立するか。
3　法的検討
(1)　窃盗罪の意義
　他人が占有する財物を窃取する行為は、窃盗罪を構成する。
(2)　窃盗罪の保護法益（占有権説）
　事実上の占有権が窃盗罪の保護法益である（通説・判例）。
(3)　刑法上の「占有」の意義
　人が支配の意思をもって財物を自己の事実上の実力支配内に置くことをいい、
ア　客観的要素
　財物に対する事実上の支配関係が存在すること。
イ　主観的要素
　財物に対する支配の意思があること。
という2つの要件が必要である。
(4)　占有離脱物横領罪との区別
ア　窃盗罪が成立する場合
　窃取の客体が第三者の占有に属する場合は、窃盗罪になる。
イ　占有離脱物横領罪が成立する場合
　窃取の客体がだれの占有にも属さない場合は、占有離脱物横領罪になる。
4　関係判例
　座席を確保するために駅構内の待合室の席上に旅行バッグを置いたまま、約200メートル離れた食堂に行って食事をしていた状態は、被害者の占有が認められる（東京高判昭35.7.26）。
5　事例検討
　事例の場合、上記法的検討、関係判例のとおり、座席を確保するために置いた旅行バッグには被害者の占有権が及ぶことから、甲の行為は、窃盗罪が成立する。

【かばんを忘れて電車を降りた直後に窃取した】

甲が電車に乗っていた際、酔っ払ったサラリーマンAが電車から降りるときに棚の上のかばんを忘れるのではないかと思っていたところ、案の定、Aがふらつきながら手ぶらで降りたため、電車のドアが閉まった瞬間にAのかばんを棚から降ろして領得した。この場合、甲は、何罪の刑責を負うか。

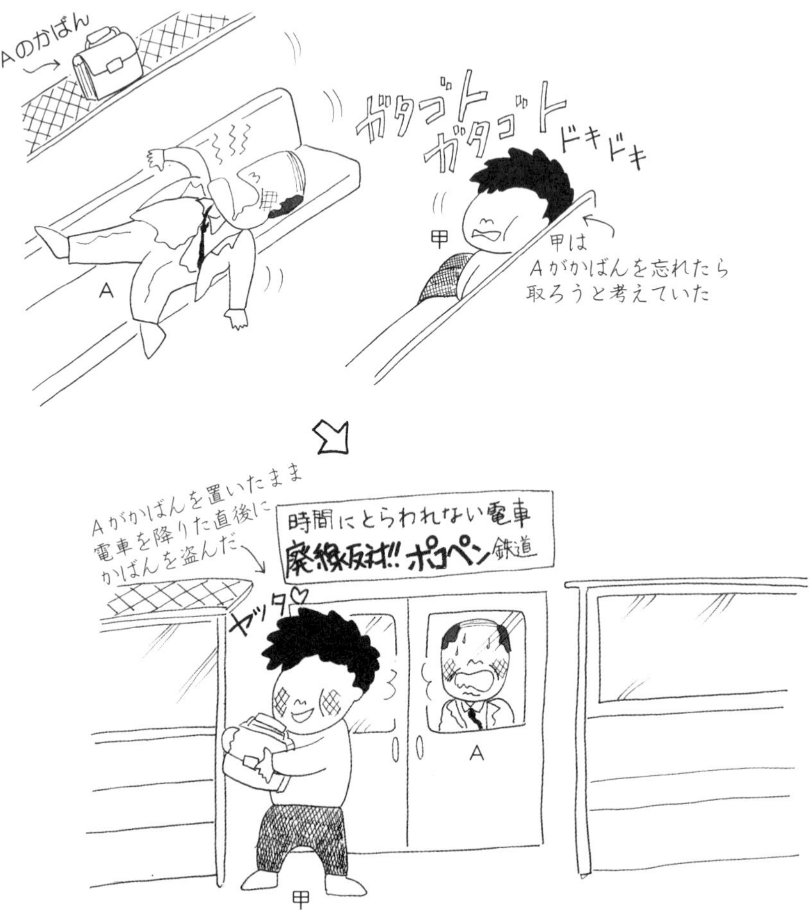

関係判例

電車が駅に到着し、被害者が所持品を網棚に置き忘れた直後に犯人が窃取した場合、被害者の占有が認められる（東京高判昭35.7.26）。

論文答案例

1　結　論

甲は、窃盗罪の刑責を負う。

2　争　点

かばんがAの占有にあるとして窃盗罪が成立するか、占有がないとして占有離脱物横領罪が成立するか。

3　法的検討

(1)　窃盗罪の意義

他人が占有する財物を窃取する行為は、窃盗罪を構成する。

(2)　窃盗罪の保護法益（占有権説）

事実上の占有権が窃盗罪の保護法益である（通説・判例）。

(3)　刑法上の「占有」の意義

人が支配の意思をもって財物を自己の事実上の実力支配内に置くことをいい、

ア　客観的要素

財物に対する事実上の支配関係が存在すること。

イ　主観的要素

財物に対する支配の意思があること。

という2つの要件が必要である。

(4)　占有離脱物横領罪との区別

ア　窃盗罪が成立する場合

窃盗罪の客体が第三者の占有に属する場合は、窃盗罪になる。

イ　占有離脱物横領罪が成立する場合

窃盗罪の客体がだれの占有にも属さない場合は、占有離脱物横領罪になる。

4　関係判例

電車が駅に到着し、被害者が所持品を網棚に置き忘れた直後に犯人が窃取した場合、被害者の占有が認められる（東京高判昭35.7.26）。

5　事例検討

事例の場合、上記法的検討、関係判例のとおり、電車の棚の上に置き忘れた直後のかばんには被害者の占有権が及ぶことから、甲の行為は、窃盗罪が成立する。

【約10メートル離れた改札口に忘れたカメラを窃取した】

甲が、駅の切符売り場にカメラが放置されているのを発見したが、このカメラは約10メートル離れたバス停付近にいるAの物であり、Aは5分後にカメラを忘れたことに気づいてカメラのところまで引き返したという状況であった。この場合、甲は、何罪の刑責を負うか。

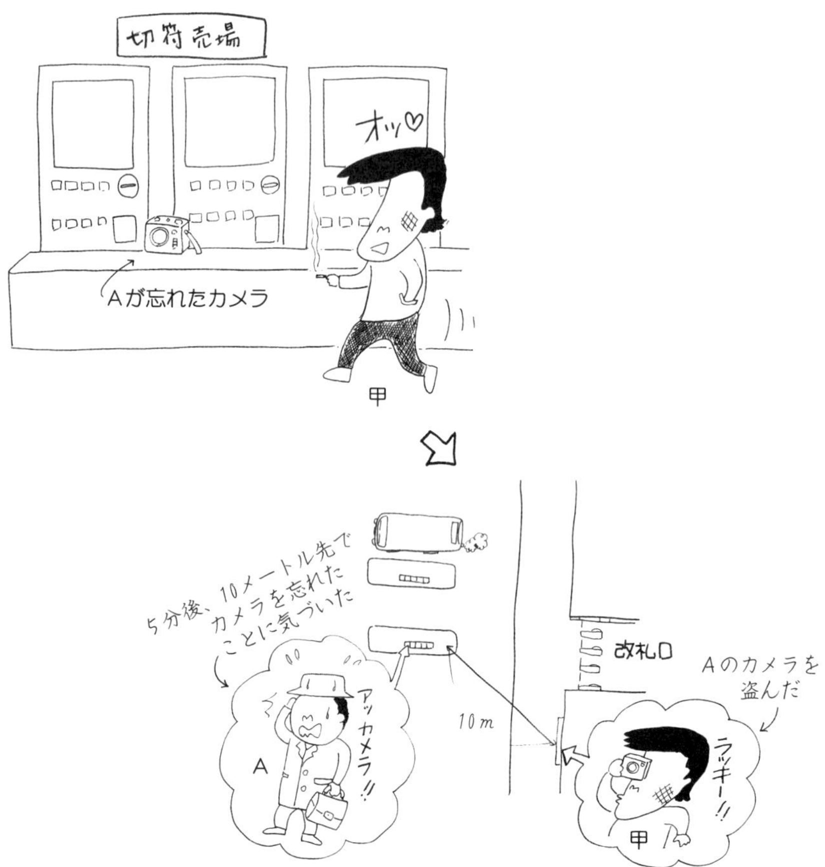

関係判例

バスを待つ行列の中にいた被害者が、5分後、約19メートル先の改札口にカメラを忘れたことに気づき、直ちに引き返した場合、カメラに対する占有は失われていない（最判昭32.11.8）。

論文答案例

1　結　論

甲は、窃盗罪の刑責を負う。

2　争　点

カメラがAの占有にあるとして窃盗罪が成立するか、占有がないとして占有離脱物横領罪が成立するか。

3　法的検討

(1)　窃盗罪の意義

他人が占有する財物を窃取する行為は、窃盗罪を構成する。

(2)　窃盗罪の保護法益（占有権説）

事実上の占有権が窃盗罪の保護法益である（通説・判例）。

(3)　刑法上の「占有」の意義

人が支配の意思をもって財物を自己の事実上の実力支配内に置くことをいい、

ア　客観的要素

財物に対する事実上の支配関係が存在すること。

イ　主観的要素

財物に対する支配の意思が必要であること。

という2つの要件が必要である。

(4)　占有離脱物横領罪との区別

ア　窃盗罪が成立する場合

窃盗罪の客体が第三者の占有に属する場合は、窃盗罪になる。

イ　占有離脱物横領罪が成立する場合

窃盗罪の客体がだれの占有にも属さない場合は、占有離脱物横領罪になる。

4　関係判例

バスを待つ行列の中にいた被害者が、5分後、約19メートル先の改札口にカメラを忘れたことに気づき、直ちに引き返した場合、カメラに対する占有は失われていない（最判昭32.11.8）。

5　事例検討

事例の場合、上記法的検討、関係判例のとおり、改札口に置き忘れたカメラには被害者の占有権が及ぶことから、甲の行為は、窃盗罪が成立する。

【財布を置き忘れて１、２分後に窃取した】

甲が、駅の切符売り場に財布が放置されているのを発見したことから、遊びに使ってやろうと考えてこれを領得したところ、この財布は数メートル離れた別の切符売り場にいるＡの物であり、Ａは１、２分後に財布を忘れたことに気づいたが、財布のところに戻る間に甲が窃取したという状況であった。この場合、甲は、何罪の刑責を負うか。

関係判例

駅の切符売場に財布を置き忘れ、別の切符売場まで行って１、２分したところで財布のことに気づいた場合、財布に対する占有権は失われていない（東京高判昭54.4.12）。

論文答案例

1　結　論

甲は、窃盗罪の刑責を負う。

2　争　点

財布がAの占有にあるとして窃盗罪が成立するか、占有がないとして占有離脱物横領罪が成立するか。

3　法的検討

(1)　窃盗罪の意義

他人が占有する財物を窃取する行為は、窃盗罪を構成する。

(2)　窃盗罪の保護法益（占有権説）

事実上の占有権が窃盗罪の保護法益である（通説・判例）。

(3)　刑法上の「占有」の意義

人が支配の意思をもって財物を自己の事実上の実力支配内に置くことをいい、

ア　客観的要素

財物に対する事実上の支配関係が存在すること。

イ　主観的要素

財物に対する支配の意思が必要であること。

という2つの要件が必要である。

(4)　占有離脱物横領罪との区別

ア　窃盗罪が成立する場合

窃取の客体が第三者の占有に属する場合は、窃盗罪になる。

イ　占有離脱物横領罪が成立する場合

窃取の客体がだれの占有にも属さない場合は、占有離脱物横領罪になる。

4　関係判例

駅の切符売場に財布を置き忘れ、別の切符売場まで行って1、2分したところで財布のことに気づいた場合、財布に対する占有権は失われていない（東京高判昭54.4.12）。

5　事例検討

事例の場合、上記法的検討、関係判例のとおり、改札口に置き忘れた財布には被害者の占有権が及ぶことから、甲の行為は、窃盗罪が成立する。

【デパートのベンチに放置されていた買い物客の携帯電話を窃取した】

甲が、デパートの屋上のベンチに携帯電話が放置されているのを発見したことから、友人との電話に使ってやろうと考えてこれを領得したところ、この携帯電話は地下１階で買物中のＡの物であり、Ａはその後も携帯電話のことを忘れたまま、約20分以上買い物を続けた。この場合、甲は、何罪の刑責を負うか。

関係判例

スーパーの６階のベンチ上に財布を忘れ、地下に移動して約10分間財布のことを失念した場合、財布に対する被害者の占有は認められないから、占有離脱物横領罪が成立する（東京高判平3.4.1）。

論文答案例

1　結　論

甲は、占有離脱物横領罪の刑責を負う。

2　争　点

携帯電話がAの占有にあるとして窃盗罪が成立するか、占有がないとして占有離脱物横領罪が成立するか。

3　法的検討

(1)　窃盗罪の意義

他人が占有する財物を窃取する行為は、窃盗罪を構成する。

(2)　窃盗罪の保護法益（占有権説）

事実上の占有権が窃盗罪の保護法益である（通説・判例）。

(3)　刑法上の「占有」の意義

人が支配の意思をもって財物を自己の事実上の実力支配内に置くことをいい、

ア　客観的要素

財物に対する事実上の支配関係が存在すること。

イ　主観的要素

財物に対する支配の意思が必要であること。

という2つの要件が必要である。

(4)　占有離脱物横領罪との区別

ア　窃盗罪が成立する場合

窃取の客体が第三者の占有に属する場合は、窃盗罪になる。

イ　占有離脱物横領罪が成立する場合

窃取の客体がだれの占有にも属さない場合は、占有離脱物横領罪になる。

4　関係判例

スーパーの6階のベンチ上に財布を忘れ、地下に移動して約10分間財布のことを失念した場合、財布に対する被害者の占有は認められないから、占有離脱物横領罪が成立する（東京高判平3.4.1）。

5　事例検討

事例の場合、上記法的検討、関係判例のとおり、デパート屋上のベンチに置き忘れた携帯電話には被害者の占有権が及ばないことから、甲の行為は、占有離脱物横領罪が成立する。

【財布を置き忘れて数時間後に窃取した】

甲が、宿泊している旅館の風呂場に財布が放置されているのを発見したことから、飲み代に使ってやろうと考えてこれを領得したところ、この財布は同旅館に宿泊しているＡの物であり、Ａは財布を風呂場に忘れてから数時間後に思い出し、風呂場に戻ったが、既に甲が窃取した後であった。この場合、甲は、何罪の刑責を負うか。

関係判例

宿泊施設の風呂場に置き忘れた財布は、数時間後に持ち主が探しにきたこと及び持ち主が同施設に宿泊していたことから、持ち主に占有があるが、仮に被害者に占有が認められない場合には、同施設の管理者に占有がある（名古屋高金沢支判昭45.3.10）。

論文答案例

1 結 論

甲は、窃盗罪の刑責を負う。

2 争 点

財布がAの占有にあるとして窃盗罪が成立するか、占有がないとして占有離脱物横領罪が成立するか。

3 法的検討

(1) 窃盗罪の意義

他人が占有する財物を窃取する行為は、窃盗罪を構成する。

(2) 窃盗罪の保護法益（占有権説）

事実上の占有権が窃盗罪の保護法益である（通説・判例）。

(3) 刑法上の「占有」の意義

人が支配の意思をもって財物を自己の事実上の実力支配内に置くことをいい、

ア 客観的要素

財物に対する事実上の支配関係が存在すること。

イ 主観的要素

財物に対する支配の意思が必要であること。

という2つの要件が必要である。

(4) 占有離脱物横領罪との区別

ア 窃盗罪が成立する場合

窃取の客体が第三者の占有に属する場合は、窃盗罪になる。

イ 占有離脱物横領罪が成立する場合

窃取の客体がだれの占有にも属さない場合は、占有離脱物横領罪になる。

4 関係判例

宿泊施設の風呂場に置き忘れた財布は、数時間後に持ち主が探しにきたこと及び持ち主が同施設に宿泊していたことから、持ち主に占有があるが、仮に被害者に占有が認められない場合には、同施設の管理者に占有がある（名古屋高金沢支判昭45.3.10）。

5 事例検討

事例の場合、上記法的検討、関係判例のとおり、旅館の風呂場に置き忘れた財布には被害者の占有権が及んでいると認められるが、仮に被害者の占有がない場合であっても、財布は管理者である旅館主の占有下にあることから、甲の行為は、窃盗罪が成立する。

【スーパーマーケットのセルフレジに他の客が置き忘れた財布を持ち去った】

スーパーマーケット店内において、他の客がセルフレジに置き忘れた現金をバッグに入れて持ち去った。この場合、甲の刑責は何か。

キャッシュディスペンサー内に置き忘れられた現金を盗んだ

関係判例

顧客がレジに財布を置き忘れた場合、現にその存在が店舗関係者に認識されていなくとも、レジに置き忘れられた時点で、店舗側に、これに対する管理意思が発生し、その占有下に入る（店舗管理者である店長による財布の占有を認める）（東京高判令4.7.12）。

論文答案例

1 結 論

甲は窃盗罪の刑責を負う。

2 争 点

セルフレジに置き忘れた物について、従業員の手に渡る前であっても、店舗管理者である店長や、その指揮下にある他の従業員の支配が及んでいた（店長が本件財布を占有していた）といえるか。

3 法的検討

刑法の占有は、人が物を実力的に支配する関係であるが、必ずしも物の現実の所持を必要とするものではなく、物が占有者の支配力の及ぶ場所に存在すれば足りる。

そして、その占有の認定には、被害者と財物の時間的・場所的近接性のほか、財物がある場所の状況等が考慮される。

4 関係判例

レジスペースは、代金の決済という店舗にとって重要な機能を営む場所であり、レジに所在することが通常想定される物品については、店舗側に強い関心があり、その物品を管理する意思がある。顧客がレジに財布を置き忘れた場合、現にその存在が店舗関係者に認識されていなくとも、レジに置き忘れられた時点で、店舗側に、これに対する管理意思が発生し、その占有下に入る（店舗管理者である店長による財布の占有を認める）（東京高判令4.7.12）。

5 事例検討

上記法的検討、関係判例のとおり、事例の場合、甲は窃盗罪の刑責を負う。

【マンションの宅配ボックス内に保管された荷物を持ち去った】

マンションに居住する甲は、宅配業者の配達員が同マンション１階エントランスに設置された宅配ボックス内に、不在の居住者Ａ宛ての荷物を入れ、暗証番号を設定して扉を閉めた上、Ａにその旨及び当該暗証番号をインターネット端末で通知しているのを目にした。そこで、甲は、宅配ボックス内に入れた荷物に何か金目のものが入っているかもしれないと悪心を起こし、配達員が立ち去った後、当該宅配ボックスの暗証番号を合わせて開扉し、当該荷物を取り出して持ち去った。

この場合、甲は、誰を被害者とするどのような刑責を負うか。

なお、当該荷物は、Ａがインターネットで発注した商品である。

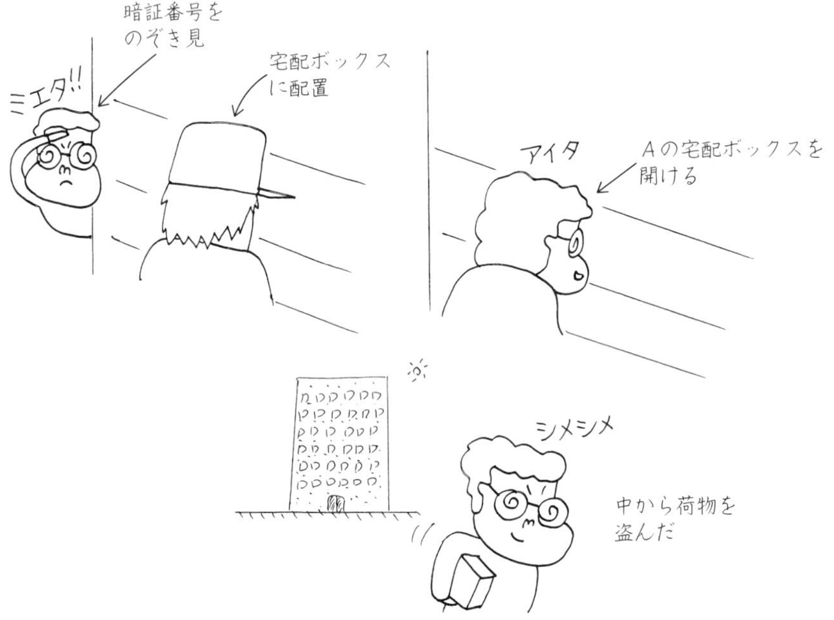

関係判例

○　客観的要素としての支配の事実とは、必ずしも財物の現実の所持又は監視を必要とするものではなく、社会通念上、財物が占有者の支配力の及ぶ場所に存在することをもって足りる（最判昭32.11.8）。

○　主観的要素としての支配の意思とは、必ずしも個別の財物に向けた特定的・具体的な意思である必要はなく、積極的に財物を放棄する意思を示さない限り、支配の意思を有するものと認める（東京高判昭31.5.29）。

論文答案例

1　結　論

Aを被害者とする窃盗罪の刑責を負う。

2　争　点

宅配ボックス内に保管された荷物の占有がいずれに帰属するか。それにより、誰に対する窃盗罪となるか、それとも占有離脱物横領罪が成立するにとどまるかを判断する。

3　法的検討

刑法上、占有があるといえるためには、財物に対する事実上の支配・管理が認められなければならない。そして、この事実上の支配があるといえるためには、客観的要素としての財物に対する事実上の支配関係と、主観的要素として、財物に対する支配の意思が必要である。

4　関係判例

○　客観的要素としての支配の事実とは、必ずしも財物の現実の所持又は監視を必要とするものではなく、社会通念上、財物が占有者の支配力の及ぶ場所に存在することをもって足りる（最判昭32.11.8）。

○　主観的要素としての支配の意思とは、必ずしも個別の財物に向けた特定的・具体的な意思である必要はなく、積極的に財物を放棄する意思を示さない限り、支配の意思を有するものと認める（東京高判昭31.5.29）。

5　事例検討

事例の場合、宅配ボックスに保管された荷物については、現実に所持若しくは監視されてはいないものの、暗証番号を通知されたAのみにしか取り出すことができないから、Aによる支配の事実が認められる。また、Aの支配下にある宅配ボックス内に保管されていることから、同人による支配の意思も認められ、その占有はAに帰属する。そして、甲は、配達直後に当該荷物を持ち去っており、荷物の占有がマンションの管理組合やオーナー等に移行してはいない。

以上より、甲は、Aを被害者とする窃盗罪の刑責を負う。

詐欺罪か窃盗罪か

【パチンコ玉を誘導して玉を出した】

フリーターの甲は、賭け事に生活費を使い果たしたことから、インターネットで調べた不正なパチンコのやり方で一儲けしようと考え、近所のパチンコ屋に行って強力な磁石を使って玉を当たり穴に誘導し、大量のパチンコ玉を受け皿に出した。この場合、甲は、何罪の刑責を負うか。

関係判例

磁石を用いてパチンコ機械から玉を取る行為は、たとえ、その目的がパチンコ玉を景品交換の手段とするものであったとしても、窃盗罪が成立する（最決昭31.8.22）。

論文答案例

1　結　論

甲は、窃盗罪の刑責を負う。

2　争　点

パチンコ玉を出す行為が詐欺罪が成立するか、詐欺罪が成立しないとして窃盗罪が成立するか。

3　法的検討

(1)　窃盗罪の意義

他人が占有する財物を窃取する行為は、窃盗罪を構成する。

(2)　窃盗罪の保護法益（占有権説）

事実上の占有権が窃盗罪の保護法益である（通説・判例）。

(3)　窃盗の手段

暴行・脅迫によることなく、占有者の意思に反してその占有を排除し、目的物を自己又は第三者の占有に移すこと。

(4)　詐欺罪の要件（隠れた構成要件）

①　欺く行為がある。

②　錯誤に陥る。

③　財産的処分行為がある。

④　財物の交付がある。

(5)　財産的処分行為の意義

財物を処分できる権限を有する者が、財物を交付すること。

(6)　窃盗の手段に欺く行為がある場合

詐欺罪の構成要件を充足する場合には詐欺罪が成立し、詐欺罪が成立しない場合は窃盗罪が成立する。

4　関係判例

磁石を用いてパチンコ機械から玉を取る行為は、たとえ、その目的がパチンコ玉を景品交換の手段とするものであったとしても、窃盗罪が成立する（最決昭31.8.22）。

5　事例検討

事例の場合、上記法的検討、関係判例のとおり、パチンコ玉を誘導する行為は詐欺罪が成立しないことから、甲の行為は、窃盗罪が成立する。

【店員をだまして洋服を受け取った】

甲が、洋服店で買い物をしていたところ、仕立てが完了してレジの内側に保管してある高価な洋服に「Ａ様」と書いた名札がついていたことから、Ａになりすまして受け取ろうと悪心を起こし、店員（店主の代わりに客に接し、商品を売り渡したり、代金を受け取る仕事に従事している）に「Ａです。」と言って洋服を受け取った。この場合、甲は、何罪の刑責を負うか。

関係判例

店主を代理して顧客に接し、商品を売り渡し、代金を授受するなどの状況が認められる場合には、店主の占有に係る商品について処分行為をなし得る権限・地位を有していると解される（東京高判昭33.10.30）。

論文答案例

1 結 論

甲は、詐欺罪の刑責を負う。

2 争 点

店員を欺いて洋服を領得する行為は詐欺罪が成立するか、詐欺罪が成立しないとして窃盗罪が成立するか。

3 法的検討

(1) 窃盗罪の意義

他人が占有する財物を窃取する行為は、窃盗罪を構成する。

(2) 窃盗罪の保護法益（占有権説）

事実上の占有権が窃盗罪の保護法益である（通説・判例）。

(3) 窃盗の手段

暴行・脅迫によることなく、占有者の意思に反してその占有を排除し、目的物を自己又は第三者の占有に移すこと。

(4) 詐欺罪の要件（隠れた構成要件）

① 欺く行為がある。

② 錯誤に陥る。

③ 財産的処分行為がある。

④ 財物の交付がある。

(5) 財産的処分行為の意義

財物を処分できる権限を有する者が、財物を交付すること。

(6) 窃盗の手段に欺く行為がある場合

詐欺罪の構成要件を充足する場合には詐欺罪が成立し、詐欺罪が成立しない場合は窃盗罪が成立する。

4 関係判例

店主を代理して顧客に接し、商品を売り渡し、代金を授受するなどの状況が認められる場合には、店主の占有に係る商品について処分行為をなし得る権限・地位を有していると解される（東京高判昭33.10.30）。

5 事例検討

事例の場合、上記法的検討、関係判例のとおり、この店員には財産的処分権限があることから、甲の行為は、詐欺罪が成立する。

【旅館の従業員をだましてゆかたを領得した】

甲は、出張で旅館に宿泊した際、旅館に備え付けてあるゆかたが気に入って欲しくなり、従業員のＡ子（接客等の機械的な仕事に従事するパート従業員）に、「部屋にゆかたがないので一つください。」と声をかけたところ、これを信じたＡ子が手に持っていたゆかたを手渡し、甲がこれを領得した。この場合、甲は、何罪の刑責を負うか。

関係判例

旅館の宿泊客にゆかた等を提供する行為は、その物を交付した従業員に処分意思がないことから、交付を受けたゆかた等を領得した場合は、窃盗罪が成立する（最決昭31.1.19）。

論文答案例

1　結　論

甲は、窃盗罪の刑責を負う。

2　争　点

A子を欺いてゆかたを領得する行為は詐欺罪が成立するか、詐欺罪が成立しないとして窃盗罪が成立するか。

3　法的検討

⑴　窃盗罪の意義

他人が占有する財物を窃取する行為は、窃盗罪を構成する。

⑵　窃盗罪の保護法益（占有権説）

事実上の占有権が窃盗罪の保護法益である（通説・判例）。

⑶　窃盗の手段

暴行・脅迫によることなく、占有者の意思に反してその占有を排除し、目的物を自己又は第三者の占有に移すこと。

⑷　詐欺罪の要件（隠れた構成要件）

①　欺く行為がある。

②　錯誤に陥る。

③　財産的処分行為がある。

④　財物の交付がある。

⑸　財産的処分行為の意義

財物を処分できる権限を有する者が、財物を交付すること。

⑹　窃盗の手段に欺く行為がある場合

詐欺罪の構成要件を充足する場合には詐欺罪が成立し、詐欺罪が成立しない場合は窃盗罪が成立する。

4　関係判例

旅館の宿泊客にゆかた等を提供する行為は、その物を交付した従業員に処分意思がないことから、交付を受けたゆかた等を領得した場合は、窃盗罪が成立する（最決昭31.1.19）。

5　事例検討

事例の場合、上記法的検討、関係判例のとおり、この従業員には財産的処分意思はなく詐欺罪が成立しないことから、甲の行為は、窃盗罪が成立する。

【店長をだまして洋服を着たまま逃走した】

甲が、洋服店で買い物をしていたところ、気に入ったシャツが高くて買えなかったことから、試着をした後、そのシャツを着たまま試着室を出て、店の店長Ａに「入り口付近にあるＧパンも選ばせて。」と言い、Ａの了解を得た後、入り口付近に向かってそのまま店外に逃走した。この場合、甲は、何罪の刑責を負うか。

関係判例

詐欺罪の欺罔行為は、財産的処分行為に向けられたものに限られるから、衣服店で衣類を試着したまま便所に行くと偽ってそのまま逃走した場合は、詐欺罪ではなく窃盗罪が成立する（広島高判昭30.9.6）。

論文答案例

1　結　論

甲は、窃盗罪の刑責を負う。

2　争　点

Aを欺いて洋服を領得する行為は詐欺罪が成立するか、詐欺罪が成立しないとして窃盗罪が成立するか。

3　法的検討

(1)　窃盗罪の意義

他人が占有する財物を窃取する行為は、窃盗罪を構成する。

(2)　窃盗罪の保護法益（占有権説）

事実上の占有権が窃盗罪の保護法益である（通説・判例）。

(3)　窃盗の手段

暴行・脅迫によることなく、占有者の意思に反してその占有を排除し、目的物を自己又は第三者の占有に移すこと。

(4)　詐欺罪の要件（隠れた構成要件）

①　欺く行為がある。

②　錯誤に陥る。

③　財産的処分行為がある。

④　財物の交付がある。

(5)　財産的処分行為の意義

財物を処分できる権限を有する者が、財物を交付すること。

(6)　窃盗の手段に欺く行為がある場合

詐欺罪の構成要件を充足する場合には詐欺罪が成立し、詐欺罪が成立しない場合は窃盗罪が成立する。

4　関係判例

詐欺罪の欺罔行為は、財産的処分行為に向けられたものに限られるから、衣服店で衣類を試着したまま便所に行くと偽ってそのまま逃走した場合は、詐欺罪ではなく窃盗罪が成立する（広島高判昭30.9.6）。

5　事例検討

事例の場合、上記法的検討、関係判例のとおり、財産的処分行為に向けられた欺く行為ではないため詐欺罪が成立しないことから、甲の行為は、窃盗罪が成立する。

【店内で財布を拾った客からだまし取った】

甲が飲食店で昼食を食べたところ、隣に座っていたA女が足下に財布が落ちているのを発見したのを見てこれを領得しようと考え、A女に「その財布は自分の物です。」と言ってA女から受け取り、自分の飲食代金をその財布内の現金で支払って店外に出た。この場合、甲は、何罪の刑責を負うか。

関係判例

詐欺罪は、欺かれた者と財産上の被害者が同一でなくても成立するが、その場合、欺かれた者が、被害者のために、財産的処分行為をする権限又は地位がなければならない（最判昭45.3.26）。

論文答案例

1　結　論

甲は、窃盗罪の刑責を負う。

2　争　点

Ａ女を欺いて財布を領得する行為は詐欺罪が成立するか、詐欺罪が成立しないとして窃盗罪が成立するか。

3　法的検討

(1)　窃盗罪の意義

他人が占有する財物を窃取する行為は、窃盗罪を構成する。

(2)　窃盗罪の保護法益（占有権説）

事実上の占有権が窃盗罪の保護法益である（通説・判例）。

(3)　窃盗の手段

暴行・脅迫によることなく、占有者の意思に反してその占有を排除し、目的物を自己又は第三者の占有に移すこと。

(4)　詐欺罪の要件（隠れた構成要件）

①　欺く行為がある。

②　錯誤に陥る。

③　財産的処分行為がある。

④　財物の交付がある。

(5)　財産的処分行為の意義

財物を処分できる権限を有する者が、財物を交付すること。

(6)　窃盗の手段に欺く行為がある場合

詐欺罪の構成要件を充足する場合には詐欺罪が成立し、詐欺罪が成立しない場合は窃盗罪が成立する。

4　関係判例

詐欺罪は、欺かれた者と財産上の被害者が同一でなくても成立するが、その場合、欺かれた者が、被害者のために、財産的処分行為をする権限又は地位がなければならない（最判昭45.3.26）。

5　事例検討

事例の場合、上記法的検討、関係判例のとおり、Ａ女には財産的処分権限はなく詐欺罪が成立しないことから、甲の行為は、窃盗罪が成立する。

【時計を見せてもらいそのまま窃取した】

甲は、時計を買うために時計店に行ったところ、自分が欲しいものが高価で買えなかったことから、ショーケースに飾られている時計を指さして「これを見せてください。」と言って店員Aから時計を受け取り、手にはめて眺めるしぐさをした後、Aが目を離したすきに店外に逃走した。この場合、甲は、何罪の刑責を負うか。

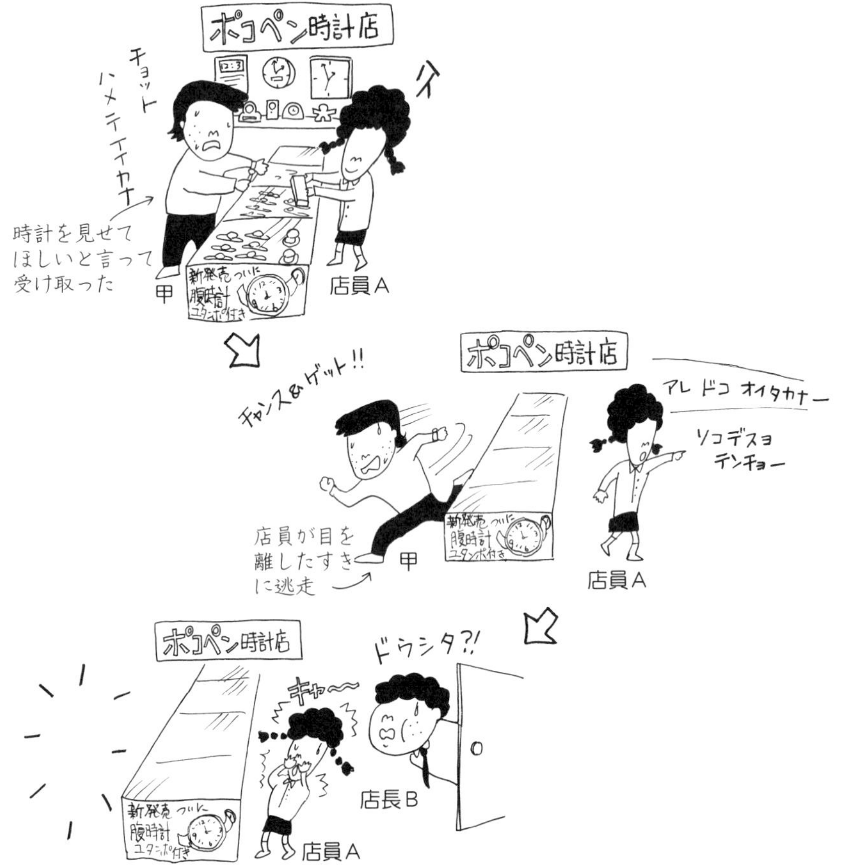

関係判例

時計店の時計を見せてほしい旨を告げ、店員から受け取った直後に持ち逃げした場合、時計を一時的に見せる行為は財産的処分行為に当たらないことから、詐欺罪は成立せず、窃盗罪が成立する（東京高判昭30.4.2）。

論文答案例

1　結　論

甲は、窃盗罪の刑責を負う。

2　争　点

Aを欺いて時計を領得する行為は詐欺罪が成立するか、詐欺罪が成立しないとして窃盗罪が成立するか。

3　法的検討

(1)　窃盗罪の意義

他人が占有する財物を窃取する行為は、窃盗罪を構成する。

(2)　窃盗罪の保護法益（占有権説）

事実上の占有権が窃盗罪の保護法益である（通説・判例）。

(3)　窃盗の手段

暴行・脅迫によることなく、占有者の意思に反してその占有を排除し、目的物を自己又は第三者の占有に移すこと。

(4)　詐欺罪の要件（隠れた構成要件）

①　欺く行為がある。

②　錯誤に陥る。

③　財産的処分行為がある。

④　財物の交付がある。

(5)　財産的処分行為の意義

財物を処分できる権限を有する者が、財物を交付すること。

(6)　窃盗の手段に欺く行為がある場合

詐欺罪の構成要件を充足する場合には詐欺罪が成立し、詐欺罪が成立しない場合は窃盗罪が成立する。

4　関係判例

時計店の時計を見せてほしい旨を告げ、店員から受け取った直後に持ち逃げした場合、時計を一時的に見せる行為は財産的処分行為に当たらないことから、詐欺罪は成立せず、窃盗罪が成立する（東京高判昭30.4.2）。

5　事例検討

事例の場合、上記法的検討、関係判例のとおり、Aは財産的処分行為をしていないため詐欺罪が成立しないことから、甲の行為は、窃盗罪が成立する。

罪　　数

【衣料品店に陳列された衣服を持ち出し、返品を装って現金の交付を受けた】

甲女は、食費に窮したことから、購入していない商品を購入したかのように装い、返品をすれば金を得ることができると考えた。そして、甲女は、ファッションセンターX店で衣服を購入したときのレシートがあったことから、同店に行き、購入した物と同じ衣服を店内の女子トイレに持ち運び、当該衣服に付けられていた値札のミシン目部分(バーコード部分）を切り離し、購入した物である外観を作り、当該レシートをサービスカウンターに持って行き、店員にそれらを示して、現金3,000円の交付を受けた。

この場合、甲は、どのような刑責を負うか。

WC
店内衣服をトイレに持ち込み、
バーコード部分を切り取った

関係判例

スーパーマーケットにおいて、商品（衣類）の値札等をトイレ等で外し、返品を装ってレジ係から金員の交付を受けるなどした場合、トイレ等に行った時点で、既に自己の事実支配下に移したといえ、窃盗は既遂に達する（大阪地判昭63.12.22)。

論文答案例

1　結　論

窃盗罪及び詐欺罪の刑責を負い、両罪は併合罪の関係に立つ。

2　争　点

サービスカウンターの店員から、衣服の返金と称して現金3,000円の交付を受けた行為について、窃盗罪の不可罰的事後行為となるのか、それとも、窃盗罪とは別に詐欺罪が成立し、両罪の刑責を負うのかが争点となる。

3　法的検討

盗品の「使用収益処分行為」であっても、新たに別個の法益を侵害する場合には、別罪の成立を妨げない。よって、窃取した財物を自己の物のように装って他人を欺いて金品を詐取するときは、窃盗罪とは別に詐欺罪も成立し、これらの罪の関係は併合罪となるとされている。

4　関係判例

スーパーマーケットにおいて、商品（衣類）の値札等をトイレ等で外し、返品を装ってレジ係から金員の交付を受けるなどした場合、トイレ等に行った時点で、既に自己の事実支配下に移したといえ、窃盗は既遂に達する（大阪地判昭63.12.22）。

5　事例検討

(1)　事例の場合、甲女がX店に陳列されていた衣服を店内の女子トイレに持ち運び、当該衣服に付けられていた値札を切り離し、購入した物である外観を作り出した行為は、その物自体を店外に持ち出すことが可能な状態に置いたといえることから、自己の支配下に移したといえる（窃盗罪が成立する。）。

(2)　また、甲女が衣服を店内の女子トイレ内に持ち運ぶなどという窃盗行為の後、サービスカウンターの店員に当該衣服と同じ衣服を買った時のレシートを提示し、返品と称して現金3,000円の交付を受けた行為については、窃盗罪とは別に、新たな法益が侵害されたということができるから、当該行為は窃盗罪の不可罰的事後行為に当たらず、詐欺罪も成立し、両罪は併合罪となる。

強盗罪か窃盗罪か

【不同意性交等の目的で暴行した後に財布を領得した】

甲が酒に酔って夜の公園を歩いていた際、A女が一人で歩いていたことから欲情していきなり強いて性交する目的で馬乗りになったところ、A女が恐怖のあまり自ら財布を出して「助けてください。」と哀願したため、「金をもらった方が得だ。」と考え、財布を受け取って逃走した。この場合、甲は、何罪の刑責を負うか（不同意性交等未遂罪は別論とする。）。

キャー
ヤラセロー
甲
A女
コレデユルシテ
ゲッ
強いて性交する目的でA女を押し倒したところA女が財布を差し出した
A女
甲
ホッ タスカッタワ…
ホッ
モウカッチャッタ
ヤッタネ♡
A女
甲
強いて性交することをやめて財布を受け取って立ち去った

関係判例

強いて性交することを目的とした暴行・脅迫により、反抗不能の状態に陥った女性が犯人の退去を願って金品を差し出した場合に、これを受け取る行為は、強盗罪が成立する（東京高判昭37.8.30）。

論文答案例

1　結　論

甲は、強盗罪の刑責を負う。

2　争　点

Ａ女の畏怖に乗じて財布を領得する行為は強盗罪が成立するか、強盗罪が成立しないとして窃盗罪が成立するか。

3　法的検討

(1)　窃盗罪の意義

他人が占有する財物を窃取する行為は、窃盗罪を構成する。

(2)　窃盗罪の保護法益（占有権説）

事実上の占有権が窃盗罪の保護法益である（通説・判例）。

(3)　恐喝罪、強盗罪と窃盗罪の関係

ア　恐喝罪と強盗罪の区別

(ア)　恐喝罪が成立する場合

暴行・脅迫の程度が、相手の反抗を抑圧するまでに至らない程度であった場合には、恐喝罪となる。

(イ)　強盗罪が成立する場合

暴行・脅迫の程度が、相手の反抗を抑圧する程度であった場合には、強盗罪となる。

イ　窃盗罪と恐喝又は強盗罪の区別

(ア)　窃盗罪が成立する場合

恐喝（強盗）目的以外で暴行・脅迫を加え、その後に暴行・脅迫を加えることなく財物を窃取した場合は、窃盗罪となる。

(イ)　恐喝・強盗罪が成立する場合

財物を得るために暴行・脅迫を行った場合はもとより、相手の畏怖を利用して財物を交付させた場合にも成立する。

4　関係判例

強いて性交することを目的とした暴行・脅迫により、反抗不能の状態に陥った女性が犯人の退去を願って金品を差し出した場合に、これを受け取る行為は、強盗罪が成立する（東京高判昭37.8.30）。

5　事例検討

事例の場合、上記法的検討、関係判例のとおり、甲の行為は、Ａ女に対する窃盗罪ではなく、強盗罪が成立する。

【暴行後に相手から財布を窃取した】

甲が夜の公園を歩いていた際、サラリーマンAがめいていして「この若造が。」とからんできたので、いきなり甲がAを殴る蹴るの暴行を働いたところ、Aが地面に倒れ失神状態になったことから、「財布を抜いても分からないだろう。」と考え、財布を窃取して逃走した。この場合、甲は、何罪の刑責を負うか（暴行罪は別論とする。）。

ナンダコノオヤジ
ワカゾウガコイ!!
けんかが始まった
ここでケンカはやめて
ポコペン公園
甲
A
ハア ハア
グッタリ
コノオヤジカネモッテソウダナ
暴行後に窃盗の犯意が生じた
A
甲
ラッキー
ウ〜〜 マダマダ…
財布をAのポケットから盗んで立ち去った
甲
A

関係判例

暴行の被害者が、地面に倒れて全く抵抗しなくなったので、失神したものと思い、被害者に気づかれないだろうと考えて腕時計を腕から抜き取って領得する行為は、窃盗罪を構成する（高松高判昭34.2.11）。

論文答案例

1 結 論

甲は、窃盗罪の刑責を負う。

2 争 点

抵抗しなくなったAから財布を領得する行為は強盗罪が成立するか、強盗罪が成立しないとして窃盗罪が成立するか。

3 法的検討

(1) 窃盗罪の意義

他人が占有する財物を窃取する行為は、窃盗罪を構成する。

(2) 窃盗罪の保護法益（占有権説）

事実上の占有権が窃盗罪の保護法益である（通説・判例）。

(3) 恐喝罪、強盗罪と窃盗罪の関係

ア 恐喝罪と強盗罪の区別

(ア) 恐喝罪が成立する場合

暴行・脅迫の程度が、相手の反抗を抑圧するまでに至らない程度であった場合には、恐喝罪となる。

(イ) 強盗罪が成立する場合

暴行・脅迫の程度が、相手の反抗を抑圧する程度であった場合には、強盗罪となる。

イ 窃盗罪と恐喝又は強盗罪の区別

(ア) 窃盗罪が成立する場合

恐喝（強盗）目的以外で暴行・脅迫を加え、その後に暴行・脅迫を加えることなく財物を窃取した場合は、窃盗罪となる。

(イ) 恐喝・強盗罪が成立する場合

財物を得るために暴行・脅迫を行った場合はもとより、相手の畏怖を利用して財物を交付させた場合にも成立する。

4 関係判例

暴行の被害者が、地面に倒れて全く抵抗しなくなったので、失神したものと思い、被害者に気づかれないだろうと考えて腕時計を腕から抜き取って領得する行為は、窃盗罪を構成する（高松高判昭34.2.11）。

5 事例検討

事例の場合、上記法的検討、関係判例のとおり、Aに対する強盗罪が成立しないことから、甲の行為は、窃盗罪が成立する。

恐喝罪か窃盗罪か

【畏怖した相手が差し出した財布を領得した】

甲が夜の公園を歩いていた際、サラリーマンAがめいていして「この若造が。」とからんできたので、Aに対して「ぶっ殺すぞ、この野郎。」と脅迫したところ、殺されると思ったAが財布を出して「勘弁してくれ。」と哀願したことから、甲が財布を受け取り逃走した。この場合、甲は、何罪の刑責を負うか（脅迫罪は別論とする。）。

関係判例

犯人が反抗を抑圧する程度に至らない暴行脅迫を加え、被害者に畏怖の念を生ぜしめ、その結果被害者が財布の中から現金の一部を取り出し犯人に手交しようとした瞬間、犯人が右現金その他在中の財布を奪取したときは、恐喝既遂の一罪が成立する（名古屋高判昭30.2.16）。

論文答案例

1　結　論

甲は、恐喝罪の刑責を負う。

2　争　点

畏怖したAが差し出した財布を領得する行為は恐喝罪が成立するか、恐喝罪が成立しないとして窃盗罪が成立するか。

3　法的検討

(1)　窃盗罪の意義

他人が占有する財物を窃取する行為は、窃盗罪を構成する。

(2)　窃盗罪の保護法益（占有権説）

事実上の占有権が窃盗罪の保護法益である（通説・判例）。

(3)　恐喝罪、強盗罪と窃盗罪の関係

ア　恐喝罪と強盗罪の区別

(ア)　恐喝罪が成立する場合

暴行・脅迫の程度が、相手の反抗を抑圧するまでに至らない程度であった場合には、恐喝罪となる。

(イ)　強盗罪が成立する場合

暴行・脅迫の程度が、相手の反抗を抑圧する程度であった場合には、強盗罪となる。

イ　窃盗罪と恐喝又は強盗罪の区別

(ア)　窃盗罪が成立する場合

恐喝（強盗）目的以外で暴行・脅迫を加え、その後に暴行・脅迫を加えることなく財物を窃取した場合は、窃盗罪となる。

(イ)　恐喝・強盗罪が成立する場合

財物を得るために暴行・脅迫を行った場合はもとより、相手の畏怖を利用して財物を交付させた場合にも成立する。

4　関係判例

犯人が反抗を抑圧する程度に至らない暴行脅迫を加え、被害者に畏怖の念を生ぜしめ、その結果被害者が財布の中から現金の一部を取り出し犯人に手交しようとした瞬間、犯人が右現金その他在中の財布を奪取したときは、恐喝既遂の一罪が成立する（名古屋高判昭30.2.16）。

5　事例検討

事例の場合、上記法的検討、関係判例のとおり、甲の行為は、Aに対する恐喝罪が成立する。

【畏怖した相手を更に畏怖させて財布を領得した】

夜の公園を歩いていた甲は、塾帰りの中学生Aを脅してからかおうと考え、Aの前に立ちはだかって「ぶっ殺すぞ、この野郎。」と脅迫したところ、Aが畏怖したので「金をとってやろう。」と考え、指をポキポキ鳴らしながらニヤニヤした結果、更に畏怖したAが1万円を出したことからこれを受け取った。この場合、甲は、何罪の刑責を負うか。

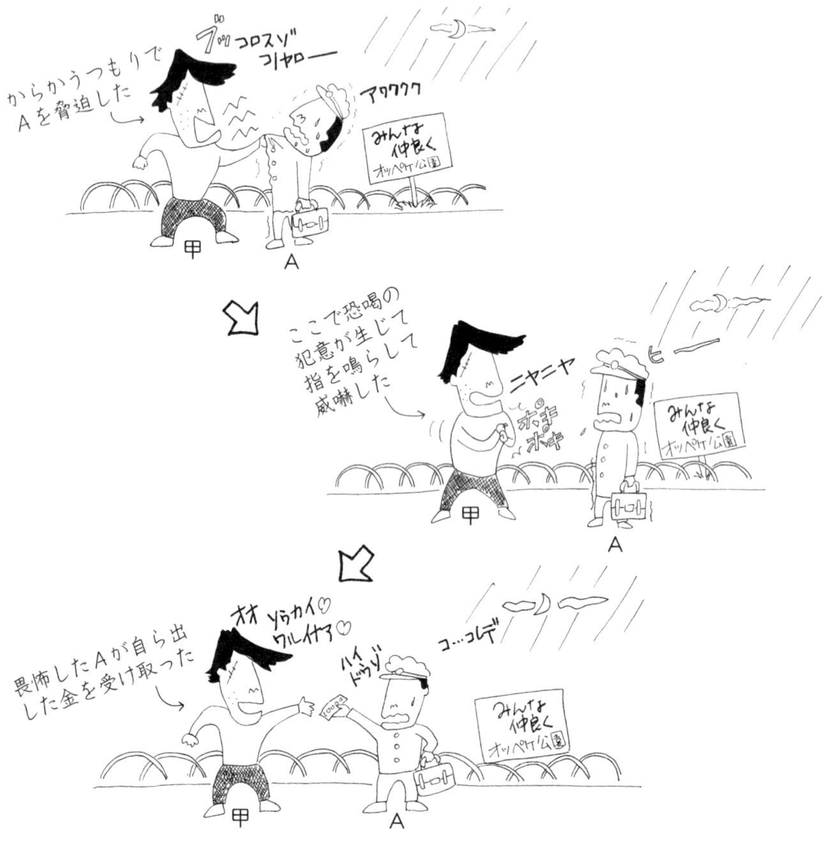

関係判例

相手方が他の原因により既に畏怖していることに乗じ、財物を交付させるために当該畏怖の念を更に強めるような何らかの行為を行い、その結果、財物の交付を受けた場合には、恐喝罪が成立する（大判大13.2.22）。

論文答案例

1　結　論

甲は、恐喝罪の刑責を負う。

2　争　点

Aが差し出した金を領得する行為は恐喝罪が成立するか、恐喝罪が成立しないとして窃盗罪が成立するか。

3　法的検討

(1)　窃盗罪の意義

他人が占有する財物を窃取する行為は、窃盗罪を構成する。

(2)　窃盗罪の保護法益（占有権説）

事実上の占有権が窃盗罪の保護法益である（通説・判例）。

(3)　恐喝罪、強盗罪と窃盗罪の関係

ア　恐喝罪と強盗罪の区別

(ア)　恐喝罪が成立する場合

暴行・脅迫の程度が、相手の反抗を抑圧するまでに至らない程度であった場合には、恐喝罪となる。

(イ)　強盗罪が成立する場合

暴行・脅迫の程度が、相手の反抗を抑圧する程度であった場合には、強盗罪となる。

イ　窃盗罪と恐喝又は強盗罪の区別

(ア)　窃盗罪が成立する場合

恐喝（強盗）目的以外で暴行・脅迫を加え、その後に暴行・脅迫を加えることなく財物を窃取した場合は、窃盗罪となる。

(イ)　恐喝・強盗罪が成立する場合

財物を得るために暴行・脅迫を行った場合はもとより、相手の畏怖を利用して財物を交付させた場合にも成立する。

4　関係判例

相手方が他の原因により既に畏怖していることに乗じ、財物を交付させるために当該畏怖の念を更に強めるような何らかの行為を行い、その結果、財物の交付を受けた場合には、恐喝罪が成立する（大判大13.2.22）。

5　事例検討

事例の場合、上記法的検討、関係判例のとおり、甲の行為は、Aに対する恐喝罪が成立する。

強　盗　罪

＜刑法ノート＞

第236条・強盗

第１項　暴行又は脅迫を用いて他人の財物を強取した者は、強盗の罪とし、５年以上の有期懲役に処する。

第２項　前項の方法により、財産上不法の利益を得、又は他人にこれを得させた者も、同項と同様とする。

1　強盗罪の意義

暴行又は脅迫により、他人の財物を強取し又は財産上の不法の利益を得ること。

2　保護法益

財産権と人の生命、身体、生活の平穏等

3　構成要件

⑴　故　　意

暴行又は脅迫を手段として他人の財物を強取する意思

⑵　「暴行」、「脅迫」の意義

ア　最狭義の「暴行」

人の抵抗を抑圧するに足りる有形力の行使であること。

イ　最狭義の「脅迫」

人の抵抗を抑圧するに足りる脅迫行為であること。

⑶　着手時期

財物等を強取する目的で暴行・脅迫を開始したとき（通説）

⑷　既遂時期（通説・判例）

財物を安全な場所まで運ばなくても、事実上、自己の支配内に移したときに既遂となる（取得説）。

強盗罪の成否

【包丁で相手を脅し、落とした手帳を奪った】

甲は、遊興費に窮したことから強盗を決意し、深夜、包丁を持って裏通りに行き、帰宅途中のサラリーマンA男に近づき、腹部に包丁を突き付けて「金を出せ。」と言ったところ、畏怖したA男が逃げようとしたので「待てよ。」と腕をつかんでもみ合ったところ、A男が上着から手帳を落としたが、暗がりで手帳が落ちた音を聞いた甲はそれが何であるのか全く分からないまま拾って逃走した。この場合、甲は何罪の刑責を負うか。

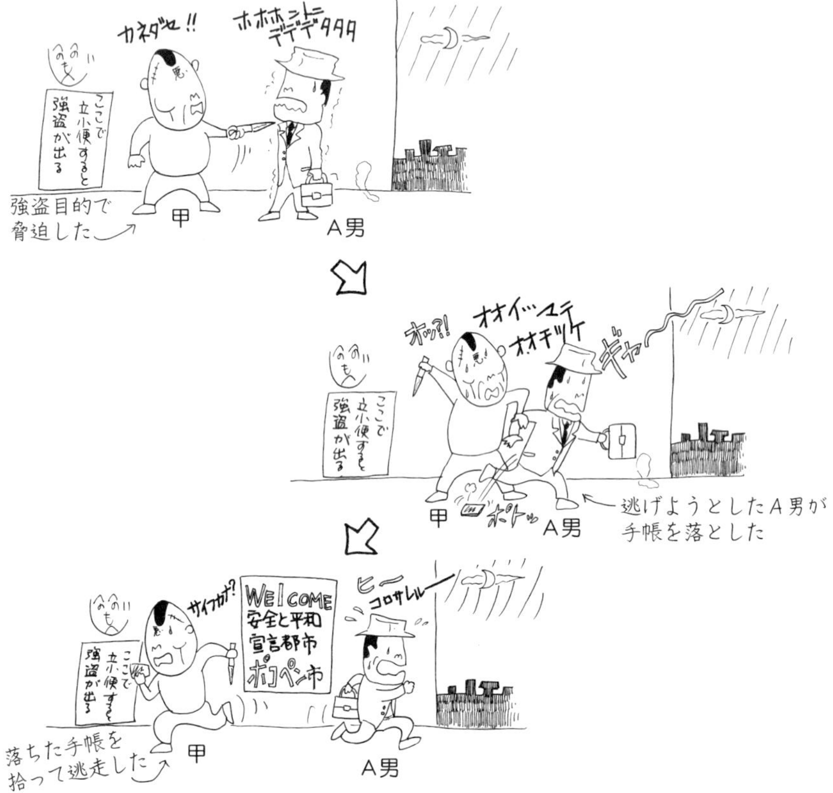

関係判例

強盗の犯意には暴行又は脅迫によって他人の財物を奪取する意思があることをもって足り、その奪取する財物の種類、数量などについて、これを認識することを要しない（大判大15.2.24）。

論文答案例

1 結 論

甲は、強盗罪の刑責を負う。

2 争 点

領得した財物に対する詳細な認識がなくても強盗罪が成立するか。

3 法的検討

(1) 強盗罪の意義

暴行又は脅迫により、他人の財物を強取し又は財産上の不法の利益を得ること。

(2) 保護法益

財産権と人の生命、身体、生活の平穏等

(3) 構成要件

ア 故 意

暴行又は脅迫を手段として他人の財物を強取する意思

イ 「暴行」、「脅迫」の意義

(ア) 最狭義の「暴行」

人の抵抗を抑圧するに足りる有形力の行使であること。

(イ) 最狭義の「脅迫」

人の抵抗を抑圧するに足りる脅迫行為であること。

4 関係判例

強盗の犯意には暴行又は脅迫によって他人の財物を奪取する意思があることをもって足り、その奪取する財物の種類、数量などについて、これを認識することを要しない(大判大15.2.24)。

5 事例検討

事例の場合、上記法的検討、関係判例のとおり、甲が行った暴行・脅迫はA男の抵抗を抑圧するものであったことから、甲の行為は、強盗罪となる。

被害品の範囲

【包丁で相手を脅し、財布とともに手帳も奪った】

甲は、遊興費に窮したことから強盗を決意し、深夜、包丁を持って裏通りに行き、帰宅途中のサラリーマンA男に近づき、腹部に包丁を突き付けて「金を出せ。」と言ったところ、畏怖したA男が逃げようとしたので「待てよ。」と腕をつかんで引き止め、上着の内ポケットに手を入れて財布をつかみ出したが、その際、財布と一緒にポケットに入れていた手帳も無意識に領得した。この場合、甲の強盗行為は、手帳にも及ぶか。

関係判例

強盗罪の主観的要件は、暴行・脅迫を加えて相手方の反抗を抑圧し、その財物を奪取することの認識、認容であるから、仮に、奪取した財物中に行為者が目的としなかった財物が含まれていても、強取した財物全体に対する強盗罪が成立する（大判大2.10.21）。

論文答案例

1 結 論

甲の強盗行為は、手帳にも及ぶ。

2 争 点

無意識に奪取した手帳も強盗の被害品となるか、手帳は含まないとして財布のみが被害品となるか。

3 法的検討

(1) 強盗罪の意義

暴行又は脅迫により、他人の財物を強取し又は財産上の不法の利益を得ること。

(2) 保護法益

財産権と人の生命、身体、生活の平穏等

(3) 構成要件

ア 故 意

暴行又は脅迫を手段として他人の財物を強取する意思

イ 「暴行」、「脅迫」の意義

(ア) 最狭義の「暴行」

人の抵抗を抑圧するに足りる有形力の行使であること。

(イ) 最狭義の「脅迫」

人の抵抗を抑圧するに足りる脅迫行為であること。

4 関係判例

強盗罪の主観的要件は、暴行・脅迫を加えて相手方の反抗を抑圧し、その財物を奪取することの認識、認容であるから、仮に、奪取した財物中に行為者が目的としなかった財物が含まれていても、強取した財物全体に対する強盗罪が成立する（大判大2.10.21）。

5 事例検討

事例の場合、上記法的検討、関係判例のとおり、甲が行った暴行・脅迫はA男の抵抗を抑圧するものであったことから、甲の行為は、財布と手帳に対する強盗罪となる。

強盗罪の着手

【暴行直後に被害者が逃走した】

甲は、遊興費に窮したことから強盗を決意し、まずは一発殴っておいて金を奪ってやろうと考え、深夜、バットを持って裏通りに行き、帰宅途中のサラリーマンA男に近づいていきなりバットで腹部を殴ったが、A男がとっさにカバンで受け止めた後に反転して駆け足で逃走したため、甲はA男に対して暴行を行っただけで金品の要求をすることができなかった。この場合、甲の行為は、強盗の未遂が成立するか。

関係判例

強盗罪の着手は財物を強取する目的で暴行又は脅迫を開始したときであるから、現に被害者の反抗を抑圧する暴行・脅迫を行った以上、現実に相手方が反抗を抑圧されず、財物奪取の目的を遂げなかったとしても、実行行為の着手があるとして強盗未遂罪が成立する（最判昭23.6.26）。

論文答案例

1　結　論

甲は、強盗未遂罪の刑責を負う。

2　争　点

甲が行った暴行が強盗罪の着手として強盗未遂罪が成立するか、強盗未遂罪が成立しないとして暴行罪にとどまるか。

3　法的検討

(1)　強盗罪の意義

暴行又は脅迫により、他人の財物を強取し又は財産上の不法の利益を得ること。

(2)　保護法益

財産権と人の生命、身体、生活の平穏等

(3)　構成要件

ア　故　意

暴行又は脅迫を手段として他人の財物を強取する意思

イ　「暴行」、「脅迫」の意義

(ア)　最狭義の「暴行」

人の抵抗を抑圧するに足りる有形力の行使であること。

(イ)　最狭義の「脅迫」

人の抵抗を抑圧するに足りる脅迫行為であること。

4　関係判例

強盗罪の着手は財物を強取する目的で暴行又は脅迫を開始したときであるから、現に被害者の反抗を抑圧する暴行・脅迫を行った以上、現実に相手方が反抗を抑圧されず、財物奪取の目的を遂げなかったとしても、実行行為の着手があるとして強盗未遂罪が成立する（最判昭23.6.26）。

5　事例検討

事例の場合、上記法的検討、関係判例のとおり、甲が行った暴行は強盗罪の着手に当たることから、甲の行為は、強盗未遂罪となる。

強盗罪の未遂か既遂か

【財布をポケットに入れたが落とした】

甲は、遊興費に窮したことから強盗を決意し、深夜、包丁を持って裏通りに行き、帰宅途中のサラリーマンA男に近づき、腹部に包丁を突き付けて「金を出せ。」と言ったところ、畏怖したA男が財布を渡したので甲が財布を上着のポケットにねじ込んだが、パトカーのサイレンが聞こえたために、ポケットから財布を落としたことに気づかずに逃走し、落とした財布はA男が拾った。この場合、甲の行為は、強盗罪の未遂か既遂か。

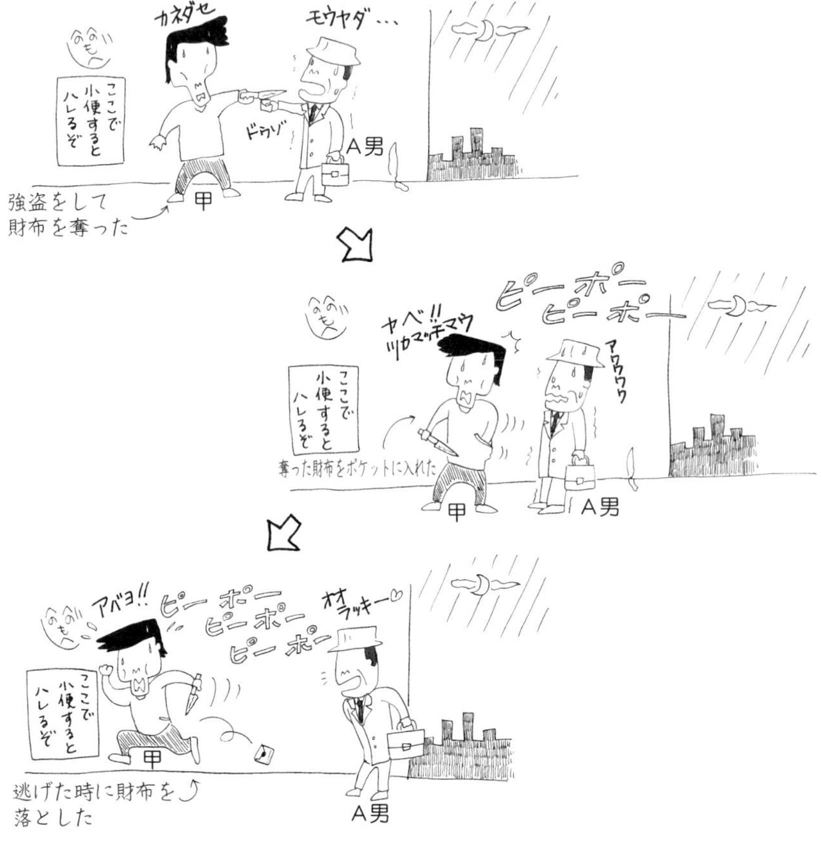

関係判例

強盗罪の既遂時期は、財物に対する被害者の占有を排除して、財物を犯人又は第三者の占有に移したときに、１項強盗罪は成立する（最判昭24.6.14）。

論文答案例

1　結　論

甲は、強盗既遂罪の刑責を負う。

2　争　点

甲が行った強盗は未遂か、既遂か。

3　法的検討

⑴　強盗罪の意義

暴行又は脅迫により、他人の財物を強取し又は財産上の不法の利益を得ること。

⑵　保護法益

財産権と人の生命、身体、生活の平穏等

⑶　構成要件

ア　故　意

暴行又は脅迫を手段として他人の財物を強取する意思

イ　「暴行」、「脅迫」の意義

㋐　最狭義の「暴行」

人の抵抗を抑圧するに足りる有形力の行使であること。

㋑　最狭義の「脅迫」

人の抵抗を抑圧するに足りる脅迫行為であること。

4　関係判例

強盗罪の既遂時期は、財物に対する被害者の占有を排除して、財物を犯人又は第三者の占有に移したときに、1項強盗罪は成立する（最判昭24.6.14）。

5　事例検討

事例の場合、上記法的検討、関係判例のとおり、甲が財布をポケットに入れた時点で既遂に達するから、甲の行為は、強盗既遂罪となる。

【タクシー料金の支払いを免れるため、運転手に暴行・脅迫を加えて逃走したが、追いかけてきた運転手に逮捕された】

会社員の甲は、飲酒後、X通りでタクシーに乗車し、目的地として自宅を指定したが、タクシー運転手のAが不慣れであったため、一向に自宅へ到着する様子がなかったことから、同人に降車する旨を伝えた。そして、甲は降車する際にAからタクシー料金の支払いを求められたところ、同人に対し、「お前、目的地に着いてないのに、何で金を払わなきゃならねぇんだ。ぶっ殺すぞ！」などと言いながら、Aの髪をつかんで揺さぶり、顔面を殴るなどした上、自らタクシーのドアを開けて逃走したが、タクシーを降車した地点から約30メートル離れた路上で、追いかけてきたAに捕まった。この場合、甲は、どのような刑責を負うか。

グエーーッ!!
A
甲
コノヤロー
タクシー内で暴行
甲
A
ヒー
マテー
金を払わずに逃げた甲をAが捕まえた

関係判例

2項強盗罪の既遂時期は、暴行・脅迫を手段として、財産上不法の利益を得たと認められるときである。暴行・脅迫が相手方の反抗を抑圧するに足りる程度のものである以上、財産上の利益の取得が被害者の処分行為によることを要しない（最判昭32.9.13）。

また、行為者または第三者によって、法律上又は事実上、財産上の利益が取得されたとみなされる事態がなければならない（東京高判昭37.8.7）。

論文答案例

1　結　論

２項強盗未遂罪の刑責を負う。

2　争　点

甲は、タクシー料金の支払いを免れるため、Aに暴行・脅迫を加えており、２項強盗罪の着手が認められることは明らかであるが、甲は追いかけてきたAに、タクシーを降車した地点から約30メートル離れた路上で捕まっていることから、２項強盗罪が既遂に達したといえるか。

3　法的検討

一時的に債権の追求を免れただけでは、財産上不法の利益を得たとはいえない。財産上不法の利益を得たといえるためには、債権の追求を①受けることがなくなる、②著しく困難にさせる、③相当長期にわたって不可能にさせるなどの状態に至らせることを要する。

4　関係判例

２項強盗罪の既遂時期は、暴行・脅迫を手段として、財産上不法の利益を得たと認められるときである。暴行・脅迫が相手方の反抗を抑圧するに足りる程度のものである以上、財産上の利益の取得が被害者の処分行為によることを要しない（最判昭32.9.13）。

また、行為者または第三者によって、法律上又は事実上、財産上の利益が取得されたとみなされる事態がなければならない（東京高判昭37.8.7）。

5　事例検討

事例の場合、甲は、タクシー料金の支払いを免れる目的でAに暴行・脅迫を加え、逃走したことにより一時的に支払いを免れているものの、Aに追いかけられて、タクシーを降車した時点から約30メートル離れた路上で捕まっており、事実上タクシー料金の支払請求を困難な状態にしたとはいえない。したがって、いまだ財産上不法の利益を得たとはいえず、甲は、２項強盗未遂罪の刑責を負う。

強盗罪か恐喝罪か

【包丁を使用したＩ】

甲は、遊興費に窮したことから強盗を決意し、深夜、包丁を持ち出して公園に行き、暗がりのベンチに座っていたＡ男とＢ女の背後に足音を立てないように近づき、後ろから腕を回してＡ男の首に包丁の刃をあてがい、「動いたら殺す。金を出せ。」と脅迫した結果、極度の恐怖に陥ったＡ男とＢ女が財布から現金を出して甲に渡した。この場合、甲の行為は、強盗罪か、恐喝罪か。

関係判例

反抗の抑圧の程度は、犯行の時刻、場所、凶器使用の有無、犯人及び被害者の性別、年齢、体格等、個々の状況によって判断されるが、一般的にナイフなどの凶器を用いた場合には、反抗を抑圧するに十分な暴行、脅迫があったといえる（最判昭24.2.8）。

論文答案例

1　結　論

甲は、強盗罪の刑責を負う。

2　争　点

甲が行った暴行・脅迫がA男、B女の抵抗を抑圧するものであったとして強盗罪が成立するか、A男、B女の抵抗を抑圧する程度に至らなかったとして恐喝罪が成立するか。

3　法的検討

(1)　強盗罪の意義

暴行又は脅迫により、他人の財物を強取し又は財産上の不法の利益を得ること。

(2)　保護法益

財産権と人の生命、身体、生活の平穏等

(3)　構成要件

ア　故　意

暴行又は脅迫を手段として他人の財物を強取する意思

イ　「暴行」、「脅迫」の意義

(ア)　最狭義の「暴行」

人の抵抗を抑圧するに足りる有形力の行使であること。

(イ)　最狭義の「脅迫」

人の抵抗を抑圧するに足りる脅迫行為であること。

(4)　恐喝罪と強盗罪の区別

ア　恐喝罪が成立する場合

暴行・脅迫の程度が、相手の反抗を抑圧するまでに至らない程度であった場合には、恐喝罪となる。

イ　強盗罪が成立する場合

暴行・脅迫の程度が、相手の反抗を抑圧する程度であった場合には、強盗罪となる。

4　関係判例

反抗の抑圧の程度は、犯行の時刻、場所、凶器使用の有無、犯人及び被害者の性別、年齢、体格等、個々の状況によって判断されるが、一般的にナイフなどの凶器を用いた場合には、反抗を抑圧するに十分な暴行、脅迫があったといえる（最判昭24.2.8）。

5　事例検討

事例の場合、上記法的検討、関係判例のとおり、甲が行った脅迫はA男、B女の抵抗を抑圧するものであったことから、甲の行為は、強盗罪となる。

【包丁を使用したⅡ】

甲は、遊興費に窮したことから強盗を決意し、深夜、包丁を持ち出して公園に行き、暗がりのベンチに座っていたA女とB男に近づき、包丁をちらつかせながら「金を出せ。」と言った際、A女とB男は相手を突き飛ばして逃げようか、公園内にいる別のアベックに助けを求めようか迷ったが、けがをしないために財布から現金を出して甲に渡した。この場合、甲の行為は、強盗罪か、恐喝罪か。

関係判例

夜9時ころ、人家から遠く暗い公園内のベンチに座っていたアベックに近づき、ジャックナイフを相手方の内股に触れたりぶらぶらさせながら「金を出せ。」と言った場合、相手方が困惑して自ら現金を交付した事実があったとしても、相手方の抵抗を抑圧したとはいえないことから、強盗罪ではなく、恐喝罪が成立する（東京高判昭37.10.31）。

論文答案例

1　結　論

甲は、恐喝罪の刑責を負う。

2　争　点

甲が行った暴行・脅迫がA女、B男の抵抗を抑圧するものであったとして強盗罪が成立するか、A女、B男の抵抗を抑圧する程度に至らなかったとして恐喝罪が成立するか。

3　法的検討

(1)　強盗罪の意義

暴行又は脅迫により、他人の財物を強取し又は財産上の不法の利益を得ること。

(2)　保護法益

財産権と人の生命、身体、生活の平穏等

(3)　構成要件

ア　故　意

暴行又は脅迫を手段として他人の財物を強取する意思

イ　「暴行」、「脅迫」の意義

(ア)　最狭義の「暴行」

人の抵抗を抑圧するに足りる有形力の行使であること。

(イ)　最狭義の「脅迫」

人の抵抗を抑圧するに足りる脅迫行為であること。

(4)　恐喝罪と強盗罪の区別

ア　恐喝罪が成立する場合

暴行・脅迫の程度が、相手の反抗を抑圧するまでに至らない程度であった場合には、恐喝罪となる。

イ　強盗罪が成立する場合

暴行・脅迫の程度が、相手の反抗を抑圧する程度であった場合には、強盗罪となる。

4　関係判例

夜9時ころ、人家から遠く暗い公園内のベンチに座っていたアベックに近づき、ジャックナイフを相手方の内股に触れたりぶらぶらさせながら「金を出せ。」と言った場合、相手方が困惑して自ら現金を交付した事実があったとしても、相手方の抵抗を抑圧したとはいえないことから、強盗罪ではなく、恐喝罪が成立する（東京高判昭37.10.31）。

5　事例検討

事例の場合、上記法的検討、関係判例のとおり、甲が行った暴行・脅迫はA女、B男の抵抗を抑圧するに至っていないことから、甲の行為は、恐喝罪となる。

【トイレに連れ込んで暴行した】

甲は、遊興費に窮したことから強盗を決意し、深夜、公園に行き、暗がりを歩いてきた帰宅途中のＡ女を無理やり近くの公衆トイレの中に連れ込み、壁に押し付けて足蹴りをしたりビンタをしながら「金を出せ。」と脅迫したところ、極度の恐怖にかられたＡ女がハンドバッグ内から現金を出して甲に手渡した。この場合、甲の行為は、強盗罪か、恐喝罪か。

関係判例

相手方が容易に助けを求め得ない状況において殴る蹴る等の暴行を加えて金品を奪取した場合、たとえ凶器を用いていなかったとしても、相手の抵抗を抑圧する暴行・脅迫があったとみるべきであるから、強盗罪が成立する（東京高判昭32.3.7）。

論文答案例

1　結　論

甲は、強盗罪の刑責を負う。

2　争　点

甲が行った暴行・脅迫がA女の抵抗を抑圧するものであったとして強盗罪が成立するか、A女の抵抗を抑圧する程度に至らなかったとして恐喝罪が成立するか。

3　法的検討

(1)　強盗罪の意義

暴行又は脅迫により、他人の財物を強取し又は財産上の不法の利益を得ること。

(2)　保護法益

財産権と人の生命、身体、生活の平穏等

(3)　構成要件

ア　故　意

暴行又は脅迫を手段として他人の財物を強取する意思

イ　「暴行」、「脅迫」の意義

(ア)　最狭義の「暴行」

人の抵抗を抑圧するに足りる有形力の行使であること。

(イ)　最狭義の「脅迫」

人の抵抗を抑圧するに足りる脅迫行為であること。

(4)　恐喝罪と強盗罪の区別

ア　恐喝罪が成立する場合

暴行・脅迫の程度が、相手の反抗を抑圧するまでに至らない程度であった場合には、恐喝罪となる。

イ　強盗罪が成立する場合

暴行・脅迫の程度が、相手の反抗を抑圧する程度であった場合には、強盗罪となる。

4　関係判例

相手方が容易に助けを求め得ない状況において殴る蹴る等の暴行を加えて金品を奪取した場合、たとえ凶器を用いていなかったとしても、相手の抵抗を抑圧する暴行・脅迫があったとみるべきであるから、強盗罪が成立する（東京高判昭32.3.7）。

5　事例検討

事例の場合、上記法的検討、関係判例のとおり、甲が行った暴行・脅迫はA女の抵抗を抑圧するものであったことから、甲の行為は、強盗罪となる。

【交番の近くで脅迫した】

甲は、遊興費に窮したことから強盗を決意し、夕方、包丁を持ち出して駅前に行き、駅の階段を下りてきたA男に近づき、ズボンにさした包丁をちらつかせながら「金を出せ。」と言ったところ、A男は畏怖をして約50メートル先にある交番に助けを求めようかと思ったが、けがをしないために財布から現金を出して甲に渡した。この場合、甲の行為は、強盗罪か、恐喝罪か。

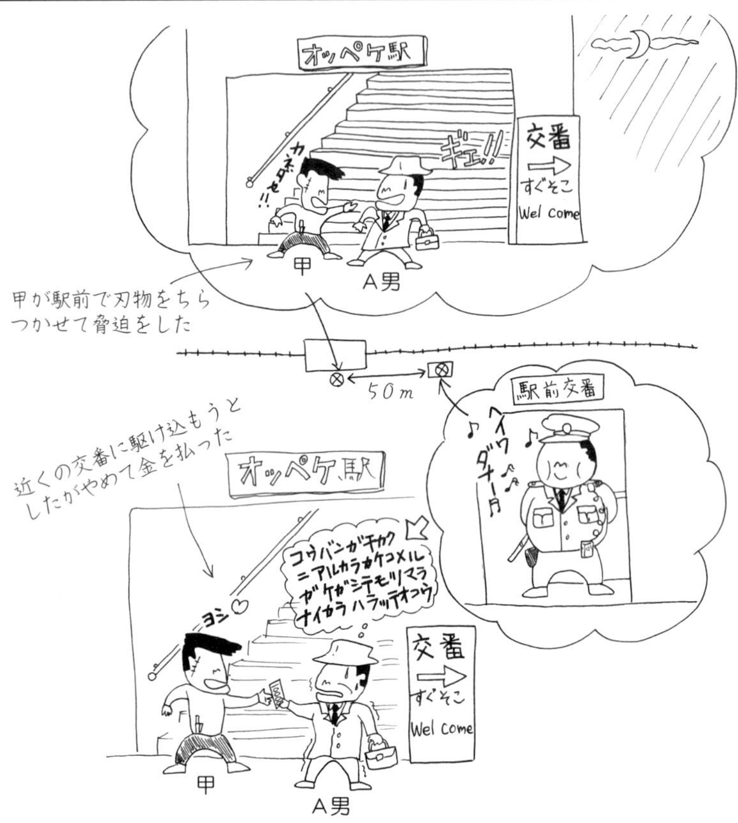

関係判例

容易に助けを求めることができる状況において、自己の身体に対する被害を最小限度にとどめるためにあえて助けを求めることなく、被疑者の求めに応じて金品を交付した場合、たとえ相当の暴行・脅迫が介在していたとしても、強盗罪ではなく、恐喝罪が成立する（東京高判昭33.10.28）。

論文答案例

1　結　論

甲は、恐喝罪の刑責を負う。

2　争　点

甲が行った暴行・脅迫がA男の抵抗を抑圧するものであったとして強盗罪が成立するか、A男の抵抗を抑圧する程度に至らなかったとして恐喝罪が成立するか。

3　法的検討

(1)　強盗罪の意義

暴行又は脅迫により、他人の財物を強取し又は財産上の不法の利益を得ること。

(2)　保護法益

財産権と人の生命、身体、生活の平穏等

(3)　構成要件

ア　故　意

暴行又は脅迫を手段として他人の財物を強取する意思

イ　「暴行」、「脅迫」の意義

(ア)　最狭義の「暴行」

人の抵抗を抑圧するに足りる有形力の行使であること。

(イ)　最狭義の「脅迫」

人の抵抗を抑圧するに足りる脅迫行為であること。

(4)　恐喝罪と強盗罪の区別

ア　恐喝罪が成立する場合

暴行・脅迫の程度が、相手の反抗を抑圧するまでに至らない程度であった場合には、恐喝罪となる。

イ　強盗罪が成立する場合

暴行・脅迫の程度が、相手の反抗を抑圧する程度であった場合には、強盗罪となる。

4　関係判例

容易に助けを求めることができる状況において、自己の身体に対する被害を最小限度にとどめるためにあえて助けを求めることなく、被疑者の求めに応じて金品を交付した場合、たとえ相当の暴行・脅迫が介在していたとしても、強盗罪ではなく、恐喝罪が成立する（東京高判昭33.10.28）。

5　事例検討

事例の場合、上記法的検討、関係判例のとおり、甲が行った脅迫はA男の抵抗を抑圧するに至っていないことから、甲の行為は、恐喝罪となる。

【包丁で脅したが畏怖しなかったⅠ】

甲は、遊興費に窮したことから強盗を決意し、深夜、包丁を持って裏通りに行き、帰宅途中のサラリーマンＡ男に近づき、腹部に包丁を突き付けて「金を出せ。」と言ったが、ひどく酒に酔っていたＡ男は、甲の行為を何かの余興だと思ってポケットから１万円札を出して機嫌良く甲に手渡した。この場合、甲の行為は、強盗罪か、恐喝罪か。

関係判例

強盗罪の暴行・脅迫は、相手方の反抗を抑圧するに足りるものであれば足り、現に相手方が反抗を抑圧されたことは必要としないから、包丁を突き付けて金銭を強取しようとした以上、被害者の自由意思が抑圧されていなかったとしても、強盗罪が成立する（最判昭23.11.18）。

論文答案例

1 結 論

甲は、強盗罪の刑責を負う。

2 争 点

強盗罪も恐喝罪のように、暴行・脅迫と財物交付の間に連鎖的因果関係が必要だとしてA男が全く畏怖しなかった場合には強盗未遂罪が成立するか、連鎖的因果関係は必要ないとして強盗罪が成立するか。

3 法的検討

(1) 強盗罪の意義

暴行又は脅迫により、他人の財物を強取し又は財産上の不法の利益を得ること。

(2) 保護法益

財産権と人の生命、身体、生活の平穏等

(3) 構成要件

ア 故 意

暴行又は脅迫を手段として他人の財物を強取する意思

イ 「暴行」、「脅迫」の意義

(ア) 最狭義の「暴行」

人の抵抗を抑圧するに足りる有形力の行使であること。

(イ) 最狭義の「脅迫」

人の抵抗を抑圧するに足りる脅迫行為であること。

4 関係判例

強盗罪の暴行・脅迫は、相手方の反抗を抑圧するに足りるものであれば足り、現に相手方が反抗を抑圧されたことは必要としないから、包丁を突き付けて金銭を強取しようとした以上、被害者の自由意思が抑圧されていなかったとしても、強盗罪が成立する(最判昭23.11.18)。

5 事例検討

事例の場合、上記法的検討、関係判例のとおり、甲が行った暴行・脅迫はA男の抵抗を抑圧するに足りるものであったことから、甲の行為は、強盗罪となる。

【包丁で脅したが畏怖しなかったⅡ】

甲と乙は、遊興費に窮したことから強盗を決意し、深夜、それぞれ包丁を持ってA宅に侵入し、寝ていたAを起こして二人で包丁を突き付けて「金を出せ。」と脅迫したところ、空手の達人であるAは畏怖せず、甲と乙に当て身を入れて撃退することも可能であると考えたが、ここでけがをしても仕方がないと考えて金庫内から現金を出して手渡した。この場合、甲と乙の行為は、強盗罪か、恐喝罪か。

関係判例

強盗罪の暴行・脅迫は、相手方の反抗を抑圧するに足りるものであれば足り、現に相手方が反抗を抑圧されたことは必要としないから、包丁を突き付けて金銭を強取しようとした以上、被害者の自由意思が抑圧されていなかったとしても、強盗罪が成立する（最判昭23.11.18）。

論文答案例

1 結 論

甲と乙は、強盗罪の刑責を負う。

2 争 点

強盗罪も恐喝罪のように、暴行・脅迫と財物交付の間に連鎖的因果関係が必要だとしてAが全く畏怖しなかった場合には強盗未遂罪が成立するか、連鎖的因果関係は必要ないとして強盗罪が成立するか。

3 法的検討

(1) 強盗罪の意義

暴行又は脅迫により、他人の財物を強取し又は財産上の不法の利益を得ること。

(2) 保護法益

財産権と人の生命、身体、生活の平穏等

(3) 構成要件

ア 故 意

暴行又は脅迫を手段として他人の財物を強取する意思

イ 「暴行」、「脅迫」の意義

(ア) 最狭義の「暴行」

人の抵抗を抑圧するに足りる有形力の行使であること。

(イ) 最狭義の「脅迫」

人の抵抗を抑圧するに足りる脅迫行為であること。

4 関係判例

強盗罪の暴行・脅迫は、相手方の反抗を抑圧するに足りるものであれば足り、現に相手方が反抗を抑圧されたことは必要としないから、包丁を突き付けて金銭を強取しようとした以上、被害者の自由意思が抑圧されていなかったとしても、強盗罪が成立する(最判昭23.11.18)。

5 事例検討

事例の場合、上記法的検討、関係判例のとおり、甲と乙が行った暴行・脅迫はAの抵抗を抑圧するに足りるものであったことから、甲と乙の行為は、強盗罪となる。

【モデルガンの銃口を向けて脅迫し、現金を奪った】

無職の甲（男）は、生活費に窮したことから、現金を奪おうと考え、某日深夜、モデルガンをジャンパーのポケットに入れ、街灯の少ない公園をうろついていたところ、前方からＡ女が歩いて来たことから、ジャンパーのポケットに入れていたモデルガンを取り出し、その銃口を同女の顔面に向け、「金を出せ。撃ち殺すぞ。」などと脅迫した。すると、本物の拳銃であると誤信したＡ女が財布の中から現金５万円を取り出したことから、甲は、それを奪い取って逃走した。この場合、甲は、何の刑責を負うか。

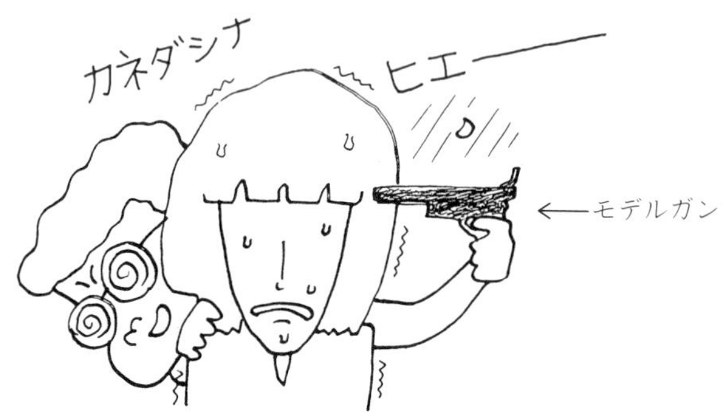

関係判例

・夜間にブリキ製のピストルを突き付けて脅迫して金品を強取した事案（最判昭23.6.22）
・被疑者３名で、被害者を取り囲み、同人の左脇付近に玩具のピストルを突き付けて手首をねじり上げ、現金を強取した事案（東京高判昭37.4.12）

は、いずれも強盗罪が成立する。

論文答案例

1 結 論

強盗罪の刑責を負う。

2 争 点

甲は、深夜、公園を歩いていたA女にモデルガンの銃口を向けて脅迫して現金を奪っているところ、この甲の行為は、同女の反抗を抑圧するに足りる程度のものであるか。

3 法的検討

強盗罪と恐喝罪のいずれの罪が成立するかは、通常、手段としての暴行・脅迫の程度によって区別される。被害者の反抗を抑圧するに足りる程度に達した場合には強盗罪が成立し、その程度に達しない場合には恐喝罪が成立する。そして、ここにいう「犯行を抑圧するに足りる程度」とは、被害者が精神的又は身体的に自由を失う程度のことをいう。

4 関係判例

・ 夜間にブリキ製のピストルを突き付けて脅迫して金品を強取した事案(最判昭23.6.22)

・ 被疑者3名で、被害者を取り囲み、同人の左脇付近に玩具のピストルを突き付けて手首をねじり上げ、現金を強取した事案(東京高判昭37.4.12)

は、いずれも強盗罪が成立する。

5 事例検討

事例の場合、甲が使用したのがモデルガンだとしても、通常、女性は男性よりも体力・体格的に劣っており、また、深夜で辺りが暗く、モデルガンであるかどうかの判断も容易にできず、現にA女は本物の拳銃と誤信していることからすれば、甲の脅迫行為は、A女の反抗を抑圧するに足りる程度のものといえる。

よって、甲は、強盗罪の刑責を負う。

【タクシー運転手の首を絞めた】

甲は、都心で遊んだが終電を乗り過ごしたためタクシーを利用したところ、金を持っていなかったため、タクシーの代金を免れるために運転手に暴行することを決意し、人通りがなく街灯もない道路を走行中のタクシー内において、どなりながら背後から運転手Aの首を強く絞めたところ、驚愕したAが約100メートル離れた交番までタクシーを走行させて警察官に訴え、甲が逮捕された。この場合、甲の刑責は何か。

関係判例

午後11時過ぎ、人通りがなく街灯もない道路を走行中のタクシー内で、代金の支払を免れようとどなりながら背後から運転手の首を強く絞めたため、運転手が消防署まで約220メートル運転して救助を求めた場合、強盗罪が成立する（仙台高判昭40.2.19）。

論文答案例

1 結 論

甲は、強盗罪の刑責を負う。

2 争 点

甲が行った暴行・脅迫がAの抵抗を抑圧するものであったとして強盗罪が成立するか、Aの抵抗を抑圧する程度に至らなかったとして恐喝罪が成立するか。

3 法的検討

(1) 強盗罪の意義

暴行又は脅迫により、他人の財物を強取し又は財産上の不法の利益を得ること。

(2) 保護法益

財産権と人の生命、身体、生活の平穏等

(3) 構成要件

ア 故 意

暴行又は脅迫を手段として他人の財物を強取する意思

イ 「暴行」、「脅迫」の意義

(ア) 最狭義の「暴行」

人の抵抗を抑圧するに足りる有形力の行使であること。

(イ) 最狭義の「脅迫」

人の抵抗を抑圧するに足りる脅迫行為であること。

(4) 恐喝罪と強盗罪の区別

ア 恐喝罪が成立する場合

暴行・脅迫の程度が、相手の反抗を抑圧するまでに至らない程度であった場合には、恐喝罪となる。

イ 強盗罪が成立する場合

暴行・脅迫の程度が、相手の反抗を抑圧する程度であった場合には、強盗罪となる。

4 関係判例

午後11時過ぎ、人通りがなく街灯もない道路を走行中のタクシー内で、代金の支払を免れようとどなりながら背後から運転手の首を強く絞めたため、運転手が消防署まで約220メートル運転して救助を求めた場合、強盗罪が成立する（仙台高判昭40.2.19）。

5 事例検討

事例の場合、上記法的検討、関係判例のとおり、甲が行った暴行・脅迫はAの抵抗を抑圧するものであったことから、甲の行為は、強盗罪となる。

【靴べらで脅迫した】

甲と乙は、遊興費に窮したことから強盗を決意し、深夜、街灯がなく、人通りのない暗い路上を散歩していたＡ男とＢ女の前に立って、甲が、Ａ男の腹部に銀メッキの靴べらを強く突き付け、Ａ男がそれを刃物だと誤認して極度の恐怖により立ちすくんでいたところ、乙が「動いたら殺す。じっとしてな。」と言いながらＡ男のズボンのポケットから財布を取り出して持ち去った。この場合、甲と乙の行為は、強盗罪か、恐喝罪か。

関係判例

深夜の路上において、共犯者が被害者の胸部に刃物様（クロームメッキの靴べら）を突き付け、被告人が被害者から腕時計をもぎ取った場合、恐喝罪ではなく、強盗罪が成立する（東京高判昭41.9.12）。

論文答案例

1　結　論

甲と乙は、強盗罪の刑責を負う。

2　争　点

甲と乙が行った脅迫がA男とB女の抵抗を抑圧するものであったとして強盗罪が成立するか、A男とB女の抵抗を抑圧する程度に至らなかったとして恐喝罪が成立するか。

3　法的検討

(1)　強盗罪の意義

暴行又は脅迫により、他人の財物を強取し又は財産上の不法の利益を得ること。

(2)　保護法益

財産権と人の生命、身体、生活の平穏等

(3)　構成要件

ア　故　意

暴行又は脅迫を手段として他人の財物を強取する意思

イ　「暴行」、「脅迫」の意義

(ア)　最狭義の「暴行」

人の抵抗を抑圧するに足りる有形力の行使であること。

(イ)　最狭義の「脅迫」

人の抵抗を抑圧するに足りる脅迫行為であること。

(4)　恐喝罪と強盗罪の区別

ア　恐喝罪が成立する場合

暴行・脅迫の程度が、相手の反抗を抑圧するまでに至らない程度であった場合には、恐喝罪となる。

イ　強盗罪が成立する場合

暴行・脅迫の程度が、相手の反抗を抑圧する程度であった場合には、強盗罪となる。

4　関係判例

深夜の路上において、共犯者が被害者の胸部に刃物様（クロームメッキの靴べら）を突き付け、被告人が被害者から腕時計をもぎ取った場合、恐喝罪ではなく、強盗罪が成立する（東京高判昭41.9.12）。

5　事例検討

事例の場合、上記法的検討、関係判例のとおり、甲・乙が行った暴行・脅迫はA男、B女の抵抗を抑圧するものであったことから、甲、乙の行為は、強盗罪となる。

【タクシー運転手の顔面を殴打した】

甲は、都心で遊んだが終電を乗り過ごしたためタクシーを利用したところ、助手席に多額の現金があるのが見えたので、人通りのない暗い路上で「小便がしたい。ちょっととめてくれ。」と言って停車させ、いきなり後部座席から運転手Aの顔面を殴打して、「おれは○△組のもんだ。ショバ代を出しな。」と脅迫したため、畏怖したAが助手席の現金を甲に交付した。この場合、甲の行為は、強盗罪か、恐喝罪か。

関係判例

午前０時ころ、郊外の人通りのない路上に停車中のタクシー内において、運転手を殴打したところ、うずくまったので、タクシー料金を奪取しようと悪心を起こし、暴力団のような口調で脅迫し、売上金を奪った場合、強盗罪が成立する（福岡高判昭55.5.23）。

論文答案例

1 結 論

甲は、強盗罪の刑責を負う。

2 争 点

甲が行った暴行・脅迫がAの抵抗を抑圧するものであったとして強盗罪が成立するか、Aの抵抗を抑圧する程度に至らなかったとして恐喝罪が成立するか。

3 法的検討

(1) 強盗罪の意義

暴行又は脅迫により、他人の財物を強取し又は財産上の不法の利益を得ること。

(2) 保護法益

財産権と人の生命、身体、生活の平穏等

(3) 構成要件

ア 故 意

暴行又は脅迫を手段として他人の財物を強取する意思

イ 「暴行」、「脅迫」の意義

(ア) 最狭義の「暴行」

人の抵抗を抑圧するに足りる有形力の行使であること。

(イ) 最狭義の「脅迫」

人の抵抗を抑圧するに足りる脅迫行為であること。

(4) 恐喝罪と強盗罪の区別

ア 恐喝罪が成立する場合

暴行・脅迫の程度が、相手の反抗を抑圧するまでに至らない程度であった場合には、恐喝罪となる。

イ 強盗罪が成立する場合

暴行・脅迫の程度が、相手の反抗を抑圧する程度であった場合には、強盗罪となる。

4 関係判例

午前0時ころ、郊外の人通りのない路上に停車中のタクシー内において、運転手を殴打したところ、うずくまったので、タクシー料金を奪取しようと悪心を起こし、暴力団のような口調で脅迫し、売上金を奪った場合、強盗罪が成立する（福岡高判昭55.5.23）。

5 事例検討

事例の場合、上記法的検討、関係判例のとおり、甲が行った暴行・脅迫はAの抵抗を抑圧するものであったことから、甲の行為は、強盗罪となる。

【タクシー運転手の顔面にスタンガンを放電した】

甲は、都心で遊んだが終電を乗り過ごしたためタクシーを利用したところ、助手席に多額の現金があるのが見えたので、人通りのない暗い路上で「小便がしたい。ちょっととめてくれ。」と言って停車させ、いきなり後部座席から運転手Aの顔面にスタンガンを放電し、痛みと恐怖でハンドルに突っ伏したAに「金をくれ。」と要求したため、畏怖したAが助手席の現金を甲に交付した。この場合、甲の行為は、強盗罪か、恐喝罪か。

関係判例

階段の踊り場付近で現金在中のケースを運搬している者に対し、いきなりスタンガンを顔面に突き付けながら放電してケースを奪った行為は、強盗罪を構成する（大阪高判平8.3.7）。

論文答案例

1　結　論

甲は、強盗罪の刑責を負う。

2　争　点

甲が行った暴行・脅迫がAの抵抗を抑圧するものであったとして強盗罪が成立するか、Aの抵抗を抑圧する程度に至らなかったとして恐喝罪が成立するか。

3　法的検討

(1)　強盗罪の意義

暴行又は脅迫により、他人の財物を強取し又は財産上の不法の利益を得ること。

(2)　保護法益

財産権と人の生命、身体、生活の平穏等

(3)　構成要件

ア　故　意

暴行又は脅迫を手段として他人の財物を強取する意思

イ　「暴行」、「脅迫」の意義

(ア)　最狭義の「暴行」

人の抵抗を抑圧するに足りる有形力の行使であること。

(イ)　最狭義の「脅迫」

人の抵抗を抑圧するに足りる脅迫行為であること。

(4)　恐喝罪と強盗罪の区別

ア　恐喝罪が成立する場合

暴行・脅迫の程度が、相手の反抗を抑圧するまでに至らない程度であった場合には、恐喝罪となる。

イ　強盗罪が成立する場合

暴行・脅迫の程度が、相手の反抗を抑圧する程度であった場合には、強盗罪となる。

4　関係判例

階段の踊り場付近で現金在中のケースを運搬している者に対し、いきなりスタンガンを顔面に突き付けながら放電してケースを奪った行為は、強盗罪を構成する（大阪高判平8.3.7）。

5　事例検討

事例の場合、上記法的検討、関係判例のとおり、甲が行った暴行・脅迫はAの抵抗を抑圧するものであったことから、甲の行為は、強盗罪となる。

強盗罪か窃盗罪か

【ひったくって倒した】

甲は、遊興費に窮したことからひったくりを決意し、夕方、原付バイクに乗車して駅前通りに行き、自転車で帰宅途中の主婦Aに後方から接近し、腕にかけるようにして持っていたセカンドバッグを追い抜きざまに強く引っ張ったため、主婦Aが自転車もろとも引きずられ転倒した。この場合、甲の行為は、強盗罪か、窃盗罪か。

ヒヒヒヒヒ
イタイタカモガ
後方からバイクで
近づいた
A
甲
Aを転倒させながら
ハンドバッグをもぎ取った
キャ
甲
A

関係判例

自転車で通行中の女性の背後から、原動機付き自転車で同女が右手で自転車のハンドル付近に下げていたハンドバッグを無理に引っ張り、同女に転倒の危険を感じさせる勢いでこれを強取した場合、窃盗罪ではなく、強盗罪の成立を認めるべきである（東京高判昭38.6.28）。

論文答案例

1 結 論

甲は、強盗罪の刑責を負う。

2 争 点

甲が行ったひったくり行為がAの抵抗を抑圧するものであったとして強盗罪が成立するか、Aの抵抗を抑圧する程度に至らなかったとして窃盗罪が成立するか。

3 法的検討

(1) 強盗罪

ア 強盗罪の意義

暴行又は脅迫により、他人の財物を強取し又は財産上の不法の利益を得ること。

イ 保護法益

財産権と人の生命、身体、生活の平穏等

ウ 構成要件

(ア) 故 意

暴行又は脅迫を手段として他人の財物を強取する意思

(イ) 「暴行」、「脅迫」の意義

① 最狭義の「暴行」

人の抵抗を抑圧するに足りる有形力の行使であること。

② 最狭義の「脅迫」

人の抵抗を抑圧するに足りる脅迫行為であること。

(2) 窃盗罪

ア 窃盗罪の故意

他人の占有を排除し財物を自己又は第三者の占有に移す意思

イ 窃盗罪の構成要件

他人が占有する財物を窃取する行為は、窃盗罪を構成する。

4 関係判例

自転車で通行中の女性の背後から、原動機付き自転車で同女が右手で自転車のハンドル付近に下げていたハンドバッグを無理に引っ張り、同女に転倒の危険を感じさせる勢いでこれを強取した場合、窃盗罪ではなく、強盗罪の成立を認めるべきである（東京高判昭38.6.28）。

5 事例検討

事例の場合、上記法的検討、関係判例のとおり、甲が行った暴行はAの抵抗を抑圧するものであったことから、甲の行為は、強盗罪となる。

【ひったくり犯人が、被害者に抵抗され、逮捕されそうになるや、腕を払いのけたことにより、被害者に傷害を負わせた】

無職の甲は、生活費に困窮したことから、ひったくりをしようと考え、某日深夜、酔っ払って歩いているサラリーマンのAとすれ違った際、同人の所持する手提げバッグをひったくろうとしたが、同人が抵抗したため、もみ合いとなった。そして、甲は、Aが「泥棒、泥棒。」と叫びながら甲の腕をつかもうとしたことから、このままでは逮捕されるのではないかと恐れを抱き、手提げバッグの奪取を諦め、とっさにAの腕を払いのけたところ、その勢いでAは転倒し、加療1週間の傷害を負った。この場合、甲は何罪の刑責を負うか。

関係判例

窃盗犯人が、逃走中に逮捕しようとした者に対し、積極的、攻撃的な暴行を加える意思がなく、ただ逃げたい一心から防御的な動作をしたにすぎないときは、たとえ相手が勢い余って転倒し、傷害を負ったとしても、その行為は、いまだ相手の逮捕遂行の意思を制圧するに足りる程度の暴行の域にまでは達していない（東京高判昭61.4.17）。

論文答案例

1　結　論

窃盗未遂罪及び傷害罪の刑責を負う。

2　争　点

甲の行為は、事後強盗罪が成立し、さらに、結果的加重犯である強盗致傷罪が成立するか。

3　法的検討

(1)　事後強盗の意義

窃盗犯人が、窃盗の現場又は機会において、

①　財物を取り返されるのを防ぐため

②　逮捕を免れるため

③　罪跡を隠滅するため

に暴行・脅迫を加えること。

また、事後強盗罪の既遂・未遂は、窃盗行為が既遂か未遂かによって決まる。

(2)　事後強盗罪にいう「暴行・脅迫」の程度

相手方の反抗を抑圧するに足りる程度のものであることが必要である。

暴行・脅迫の態様のほか、周囲の状況等の具体的事情を考慮し、客観的に判断する。

4　関係判例

窃盗犯人が、逃走中に逮捕しようとした者に対し、積極的、攻撃的な暴行を加える意思がなく、ただ逃げたい一心から防御的な動作をしたにすぎないときは、たとえ相手が勢い余って転倒し、傷害を負ったとしても、その行為は、いまだ相手の逮捕遂行の意思を制圧するに足りる程度の暴行の域にまでは達していない（東京高判昭61.4.17）。

5　事例検討

事例の場合、上記法的検討、関係判例のとおり、甲の行為は、事後強盗罪の結果的加重犯としての強盗致傷罪ではなく、窃盗未遂罪及び傷害罪が成立し、両罪は併合罪となる。

【第三者に暴行・脅迫を加えた】

甲は、遊興費に窮したことから強盗を決意し、深夜、包丁を持って裏通りに行き、包丁を手に持って、帰宅途中のＯＬのＡ女に近づこうとしたところ、たまたまジョギングで通りかかったＢ男から「包丁を持って何をしている。」と一喝されたため、甲は激高してＢ男に包丁で切りかかり、その様子を見て恐怖のあまり立ちすくんだＡ女のハンドバッグをひったくって逃走した。この場合、甲の行為は、強盗罪か、窃盗罪か。

関係判例

暴行・脅迫の相手方は、財物強取の障害となるものであれば足り、必ずしも財物の所有者又は占有者であることを要しない（大判大元.9.6）。

論文答案例

1　結　論

甲は、強盗罪の刑責を負う。

2　争　点

第三者であるB男に対する暴行・脅迫により、A女に対する強盗罪が成立するか、強盗罪は成立しないとして窃盗罪が成立するか。

3　法的検討

(1)　強盗罪

ア　強盗罪の意義

暴行又は脅迫により、他人の財物を強取し又は財産上の不法の利益を得ること。

イ　保護法益

財産権と人の生命、身体、生活の平穏等

ウ　構成要件

(ア)　故　意

暴行又は脅迫を手段として他人の財物を強取する意思

(イ)　「暴行」、「脅迫」の意義

①　最狭義の「暴行」

人の抵抗を抑圧するに足りる有形力の行使であること。

②　最狭義の「脅迫」

人の抵抗を抑圧するに足りる脅迫行為であること。

(2)　窃盗罪

ア　窃盗罪の故意

他人の占有を排除し財物を自己又は第三者の占有に移す意思

イ　窃盗罪の構成要件

他人が占有する財物を窃取する行為は、窃盗罪を構成する。

4　関係判例

暴行・脅迫の相手方は、財物強取の障害となるものであれば足り、必ずしも財物の所有者又は占有者であることを要しない（大判大元.9.6）。

5　事例検討

事例の場合、上記法的検討、関係判例のとおり、B男に対する暴行・脅迫がA女に対する強盗行為の手段と解されることから、甲の行為は、強盗罪となる。

【6歳の子供から奪取した】

甲は、昼間、タバコを買うために外に出たが小銭を持ってくるのを忘れたため、公園で遊んでいる少年A（6歳、小学校1年生）に近づき、いきなり腕をつかんで引き寄せ、びっくりして動けなくなったAのポケットの中から300円を抜き取り、「お母さんに言うなよ。」とすごんで立ち去った。この場合、甲の行為は、強盗罪か、恐喝罪か。

関係判例

強盗罪の被害者は、十分な意思能力を有する者である必要はなく、ある程度、財物に対する管理能力を持っている以上、10歳の少年であっても強盗罪の被害者となり得る（最判昭22.11.26）。

論文答案例

1　結　論

甲は、強盗罪の刑責を負う。

2　争　点

6歳の少年の現金を奪取する行為は、強盗罪が成立するか、強盗罪が成立しないとして窃盗罪が成立するか。

3　法的検討

(1)　強盗罪

ア　強盗罪の意義

暴行又は脅迫により、他人の財物を強取し又は財産上の不法の利益を得ること。

イ　保護法益

財産権と人の生命、身体、生活の平穏等

ウ　構成要件

(ア)　故　意

暴行又は脅迫を手段として他人の財物を強取する意思

(イ)　「暴行」、「脅迫」の意義

①　最狭義の「暴行」

人の抵抗を抑圧するに足りる有形力の行使であること。

②　最狭義の「脅迫」

人の抵抗を抑圧するに足りる脅迫行為であること。

(2)　窃盗罪

ア　窃盗罪の故意

他人の占有を排除し財物を自己又は第三者の占有に移す意思

イ　窃盗罪の構成要件

他人が占有する財物を窃取する行為は、窃盗罪を構成する。

4　関係判例

強盗罪の被害者は、十分な意思能力を有する者である必要はなく、ある程度、財物に対する管理能力を持っている以上、10歳の少年であっても強盗罪の被害者となり得る（最判昭22.11.26）。

5　事例検討

事例の場合、上記法的検討、関係判例のとおり、甲が行った暴行・脅迫はAの抵抗を抑圧するものであったことから、甲の行為は、強盗罪となる。

【財布をとられたことに気づかなかった】

甲は、遊興費に窮したことから強盗を決意し、深夜、包丁を持って裏通りに行き、帰宅途中のサラリーマンＡ男に近づいて腹部に包丁を突き付けて「金を出せ。」と言ったところ、Ａ男は驚愕したが、その後、ひどく酒に酔っていたＡ男はその場で眠り込んでしまったので、甲はＡ男のビジネスバッグ内から財布を領得した。この場合、甲の行為は、強盗罪か、窃盗罪か。

ヒ～!!
カネダセ!!
酔っ払いに刃物
を突き付けて金
を要求した
A男
甲
オイ
オオキロヨ
ムニャムニャ
ムニャムニャ
酔っ払いA男が
その場に眠り込
んでしまった
A男
甲
ZZZ
A男のビジネスバッグから
財布を抜き取って立ち去った
A男
甲

関係判例

強取とは、暴行・脅迫によって相手方の反抗を抑圧し、財物を自己又は第三者の占有に移すことをいうが、その場合、被害者が知らない間に目的物を奪った場合であっても強取となる（最判昭23.12.24）。

論文答案例

1　結　論

甲は、強盗罪の刑責を負う。

2　争　点

強盗されたA男が財布をとられたことに気づかなくても強盗罪が成立するか、強盗罪が成立しないとして窃盗罪が成立するか。

3　法的検討

(1)　強盗罪

ア　強盗罪の意義

暴行又は脅迫により、他人の財物を強取し又は財産上の不法の利益を得ること。

イ　保護法益

財産権と人の生命、身体、生活の平穏等

ウ　構成要件

(ア)　故　意

暴行又は脅迫を手段として他人の財物を強取する意思

(イ)　「暴行」、「脅迫」の意義

①　最狭義の「暴行」

人の抵抗を抑圧するに足りる有形力の行使であること。

②　最狭義の「脅迫」

人の抵抗を抑圧するに足りる脅迫行為であること。

(2)　窃盗罪

ア　窃盗罪の故意

他人の占有を排除し財物を自己又は第三者の占有に移す意思

イ　窃盗罪の構成要件

他人が占有する財物を窃取する行為は、窃盗罪を構成する。

4　関係判例

強取とは、暴行・脅迫によって相手方の反抗を抑圧し、財物を自己又は第三者の占有に移すことをいうが、その場合、被害者が知らない間に目的物を奪った場合であっても強取となる（最判昭23.12.24）。

5　事例検討

事例の場合、上記法的検討、関係判例のとおり、たとえA男に強盗の被害者であるという認識がなくても強盗罪は成立するから、甲の行為は、強盗罪となる。

【落とした財布を領得した】

甲は、遊興費に窮したことから強盗を決意し、深夜、包丁を持って裏通りに行き、A男に近づき、腹部に包丁を突き付けて「金を出せ。」と言ったが、A男は空手の達人であったことから畏怖せずに、「やめなさい。」と諭したところ、甲が更に包丁を突き付けてきたため、A男は冷静に一歩後方に下がってかわしたが、その際にA男のポケットから財布が落ち、甲がこれを拾って逃走した。この場合、甲の行為は、強盗罪か、窃盗罪か。

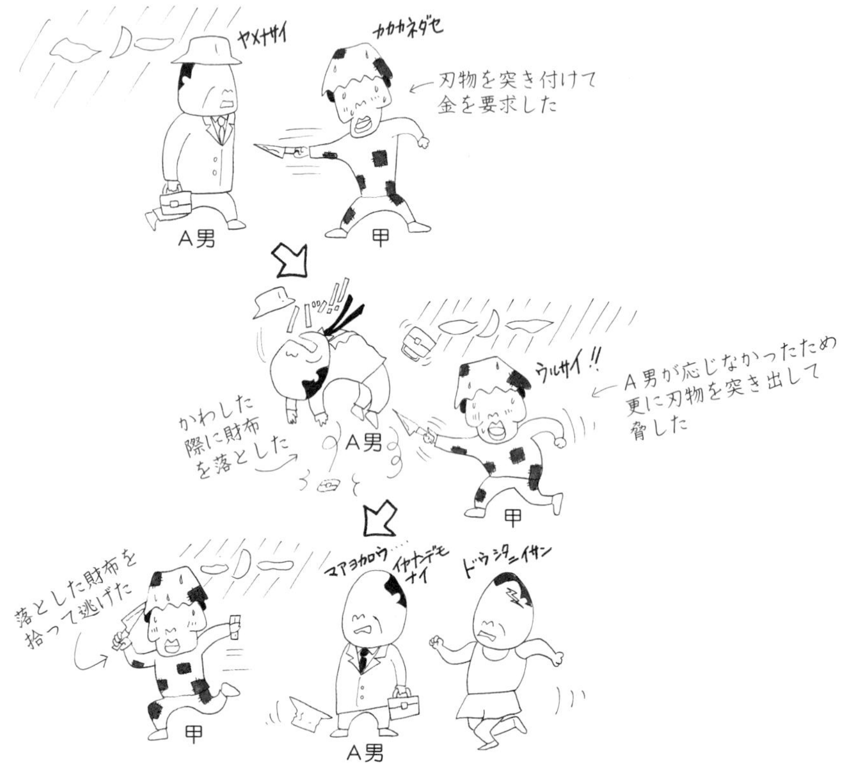

関係判例

客観的にみて相手方の反抗を抑圧するに足りる暴行・脅迫が加えられたのに、相手方が気丈な人であるために反抗を抑圧されなかったり、無用の争いを避けるために金品を交付した場合であっても、暴行・脅迫との間に因果関係があることから、強盗既遂罪に当たる（最判昭23.6.26）。

論文答案例

1　結　論

甲は、強盗罪の刑責を負う。

2　争　点

A男が全く畏怖せずにたまたま落とした財布を領得した場合でも、強盗罪が成立するか、強盗罪が成立しないとして窃盗罪が成立するか。

3　法的検討

(1)　強盗罪

ア　強盗罪の意義

暴行又は脅迫により、他人の財物を強取し又は財産上の不法の利益を得ること。

イ　保護法益

財産権と人の生命、身体、生活の平穏等

ウ　構成要件

(ア)　故　意

暴行又は脅迫を手段として他人の財物を強取する意思

(イ)　「暴行」、「脅迫」の意義

①　最狭義の「暴行」

人の抵抗を抑圧するに足りる有形力の行使であること。

②　最狭義の「脅迫」

人の抵抗を抑圧するに足りる脅迫行為であること。

(2)　窃盗罪

ア　窃盗罪の故意

他人の占有を排除し財物を自己又は第三者の占有に移す意思

イ　窃盗罪の構成要件

他人が占有する財物を窃取する行為は、窃盗罪を構成する。

4　関係判例

客観的にみて相手方の反抗を抑圧するに足りる暴行・脅迫が加えられたのに、相手方が気丈な人であるために反抗を抑圧されなかったり、無用の争いを避けるために金品を交付した場合であっても、暴行・脅迫との間に因果関係があることから、強盗既遂罪に当たる（最判昭23.6.26）。

5　事例検討

事例の場合、上記法的検討、関係判例のとおり、甲が行った暴行・脅迫はA男の抵抗を抑圧するに足りるものであったことから、甲の行為は、強盗罪となる。

【暴行後に落とした財布を領得したⅠ】

甲は、遊興費に窮したことから強盗を決意し、深夜、包丁を持って裏通りに行き、帰宅途中のサラリーマンA男に近づき、腹部に左手に持った包丁を突き付けて「金を出せ。」と言いながら右手で胸ぐらをつかんで引き寄せたところ、A男の上着ポケットから財布が路上に落ちたので甲がこれを拾おうとしたときにA男が駆け足で逃走したため、甲は財布を領得して現場を立ち去った。この場合、甲の行為は、強盗罪か、窃盗罪か。

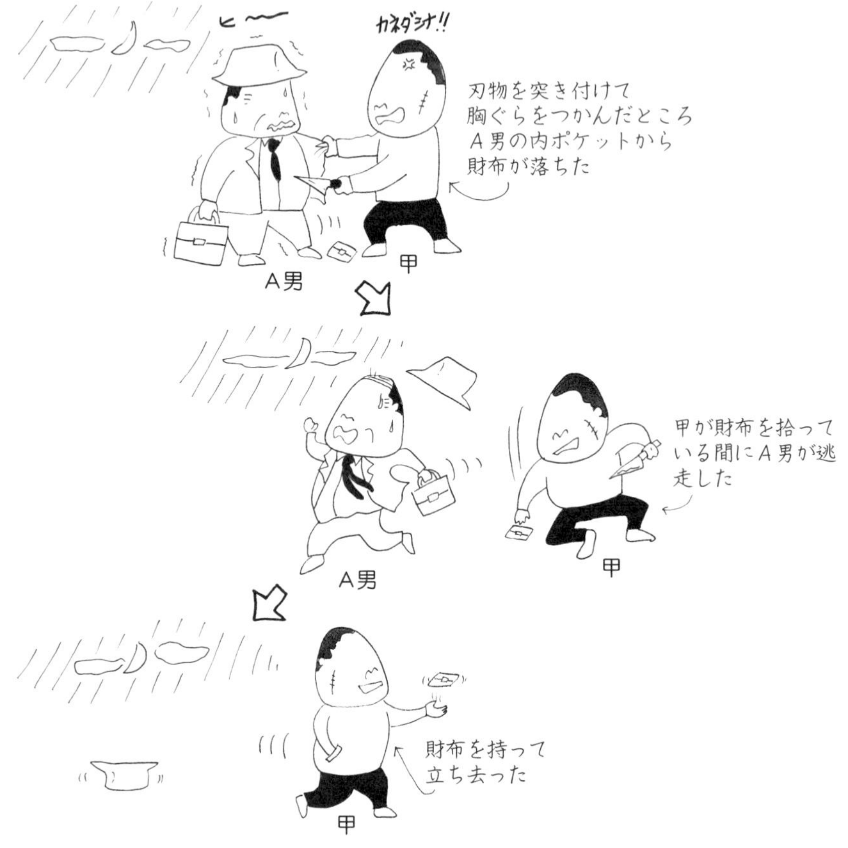

ヒ〜〜
カネダシナ!!
刃物を突き付けて
胸ぐらをつかんだところ
A男の内ポケットから
財布が落ちた
A男
甲
甲が財布を拾っている間にA男が逃走した
A男
甲
財布を持って
立ち去った
甲

関係判例

強盗の意思で暴行・脅迫を加えたところ、被害者が携帯していた財物をその場に放置して逃走したので、これを奪った場合には、強取があったとして強盗罪が成立する（名古屋高判昭32.3.4）。

論文答案例

1　結　論

甲は、強盗罪の刑責を負う。

2　争　点

A男が落とした財布を領得した場合に強盗罪が成立するか、強盗罪が成立しないとして窃盗罪が成立するか。

3　法的検討

(1)　強盗罪

ア　強盗罪の意義

暴行又は脅迫により、他人の財物を強取し又は財産上の不法の利益を得ること。

イ　保護法益

財産権と人の生命、身体、生活の平穏等

ウ　構成要件

(ア)　故　意

暴行又は脅迫を手段として他人の財物を強取する意思

(イ)　「暴行」、「脅迫」の意義

①　最狭義の「暴行」

人の抵抗を抑圧するに足りる有形力の行使であること。

②　最狭義の「脅迫」

人の抵抗を抑圧するに足りる脅迫行為であること。

(2)　窃盗罪

ア　窃盗罪の故意

他人の占有を排除し財物を自己又は第三者の占有に移す意思

イ　窃盗罪の構成要件

他人が占有する財物を窃取する行為は、窃盗罪を構成する。

4　関係判例

強盗の意思で暴行・脅迫を加えたところ、被害者が携帯していた財物をその場に放置して逃走したので、これを奪った場合には、強取があったとして強盗罪が成立する（名古屋高判昭32.3.4）。

5　事例検討

事例の場合、上記法的検討、関係判例のとおり、甲がA男の財布を領得する行為は強取に当たることから、甲の行為は、強盗罪となる。

【暴行後に落とした財布を領得したⅡ】

甲は、ムシャクシャしていたのでだれかを殴ろうと決意し、深夜、裏通りに行って帰宅途中のサラリーマンA男に近づき、いきなり顔面を殴打したところ、A男はその場にかばんを放置して駆け足で逃走したため、甲は急に金が欲しくなり、かばんの中にあった財布を領得した。この場合、甲の行為は、強盗罪か、窃盗罪か。

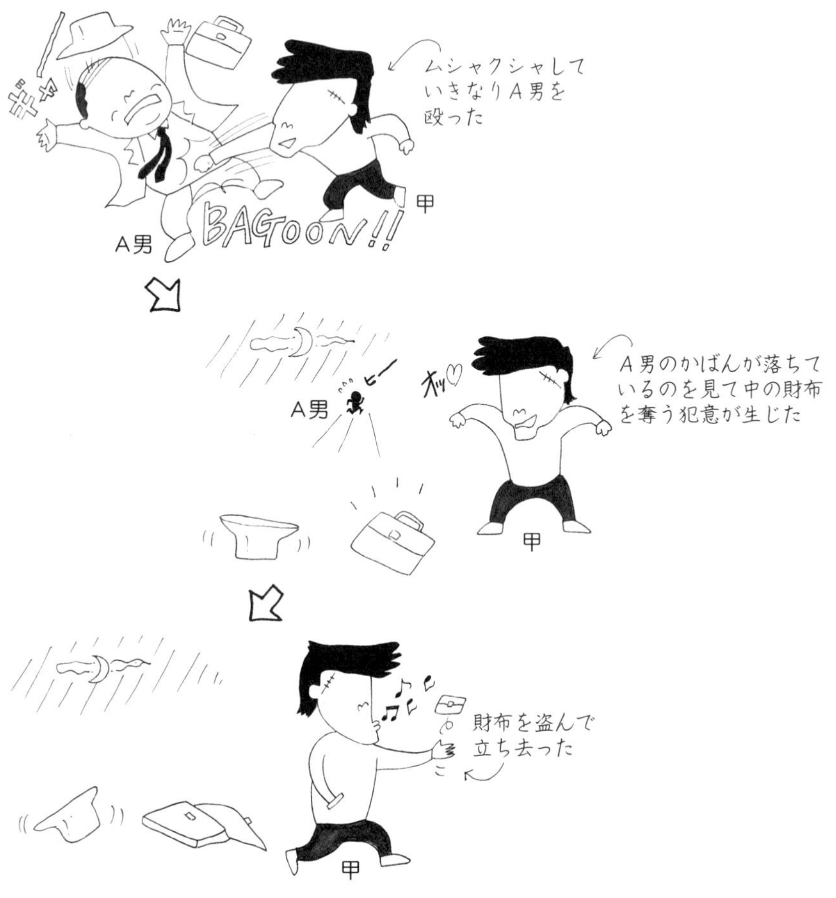

ムシャクシャして
いきなりA男を
殴った
BAGOON!!
A男
甲
A男のかばんが落ちて
いるのを見て中の財布
を奪う犯意が生じた
ヒー
A男
甲
財布を盗んで
立ち去った
甲

関係判例

暴行・脅迫を加えたところ、被害者が逃走する際に所持品を現場に落とし、加害者が、被害者の逃走後にそのことに気づいてこれを領得した場合、強取があったとはいえないことから強盗罪は成立せず、暴行罪と窃盗罪が成立する（名古屋高判昭30.5.4)。

論文答案例

1 結 論

甲は、窃盗罪と暴行罪の併合罪となる。

2 争 点

暴行後に生じた犯意によって財物を領得した場合に強盗罪が成立するか、強盗罪が成立しないとして窃盗罪が成立するか。

3 法的検討

(1) 強盗罪

ア 強盗罪の意義

暴行又は脅迫により、他人の財物を強取し又は財産上の不法の利益を得ること。

イ 保護法益

財産権と人の生命、身体、生活の平穏等

ウ 構成要件

(ア) 故 意

暴行又は脅迫を手段として他人の財物を強取する意思

(イ) 「暴行」、「脅迫」の意義

① 最狭義の「暴行」

人の抵抗を抑圧するに足りる有形力の行使であること。

② 最狭義の「脅迫」

人の抵抗を抑圧するに足りる脅迫行為であること。

(2) 窃盗罪

ア 窃盗罪の故意

他人の占有を排除し財物を自己又は第三者の占有に移す意思

イ 窃盗罪の構成要件

他人が占有する財物を窃取する行為は、窃盗罪を構成する。

4 関係判例

暴行・脅迫を加えたところ、被害者が逃走する際に所持品を現場に落とし、加害者が、被害者の逃走後にそのことに気づいてこれを領得した場合、強取があったとはいえないことから強盗罪は成立せず、暴行罪と窃盗罪が成立する(名古屋高判昭30.5.4)。

5 事例検討

事例の場合、上記法的検討、関係判例のとおり、A男に対する暴行は強盗の犯意の下に行われたものではないから強盗罪は成立せず、甲の行為は、窃盗罪と暴行罪が併合罪の関係で成立する。

強盗罪か事後強盗罪か

【財物の取返しを防ぐために脅迫した】

甲は、遊興費に窮したことから強盗を決意し、深夜、包丁を持って裏通りに行き、帰宅途中のサラリーマンA男に近づき、腹部に包丁を突き付けて「金を出せ。」と言ったところ、畏怖したA男が財布を渡したが、「カード類は返してくれ。」とA男が甲から財布を取り返そうとしたことから、甲がA男の顔面を殴打したためA男が痛みと恐怖でうずくまったのを見て甲は現場を逃走した。この場合、甲の行為は、強盗罪か、事後強盗罪か。

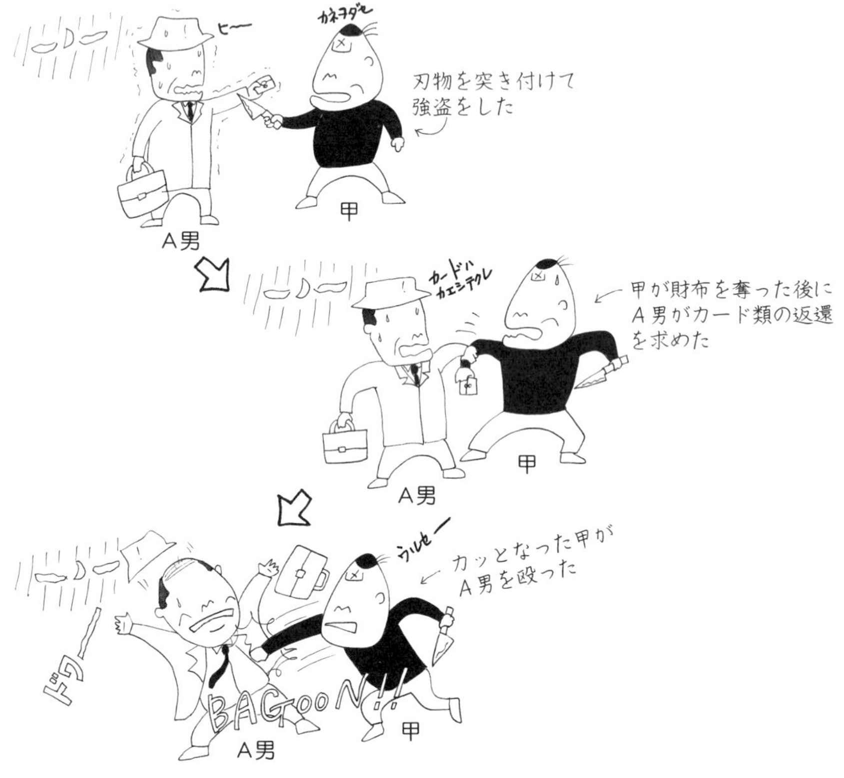
ヒ〜
カネヲダセ
刃物を突き付けて
強盗をした
甲
A男
カードハ
カエシテクレ
甲が財布を奪った後に
A男がカード類の返還
を求めた
甲
A男
ウルセー
カッとなった甲が
A男を殴った
ドワー
BAGooN!!
甲
A男

関係判例

強盗の意思の下、まず財物を強取し、その後に被害者に対して暴行・脅迫を加え、財物の取返しを防いだ場合には、事後強盗罪ではなく、強盗罪が成立する（最判昭24.2.15）。

論文答案例

1 結 論

甲は、強盗罪の刑責を負う。

2 争 点

甲の行為は強盗罪が成立するか、事後強盗罪が成立するか。

3 法的検討

(1) 強盗罪の意義

暴行又は脅迫により、他人の財物を強取し又は財産上の不法の利益を得ること。

(2) 保護法益

財産権と人の生命、身体、生活の平穏等

(3) 構成要件

ア 故 意

暴行又は脅迫を手段として他人の財物を強取する意思

イ 「暴行」、「脅迫」の意義

(ア) 最狭義の「暴行」

人の抵抗を抑圧するに足りる有形力の行使であること。

(イ) 最狭義の「脅迫」

人の抵抗を抑圧するに足りる脅迫行為であること。

(4) 事後強盗罪の意義

窃盗犯人が、窃盗の現場又は機会において、

① 財物を取り返されるのを防ぐため

② 逮捕を免れるため

③ 罪跡を隠滅するため

に暴行・脅迫を加えること。

4 関係判例

強盗の意思の下、まず財物を強取し、その後に被害者に対して暴行・脅迫を加え、財物の取返しを防いだ場合には、事後強盗罪ではなく、強盗罪が成立する（最判昭24.2.15）。

5 事例検討

事例の場合、上記法的検討、関係判例のとおり、まず財布を強取し、その後に被害者に対して暴行・脅迫を加え、財物の返還を防いでいるため、事後強盗罪は成立せず、甲の行為は、強盗罪となる。

強盗致傷

【強盗犯人が現金を強取しようとした際、逃走した被害者が負傷した】

甲は、生活費欲しさから現金を強取しようと考え、２階建て一軒家の無施錠の玄関ドアから室内に侵入し、１階にいた家人Ａに対し、所携のカッターナイフを突き付け、「おとなしくしろ。金を出せ。」などと脅迫を加えた。Ａは恐怖のあまり、その場から動くことができなくなったが、甲が室内を物色し始めたことから、隙を見て２階に逃げ込み、ベランダから逃走しようと飛び降りたものの、着地した際に全治１か月間を要する右足骨折の傷害を負った。

この場合、甲は、強盗致傷罪の刑責を負うか（住居侵入罪及び銃砲刀剣類所持等取締法違反の罪については、別論とする。）。

カネダセ
ドワー
強盗

アッ!!
隙を見て
逃げた

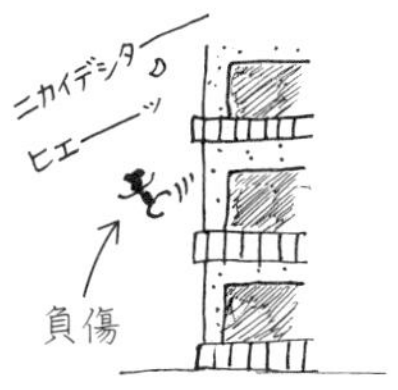
ニカイデシタ♪
ヒエーッ
負傷

関係判例

強盗致傷罪は、傷害の結果が強盗の手段たる暴行から生じた場合に成立するのはもちろんであるが、これに限らず、強盗の手段たる脅迫により被害者が畏怖し、その畏怖の結果傷害を生じた場合にも、強盗致傷罪の成立を否定すべき理由はない（福岡地判昭60.11.15）。

論文答案例

1　結　論

甲は強盗致傷罪の刑責を負う。

2　争　点

Aが甲から逃れようと隙を見て2階ベランダから飛び降り、骨折の傷害を負った場合（Aが負った傷害は、甲から直接加えられた暴行によるものではなく、同人自身が飛び降りた際に負ったもの）でも、甲を強盗致傷罪（刑法240条前段）に問えるか。

3　法的検討

強盗の際に生じた被害者の傷害を強盗致傷罪として問えるかについては、強盗の手段たる暴行に限定する必要はなく、「強盗の機会」に生じれば足りる。

4　関係判例

強盗致傷罪は、傷害の結果が強盗の手段たる暴行から生じた場合に成立するのはもちろんであるが、強盗の手段たる脅迫により被害者が畏怖し、その畏怖の結果傷害を生じた場合にも、強盗致傷罪が成立する（福岡地判昭60.11.15）。

5　事例検討

事例の場合、Aの傷害は、甲からの直接的な暴行ではないが、その傷害は、甲の行為に起因したものであるから、甲の行為とAの傷害との間には因果関係が認められ、かつ、「強盗の機会」に生じたものといえる。

よって、甲は、強盗致傷罪の刑責を負う。

罪　　数

【窃盗をした直後に強盗を行った】

甲は、遊興費に窮したことからひったくりを決意し、深夜、護身用の包丁を携帯して裏通りに行き、帰宅途中のサラリーマンＡ男のかばんを後方からひったくったが、ひったくったかばんが空であることが手に持った感触で分かったので、数メートル走ったところでかばんを捨てて引き返し、Ａ男に包丁を突き付けて「金を出せ。」と言い、畏怖したＡ男から財布を奪取して逃走した。この場合、甲が負う刑責は何か。

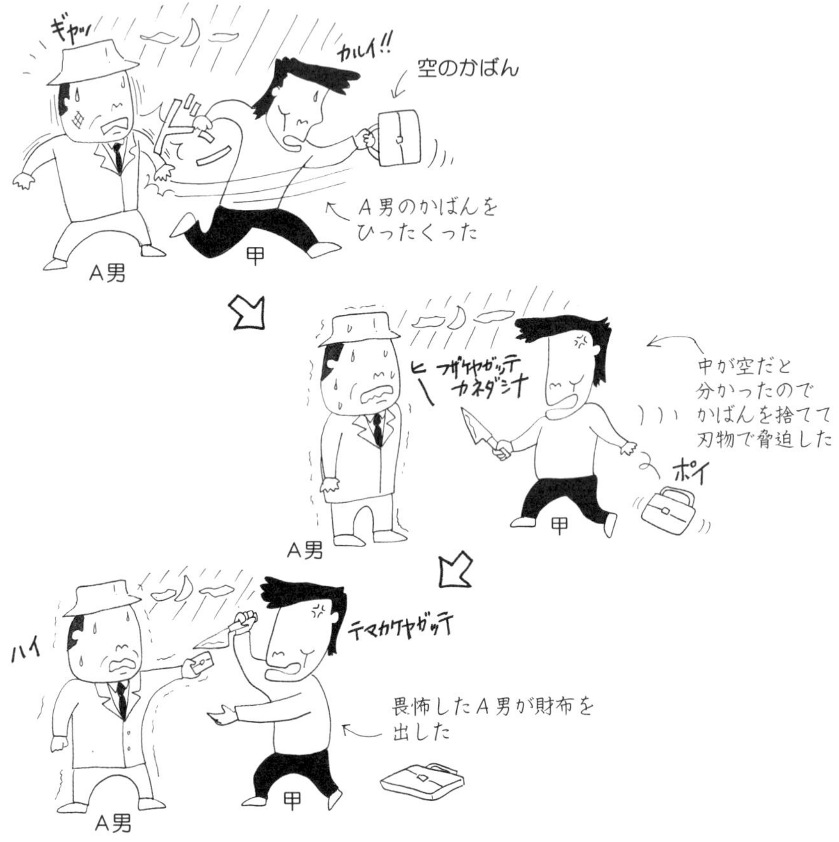
ギャッ
カルイ!!
空のかばん
A男のかばんを
ひったくった
A男
甲
中が空だと
分かったので
かばんを捨てて
刃物で脅迫した
ヒ
フザケヤガッテ
カネダシナ
ポイ
A男
甲
ハイ
テマカケヤガッテ
畏怖したA男が財布を
出した
A男
甲

関係判例

窃盗の意思で財物を窃取した後に、さらに、強盗の意思で暴行・脅迫を加えて財物を強取した場合、包括して１項強盗の一罪が成立する（大判明43.1.25）。

論文答案例

1　結　論

甲は、包括して強盗罪の刑責を負う。

2　争　点

前段の窃盗罪と後段の強盗罪の両罪が成立するか、包括して強盗既遂罪が成立するか。

3　法的検討

(1)　強盗罪の意義

暴行又は脅迫により、他人の財物を強取し又は財産上の不法の利益を得ること。

(2)　保護法益

財産権と人の生命、身体、生活の平穏等

(3)　構成要件

ア　故　意

暴行又は脅迫を手段として他人の財物を強取する意思

イ　「暴行」、「脅迫」の意義

(ア)　最狭義の「暴行」

人の抵抗を抑圧するに足りる有形力の行使であること。

(イ)　最狭義の「脅迫」

人の抵抗を抑圧するに足りる脅迫行為であること。

4　関係判例

窃盗の意思で財物を窃取した後に、さらに、強盗の意思で暴行・脅迫を加えて財物を強取した場合、包括して1項強盗の一罪が成立する（大判明43.1.25）。

5　事例検討

事例の場合、上記法的検討、関係判例のとおり、前段の窃盗罪と後段の強盗罪は包括一罪となることから、甲の行為は、包括して強盗既遂罪が成立する。

【窃盗をした直後に強盗を行ったが未遂に終わった】

甲は、遊興費に窮したことからひったくりを決意し、深夜、護身用の包丁を携帯して裏通りに行き、帰宅途中のサラリーマンＡ男のかばんを後方からひったくったが、ひったくったかばんが空であることが手に持った感触で分かったので、数メートル走ったところでかばんを捨てて引き返し、Ａ男に包丁を突き付けて「金を出せ。」と言ったが、Ａ男が大声を出したので何もとらずに逃走した。この場合、甲が負う刑責は何か。

関係判例

財物を窃取した後、さらに、暴行・脅迫を加えて財物を強取しようとしたが、未遂に終わった場合、包括して１項強盗未遂の一罪である（大阪高判昭33.11.18）。

論文答案例

1　結　論

甲は、強盗未遂罪の刑責を負う。

2　争　点

前段の窃盗罪と後段の強盗未遂罪の両罪が成立するか、包括して強盗未遂罪が成立するか。

3　法的検討

(1)　強盗罪の意義

暴行又は脅迫により、他人の財物を強取し又は財産上の不法の利益を得ること。

(2)　保護法益

財産権と人の生命、身体、生活の平穏等

(3)　構成要件

ア　故　意

暴行又は脅迫を手段として他人の財物を強取する意思

イ　「暴行」、「脅迫」の意義

(ア)　最狭義の「暴行」

人の抵抗を抑圧するに足りる有形力の行使であること。

(イ)　最狭義の「脅迫」

人の抵抗を抑圧するに足りる脅迫行為であること。

4　関係判例

財物を窃取した後、さらに、暴行・脅迫を加えて財物を強取しようとしたが、未遂に終わった場合、包括して1項強盗未遂の一罪である（大阪高判昭33.11.18）。

5　事例検討

事例の場合、上記法的検討、関係判例のとおり、前段の窃盗罪と後段の強盗未遂罪は包括一罪となることから、甲の行為は、包括して強盗未遂罪が成立する。

【窃盗の直後に強盗を行った】

甲は、ホテルに宿泊中、金を使い果たしてしまったことから窃盗を決意し、同ホテルのかぎがかかっていない留守の客室に侵入して現金を窃取したが、窃取した金額が小銭程度だったので不満を抱いたまま客室を出たところ、ホテルの従業員A女が廊下を歩いてきたので客室内に連れ込み、A女に殴る蹴るの暴行を加えてA女が所持していたホテルの売上金を強奪した。この場合、甲は、何罪の刑責を負うか。

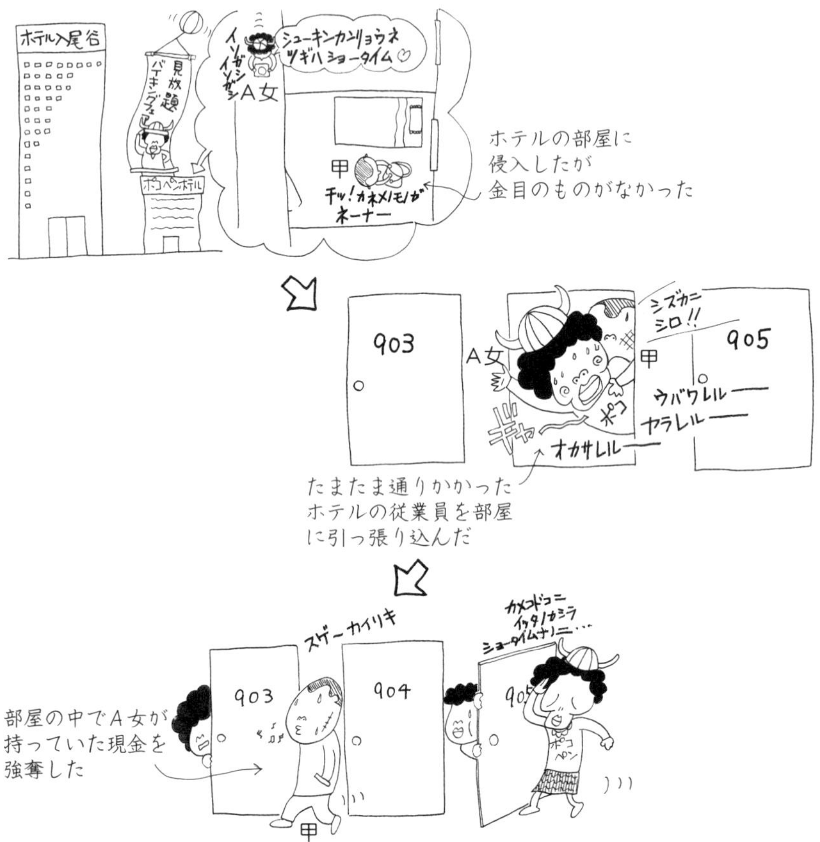

関係判例

同一旅館内における行為であっても、行為者が、宿泊客の財物を窃取した後に、従業員を脅迫して旅館主の所有物を強取したときは、窃盗罪と強盗罪の併合罪である（最決昭32.3.5）。

論文答案例

1　結　論

甲は、窃盗罪と強盗罪の併合罪となる。

2　争　点

前段の窃盗罪と後段の強盗罪の両罪が成立するか、包括して強盗既遂罪が成立するか。

3　法的検討

⑴　強盗罪の意義

暴行又は脅迫により、他人の財物を強取し又は財産上の不法の利益を得ること。

⑵　保護法益

財産権と人の生命、身体、生活の平穏等

⑶　構成要件

ア　故　意

暴行又は脅迫を手段として他人の財物を強取する意思

イ　「暴行」、「脅迫」の意義

(ア)　最狭義の「暴行」

人の抵抗を抑圧するに足りる有形力の行使であること。

(イ)　最狭義の「脅迫」

人の抵抗を抑圧するに足りる脅迫行為であること。

4　関係判例

同一旅館内における行為であっても、行為者が、宿泊客の財物を窃取した後に、従業員を脅迫して旅館主の所有物を強取したときは、窃盗罪と強盗罪の併合罪である（最決昭32.3.5）。

5　事例検討

事例の場合、上記法的検討、関係判例のとおり、甲が行った前段の窃盗罪と後段の強盗罪は別々に成立するから、甲の行為は、窃盗罪と強盗罪の併合罪が成立する。

【住居侵入して２項強盗を行った】

甲は、Ａ男から借金をしたが返済しなかったところ、しつこく請求されたことから、Ａ男に借金の返済をあきらめさせるために、深夜、包丁を持ってＡ男宅に侵入し、寝ていたＡ男を起こして包丁を突き付け、「これに署名して借金をチャラにしろ。」と脅迫した結果、極度に畏怖したＡ男が「借金はなかったことにする。」と甲の申入れを承諾し、「債務免除確約書」なる書類に署名した。この場合、甲の行為の罪数は何か。

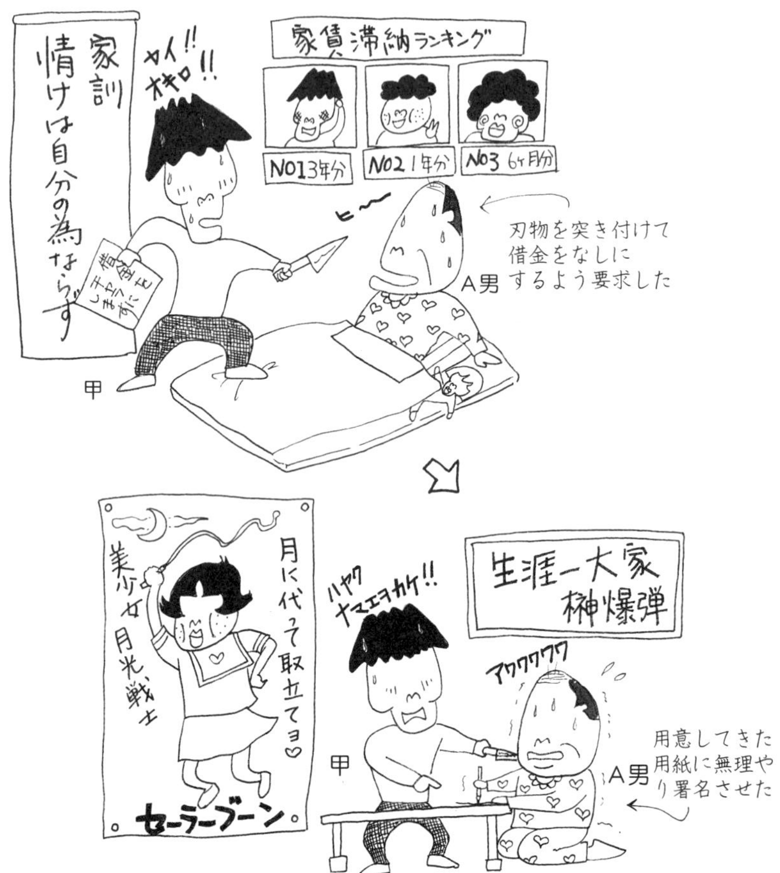

関係判例

住居侵入罪と１項強盗罪は牽連犯であるが、２項強盗罪と住居侵入罪との関係も、牽連犯である（最判昭23.12.24）。

論文答案例

1　結　論

甲は、住居侵入罪と２項強盗罪の牽連犯である。

2　争　点

甲が行った住居侵入罪と２項強盗罪は、両罪が、一般的に犯罪の手段と結果の関係になるとして牽連犯になるか、ならないとして併合罪となるか。

3　法的検討

(1)　強盗罪の意義

暴行又は脅迫により、他人の財物を強取し又は財産上の不法の利益を得ること。

(2)　保護法益

財産権と人の生命、身体、生活の平穏等

(3)　構成要件

ア　故　意

暴行又は脅迫を手段として他人の財物を強取する意思

イ　「暴行」、「脅迫」の意義

(ア)　最狭義の「暴行」

人の抵抗を抑圧するに足りる有形力の行使であること。

(イ)　最狭義の「脅迫」

人の抵抗を抑圧するに足りる脅迫行為であること。

4　関係判例

住居侵入罪と１項強盗罪は牽連犯であるが、２項強盗罪と住居侵入罪との関係も、牽連犯である（最判昭23.12.24）。

5　事例検討

事例の場合、上記法的検討、関係判例のとおり、住居侵入罪と２項強盗罪は犯罪の手段と結果の関係にあるから、甲の行為は、住居侵入罪と２項強盗罪の牽連犯となる。

【閉店中の弁当店に侵入し、複数人に傷害を与えた後、売上金を強取した】

無職の甲・乙・丙は、某日、閉店後の弁当店Ｘに、強盗の目的を持って侵入し、売上金の計算等を行っていた店長Ａ及び店員Ｂに馬乗りになり、顔面を複数回殴るなどの暴行を加えた上、店の売上金を奪って逃走した。そして、その際の暴行により、甲らは、Ａに対し全治約１週間を要する顔面打撲等の傷害を、Ｂに対し全治約10日間を要する腹挫傷等の傷害をそれぞれ負わせた。

この場合、甲らは、どのような刑責を負うか。

関係判例

住居に侵入して、その場に居合わせた二人に対して強盗致傷行為に及んだ事案につき、２個の強盗致傷罪が、１個の住居侵入罪とそれぞれ牽連関係に立つため、かすがい関係から、科刑上一罪として処罰される（東京高判昭31.12.28）。

論文答案例

1 結 論

甲らは、1個の建造物侵入罪と1個の強盗致傷罪の刑責を負い、両罪は牽連関係に立つ。

2 争 点

強盗致死傷罪の罪数は、死傷した被害者の数が基準となることから、強盗犯人が、複数の被害者に対して、それぞれ暴行を加え、それぞれに傷害を負わせた場合、仮に強盗行為は1個であったとしても、被害者の数だけ強盗致傷罪が成立し、それらの罪となるか。

3 法的検討

複数の被害者に反抗を抑圧する暴行を加え、それぞれに傷害を負わせていることから、建造物侵入罪に加え、Aに対する強盗致傷罪及びBに対する強盗致傷罪の刑責を負い、2個の強盗致傷罪は併合罪の関係に立つとも考えられる。

しかし、もともと併合罪となるべき数罪が、いずれもある罪と観念的競合又は牽連関係にある場合、それらの罪全体が科刑上一罪として処断される（かすがい関係）。

4 関係判例

住居に侵入して、その場に居合わせた二人に対して強盗致傷行為に及んだ事案につき、2個の強盗致傷罪が、1個の住居侵入罪とそれぞれ牽連関係に立つため、かすがい関係から、科刑上一罪として処罰される（東京高判昭31.12.28）。

5 事例検討

事例の場合、かすがい関係から、本来併合罪である2個の強盗致傷罪を含め、全ての罪が科刑上一罪となるため、甲らは、1個の建造物侵入罪と1個の強盗致傷罪の刑責を負い、両罪は牽連関係に立つ。

【草むらに連れ込んで不同意性交等未遂後に財物を強取した】

甲は、欲求不満から強いて性交することを決意し、深夜、包丁を持ち出して公園に行き、暗がりを歩いてきた帰宅途中のＡ女をむりやり草むらに連れ込み、包丁を突きつけて強いて性交しようとしたところ、極度の恐怖とショックによってＡ女がぐったりしていたが、芝生の上に落ちていたハンドバッグを見て急に金が欲しくなり、ハンドバッグ内から現金を取り出して「これはもらっておくぜ。」と言いながら持ち去った。この場合、甲の刑責は何か。

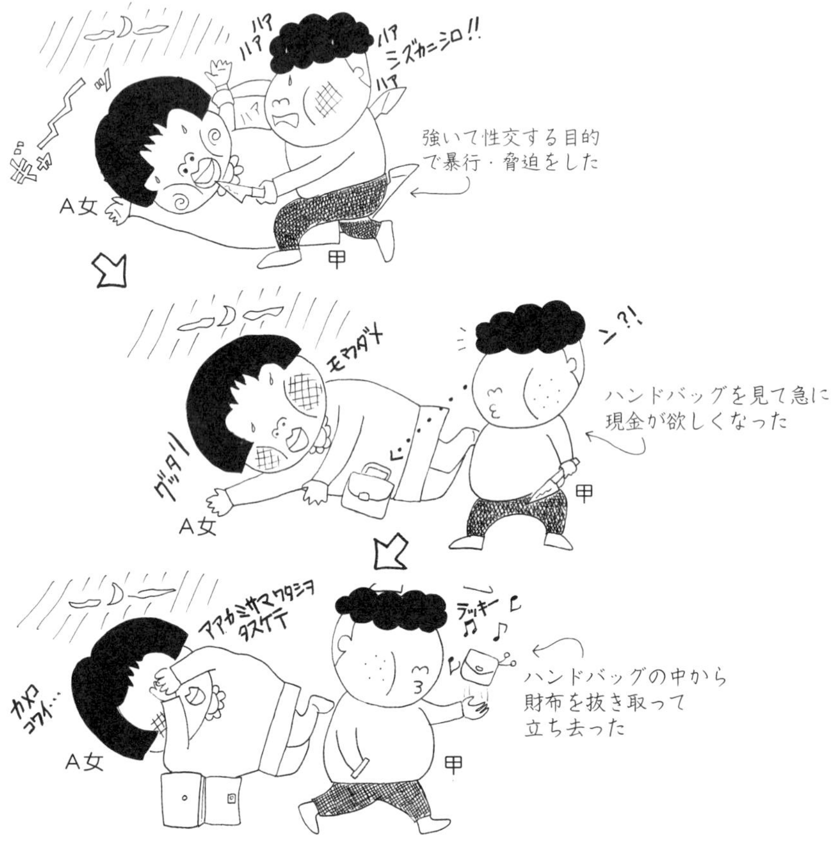

論文答案例

1　結　論
　甲は、強盗・不同意性交等罪となる。
2　争　点
　何罪が成立するか。
3　法的検討
(1)　強盗罪の意義
　暴行又は脅迫により、他人の財物を強取し又は財産上の不法の利益を得ること。
(2)　保護法益
　財産権と人の生命、身体、生活の平穏等
(3)　構成要件
ア　故　意
　暴行又は脅迫を手段として他人の財物を強取する意思
イ　「暴行」、「脅迫」の意義
(ア)　最狭義の「暴行」
　人の抵抗を抑圧するに足りる有形力の行使であること。
(イ)　最狭義の「脅迫」
　人の抵抗を抑圧するに足りる脅迫行為であること。
4　関係条文
　刑法第241条第1項
　強盗の罪若しくはその未遂罪を犯した者が不同意性交等の罪（第179条第2項の罪を除く。以下この項において同じ。）若しくはその未遂罪をも犯したとき、又は不同意性交等の罪若しくはその未遂罪を犯した者が強盗の罪若しくはその未遂罪をも犯したときは、無期又は7年以上の懲役に処する。
5　事例検討
　従来は、女性を強いて性交した後に強盗の犯意を生じ、相手の畏怖状態に乗じて財物を強取した場合には、強姦罪と強盗罪の併合罪とされていたが、刑法改正（平成29年法律72号、令和5年法律66号）施行後は、甲の行為は、強盗・不同意性交等罪となる。

【家人数人に強盗を行った】

甲は、遊興費に窮したことから強盗を決意し、深夜、包丁を持ってA宅に侵入し、寝ていたA男とB女（夫婦）を起こして包丁を突き付け、二人に対して「金を出せ。」と脅迫したところ、極度に畏怖したA男とB女がそれぞれが所有する現金や宝石類を持ち出して甲に手渡した。この場合、甲の刑責は何か。

関係判例

強盗罪の個数を決定する上では財産侵害の数が基準となるから、家人数人に暴行・脅迫を加えて強盗を行っても、１個の占有を侵害して財物を強取したにすぎないときは、強盗罪の一罪である（福岡高宮崎支判昭25.10.16）。

論文答案例

1　結　論

甲は、強盗罪の刑責を負う。

2　争　点

家人二人に対して強盗を行った場合、強盗二罪が成立するか、包括して強盗一罪となるか。

3　法的検討

(1)　強盗罪の意義

暴行又は脅迫により、他人の財物を強取し又は財産上の不法の利益を得ること。

(2)　保護法益

財産権と人の生命、身体、生活の平穏等

(3)　構成要件

ア　故　意

暴行又は脅迫を手段として他人の財物を強取する意思

イ　「暴行」、「脅迫」の意義

(ア)　最狭義の「暴行」

人の抵抗を抑圧するに足りる有形力の行使であること。

(イ)　最狭義の「脅迫」

人の抵抗を抑圧するに足りる脅迫行為であること。

4　関係判例

強盗罪の個数を決定する上では財産侵害の数が基準となるから、家人数人に暴行・脅迫を加えて強盗を行っても、1個の占有を侵害して財物を強取したにすぎないときは、強盗罪の一罪である（福岡高宮崎支判昭25.10.16）。

5　事例検討

事例の場合、上記法的検討、関係判例のとおり、甲が行った行為は1個の占有を侵害して財物を強取したものであるから、甲の行為は、包括して強盗一罪となる。

【詐欺を行った後に強盗殺人を行った】

甲は、覚醒剤のブローカーであるAに対し、代金を支払う意思もないのに「ヤクがあったら売ってくれ。」と頼み、人通りのない路上においてAが用意した覚醒剤を受け取ったが、代金支払を免れるために殺意をもって包丁でAの腹部を刺し、倒れたAを現場に放置して逃走したところ、たまたま通りかかったジョギング中のBが救急車を要請して、Aは病院に搬送され、一命をとりとめた。この場合、甲の刑責は何か。

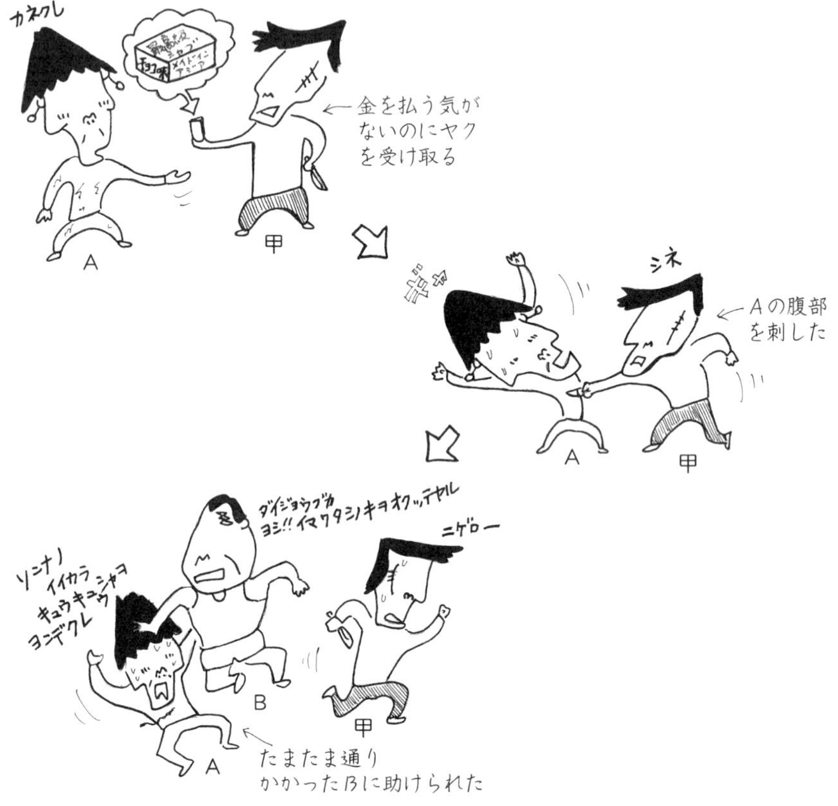
カネクレ
メイドインアミーア
チョコ味
金を払う気がないのにヤクを受け取る
A
甲
シネ
Aの腹部を刺した
A
甲
ダイジョウブカ
ヨシ!! イマワタシノキヲオクッテヤル
ニゲロー
ソンナノ
イイカラ
キュウキュウシャヲ
ヨンデクレ
B
甲
A
たまたま通りかかったBに助けられた

関係判例

覚醒剤をだまし取った後に、代金支払を免れるために殺人を行おうとしてこれが未遂に終わった場合、代金支払を免れるという財産上不法の利益を得るためにされたものである以上、右行為は詐欺罪と2項強盗による強盗殺人未遂罪との包括一罪が成立する（最決昭61.11.18）。

論文答案例

1　結　論

甲は、強盗殺人未遂罪の刑責を負う。

2　争　点

前段の詐欺罪と後段の殺人未遂罪の両罪が成立するか、包括して２項強盗による強盗殺人未遂罪が成立するか。

3　法的検討

(1)　強盗罪の意義

暴行又は脅迫により、他人の財物を強取し又は財産上の不法の利益を得ること。

(2)　保護法益

財産権と人の生命、身体、生活の平穏等

(3)　構成要件

ア　故　意

暴行又は脅迫を手段として他人の財物を強取する意思

イ　「暴行」、「脅迫」の意義

(ア)　最狭義の「暴行」

人の抵抗を抑圧するに足りる有形力の行使であること。

(イ)　最狭義の「脅迫」

人の抵抗を抑圧するに足りる脅迫行為であること。

4　関係判例

覚醒剤をだまし取った後に、代金支払を免れるために殺人を行おうとしてこれが未遂に終わった場合、代金支払を免れるという財産上不法の利益を得るためにされたものである以上、右行為は詐欺罪と２項強盗による強盗殺人未遂罪との包括一罪が成立する（最決昭61.11.18）。

5　事例検討

事例の場合、上記法的検討、関係判例のとおり、甲が行った前段の詐欺罪と後段の殺人未遂罪は別個に成立しないから、甲の行為は、包括して強盗殺人未遂罪となる。

事後強盗罪

<刑法ノート>

第238条・事後強盗

窃盗が、財物を得てこれを取り返されることを防ぎ、逮捕を免れ、又は罪跡を隠滅するために、暴行又は脅迫をしたときは、強盗として論ずる。

1　事後強盗の意義

窃盗犯人が、窃盗の現場又は機会において、

①　財物を取り返されるのを防ぐため

②　逮捕を免れるため

③　罪跡を隠滅するため

に暴行・脅迫を加えること。

2　保 護 法 益

財産権と人の生命、身体、生活の平穏等

3　「窃盗犯人」とは

窃盗の実行に着手した者のことをいう。したがって、窃盗の実行に着手しない限り、事後強盗罪は成立しない。

4　「窃盗の機会」とは

①　窃盗の犯行現場に接着した場所であること。

②　窃盗の犯行後に接着した時間であること。

③　暴行・脅迫の目的が犯行に関連していること。

以上の要件を充足する場合に、窃盗の機会に行われた暴行・脅迫であるとして、事後強盗罪が成立する。

事後強盗罪の成否

【窃盗に着手した後にかみついた】

甲は、遊興費に窮したことから窃盗を決意し、深夜、A宅に侵入してたんすの中を物色し、隠してあった現金をポケットに入れ、さらに、金目のものを物色中、物音に気づいたAが起きてきて逮捕されそうになったことから、甲は逃走をするためにAの腕に強くかみついたため、Aが一瞬たじろいだすきに甲が屋外に逃走した。この場合、甲の刑責は何か。

関係判例

窃盗犯人が、逮捕を免れるために逮捕者の腕にかみつく行為は、暴行に該当し、刑法第238条に定める強盗罪が成立する（大判昭8.7.18）。

論文答案例

1　結　論

甲は、事後強盗罪の刑責を負う。

2　争　点

窃盗犯人である甲が逮捕を免れるために行った暴行が、Aの抵抗を抑圧するに足るものであったとして事後強盗罪が成立するか。

3　法的検討

(1)　事後強盗の意義

窃盗犯人が、窃盗の現場又は機会において、

①　財物を取り返されるのを防ぐため

②　逮捕を免れるため

③　罪跡を隠滅するため

に暴行・脅迫を加えること。

(2)　保護法益

財産権と人の生命、身体、生活の平穏等

(3)　「窃盗犯人」とは

窃盗の実行に着手した者のことをいう。したがって、窃盗の実行に着手しない限り、事後強盗罪は成立しない。

(4)　「窃盗の機会」とは

①　窃盗の犯行現場に接着した場所であること。

②　窃盗の犯行後に接着した時間であること。

③　暴行・脅迫の目的が犯行に関連していること。

以上の要件を充足する場合に、窃盗の機会に行われた暴行・脅迫であるとして、事後強盗罪が成立する。

4　関係判例

窃盗犯人が、逮捕を免れるために逮捕者の腕にかみつく行為は、暴行に該当し、刑法第238条に定める強盗罪が成立する（大判昭8.7.18）。

5　事例検討

事例の場合、上記法的検討、関係判例のとおり、窃盗犯人である甲が逮捕を免れるために行った暴行はAの抵抗を抑圧するものであったことから、甲の行為は、事後強盗罪となる。

【窃盗に着手した後に物干し竿で殴りかかった】

甲は、遊興費に窮したことから窃盗を決意し、深夜、A宅に侵入してたんすの中を物色し、隠してあった現金をポケットに入れ、さらに、金目のものを物色中、物音に気づいたAが起きてきたことから甲は庭に逃げたが、Aが庭まで追跡してきたので、物干し竿をつかんでAに向かって振り回したり突いたりしたことから、Aが一瞬たじろぎ、そのすきに甲が塀を乗り越えて逃走した。この場合、甲の刑責は何か。

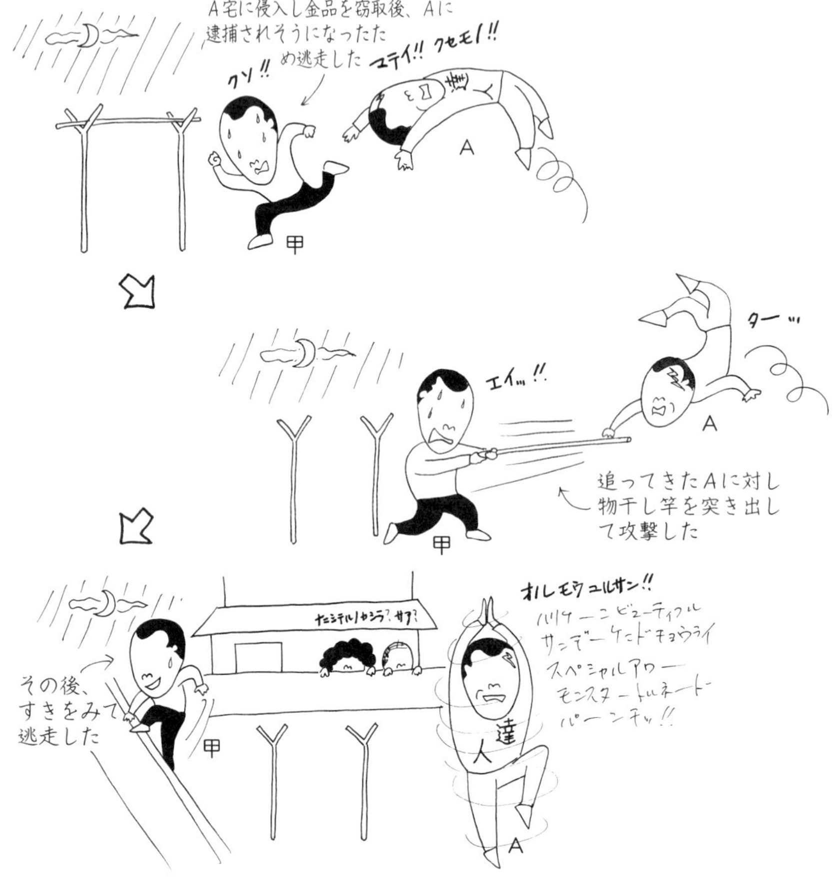

A宅に侵入し金品を窃取後、Aに逮捕されそうになったため逃走した
クソ!!
マテイ!! クセモノ!!
甲
A
エイッ!!
ターッ
追ってきたAに対し物干し竿を突き出して攻撃した
甲
A
その後、すきをみて逃走した
ナニシテルノカシラ?、サア?
オレモウユルサン!!
ハリケーンビューティフルサンデーケたドキョウライスペシャルアワーモンスタートルネードパーンチッ!!
達人
甲
A

関係判例

窃盗犯人が逃走するために、家人に対して物干し竿で突こうとしたり、投げつける行為は、いわゆる事後強盗罪における暴行に当たる（仙台高判昭30.12.8）。

論文答案例

1　結　論

甲は、事後強盗罪の刑責を負う。

2　争　点

窃盗犯人である甲が逮捕を免れるために行った暴行が、Aの抵抗を抑圧するに足るものであったとして事後強盗罪が成立するか。

3　法的検討

(1)　事後強盗の意義

窃盗犯人が、窃盗の現場又は機会において、

①　財物を取り返されるのを防ぐため

②　逮捕を免れるため

③　罪跡を隠滅するため

に暴行・脅迫を加えること。

(2)　保護法益

財産権と人の生命、身体、生活の平穏等

(3)　「窃盗犯人」とは

窃盗の実行に着手した者のことをいう。したがって、窃盗の実行に着手しない限り、事後強盗罪は成立しない。

(4)　「窃盗の機会」とは

①　窃盗の犯行現場に接着した場所であること。

②　窃盗の犯行後に接着した時間であること。

③　暴行・脅迫の目的が犯行に関連していること。

以上の要件を充足する場合に、窃盗の機会に行われた暴行・脅迫であるとして、事後強盗罪が成立する。

4　関係判例

窃盗犯人が逃走するために、家人に対して物干し竿で突こうとしたり、投げつける行為は、いわゆる事後強盗罪における暴行に当たる（仙台高判昭30.12.8）。

5　事例検討

事例の場合、上記法的検討、関係判例のとおり、窃盗犯人である甲が逮捕を免れるために行った暴行はAの抵抗を抑圧するものであったことから、甲の行為は、事後強盗罪となる。

【窃盗に着手した後に包丁を投げつけた】

甲は、遊興費に窮したことから窃盗を決意し、深夜、包丁を携帯してＡ宅に侵入し、たんすの中を物色して隠してあった現金をポケットに入れ、さらに、金目のものを物色中、物音に気づいたＡが起きてきたことから甲は庭に逃げたが、Ａが庭まで追跡してきたので、持っていた包丁をＡの足元に投げつけてＡが一瞬たじろいだすきに、甲は塀を乗り越えて逃走した。この場合、甲の刑責は何か。

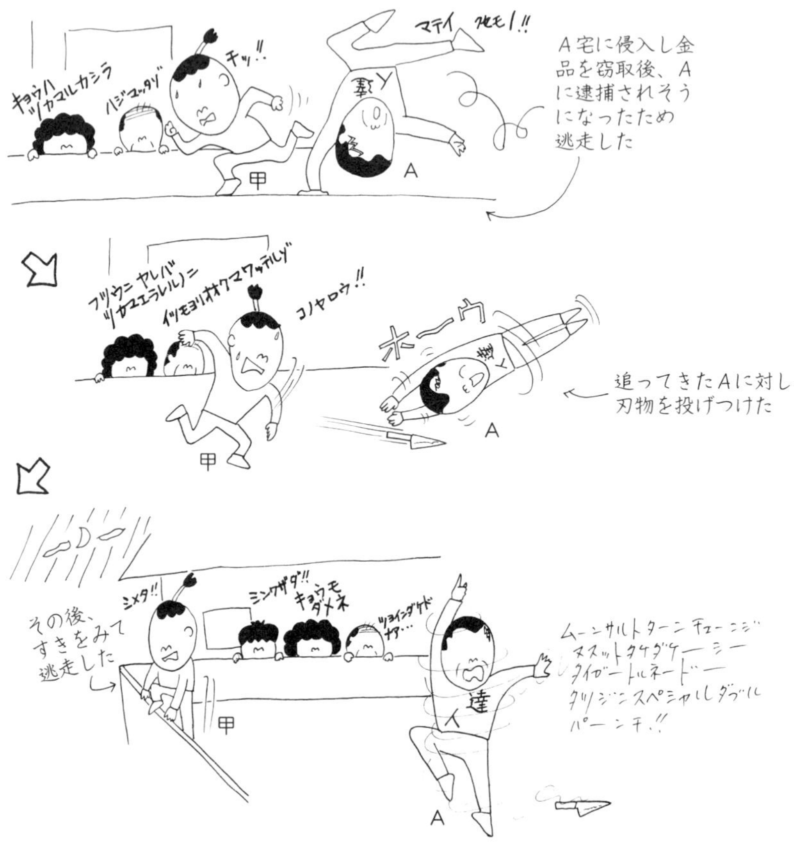

関係判例

窃盗犯人が逮捕を免れるために、被害者の逮捕行為をひるませようとして、携帯していた包丁を逮捕者に向けて投げつける行為は、刑法第238条にいう脅迫に当たる（大判昭7.6.9）。

論文答案例

1　結　論

甲は、事後強盗罪の刑責を負う。

2　争　点

窃盗犯人である甲が逮捕を免れるために行った暴行が、Aの抵抗を抑圧するに足るものであったとして事後強盗罪が成立するか。

3　法的検討

(1)　事後強盗の意義

窃盗犯人が、窃盗の現場又は機会において、

①　財物を取り返されるのを防ぐため

②　逮捕を免れるため

③　罪跡を隠滅するため

に暴行・脅迫を加えること。

(2)　保護法益

財産権と人の生命、身体、生活の平穏等

(3)　「窃盗犯人」とは

窃盗の実行に着手した者のことをいう。したがって、窃盗の実行に着手しない限り、事後強盗罪は成立しない。

(4)　「窃盗の機会」とは

①　窃盗の犯行現場に接着した場所であること。

②　窃盗の犯行後に接着した時間であること。

③　暴行・脅迫の目的が犯行に関連していること。

以上の要件を充足する場合に、窃盗の機会に行われた暴行・脅迫であるとして、事後強盗罪が成立する。

4　関係判例

窃盗犯人が逮捕を免れるために、被害者の逮捕行為をひるませようとして、携帯していた包丁を逮捕者に向けて投げつける行為は、刑法第238条にいう脅迫に当たる（大判昭7.6.9）。

5　事例検討

事例の場合、上記法的検討、関係判例のとおり、窃盗犯人である甲が逮捕を免れるために行った行為はAの抵抗を抑圧するに足りる脅迫に当たることから、甲の行為は、事後強盗罪となる。

【窃盗後に目撃者を殴打した】

甲は、遊興費に窮したことから窃盗を決意し、昼間、留守のＡ宅に侵入してたんすの中を物色し、現金等を持って玄関から逃走しようとしたが、玄関の外において、たまたま隣人の主婦Ｂが回覧板を持ってきたことから甲と鉢合わせとなり、仰天したＢが「どろぼう」と悲鳴を上げたため、叫び声を上げさせないために甲がＢの顔面を一発殴打して逃走した。この場合、甲の刑責は何か。

A宅に侵入し金品を窃取し、表に出たところで隣人のBと鉢合わせした
アワワワワ
ダダダレカ
ドロボ〜
ヤベ!!
A宅
B
甲
Bが騒いだため いきなり殴った
グエッ!!
ダマレ!!
BAGOON!!
A宅
B
甲

関係判例

第238条所定の暴行・脅迫は、必ずしも被害者本人に加えられる必要はなく、追跡する目撃者や、逮捕しようとする警察官に対してなされたものでもよい（大判昭8.6.5、最判昭23.5.22）。

論文答案例

1　結　論

甲は、事後強盗罪の刑責を負う。

2　争　点

窃盗犯人である甲が、第三者に対して暴行を行った場合でも事後強盗罪が成立するか。

3　法的検討

(1)　事後強盗の意義

窃盗犯人が、窃盗の現場又は機会において、

①　財物を取り返されるのを防ぐため

②　逮捕を免れるため

③　罪跡を隠滅するため

に暴行・脅迫を加えること。

(2)　保護法益

財産権と人の生命、身体、生活の平穏等

(3)　「窃盗犯人」とは

窃盗の実行に着手した者のことをいう。したがって、窃盗の実行に着手しない限り、事後強盗罪は成立しない。

(4)　「窃盗の機会」とは

①　窃盗の犯行現場に接着した場所であること。

②　窃盗の犯行後に接着した時間であること。

③　暴行・脅迫の目的が犯行に関連していること。

以上の要件を充足する場合に、窃盗の機会に行われた暴行・脅迫であるとして、事後強盗罪が成立する。

4　関係判例

第238条所定の暴行・脅迫は、必ずしも被害者本人に加えられる必要はなく、追跡する目撃者や、逮捕しようとする警察官に対してなされたものでもよい（大判昭8.6.5、最判昭23.5.22）。

5　事例検討

事例の場合、上記法的検討、関係判例のとおり、窃盗犯人である甲が目撃者であるBに対して暴行を行った場合にも、甲の行為は、事後強盗罪となる。

【窃盗後に事情を知らない警察官を殴打した】

甲は、遊興費に窮したことから窃盗を決意し、深夜、Ａ宅に侵入してたんすの中を物色し、現金等を持って逃走し、乗ってきた自転車で自宅アパートまで帰る途中、警ら中の警察官が自転車の防犯登録を調べるために甲を呼びとめたところ、甲は、自分の犯行が発覚したものと勘違いして、逃走するために警察官の顔面を一発殴打した。この場合、甲の刑責は何か。

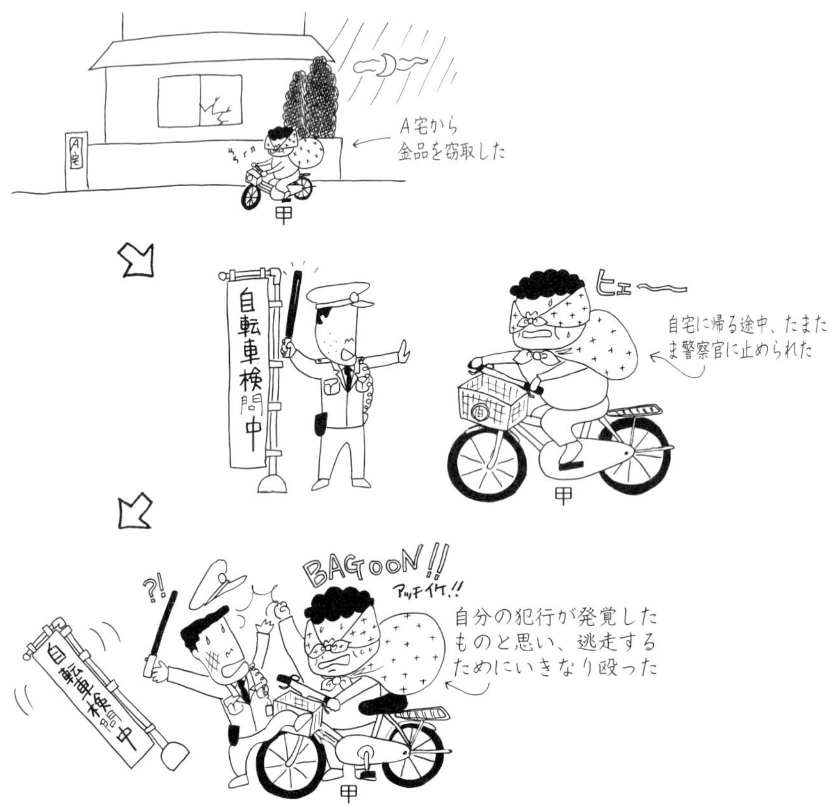

A宅
A宅から
金品を窃取した
甲
自転車検問中
ヒェ〜〜
自宅に帰る途中、たまたま警察官に止められた
甲
?!
BAGOON!!
アッチイケ!!
自分の犯行が発覚したものと思い、逃走するためにいきなり殴った
自転車検問中
甲

関係判例

いわゆる事後強盗が成立するためには、暴行・脅迫が窃盗の機会の継続中に行われる必要があることから、窃盗犯人が逃走して自宅に帰る途中、犯行の事情を知らずに職務質問をした警察官に対して暴行を加えた場合、いかに犯行の時間、場所と近接していたとしても、本罪は成立しない（東京高判昭27.6.26）。

論文答案例

1　結　論

甲は、窃盗罪と公務執行妨害罪の刑責を負う。

2　争　点

窃盗犯人である甲が帰宅中に事情を知らない警察官に対して暴行を行った場合でも、窃盗の機会に行われた暴行であるとして事後強盗罪が成立するか。

3　法的検討

(1)　事後強盗の意義

窃盗犯人が、窃盗の現場又は機会において、

①　財物を取り返されるのを防ぐため

②　逮捕を免れるため

③　罪跡を隠滅するため

に暴行・脅迫を加えること。

(2)　保護法益

財産権と人の生命、身体、生活の平穏等

(3)　「窃盗犯人」とは

窃盗の実行に着手した者のことをいう。したがって、窃盗の実行に着手しない限り、事後強盗罪は成立しない。

(4)　「窃盗の機会」とは

①　窃盗の犯行現場に接着した場所であること。

②　窃盗の犯行後に接着した時間であること。

③　暴行・脅迫の目的が犯行に関連していること。

以上の要件を充足する場合に、窃盗の機会に行われた暴行・脅迫であるとして、事後強盗罪が成立する。

4　関係判例

いわゆる事後強盗が成立するためには、暴行・脅迫が窃盗の機会の継続中に行われる必要があることから、窃盗犯人が逃走して自宅に帰る途中、犯行の事情を知らずに職務質問をした警察官に対して暴行を加えた場合、いかに犯行の時間、場所と近接していたとしても、本罪は成立しない（東京高判昭27.6.26）。

5　事例検討

事例の場合、上記法的検討、関係判例のとおり、甲が行った暴行は窃盗の機会に行われたものではないから、甲の行為は、事後強盗罪とならず、窃盗罪と公務執行妨害罪が成立し、両罪は併合罪となる。

【窃盗犯人が職務質問を受けた際、警察官に暴行を加えた】

警察官が、漫画本（2冊）の万引き事件の検索を始めると、発生から約1時間後、被害書店から約1キロメートル離れた路上を、手配人着に酷似した甲が歩いているのを発見したため、職務質問を開始した。甲は、おどおどした態度を示し、所持品検査に応じることなく、逃走する気配を見せたことから、警察官が無線で応援を求めていたところ、甲が、突然、警察官の顔面を拳骨で殴打するなどの暴行を加え逃走したため、追跡して公務執行妨害罪の現行犯人として逮捕し、甲の上衣ポケット内から万引き事件の被害品である漫画本2冊を発見し、同人も当該万引き事件について自供した。

この場合、甲は、公務執行妨害罪のほかに、どのような刑責を負うか。

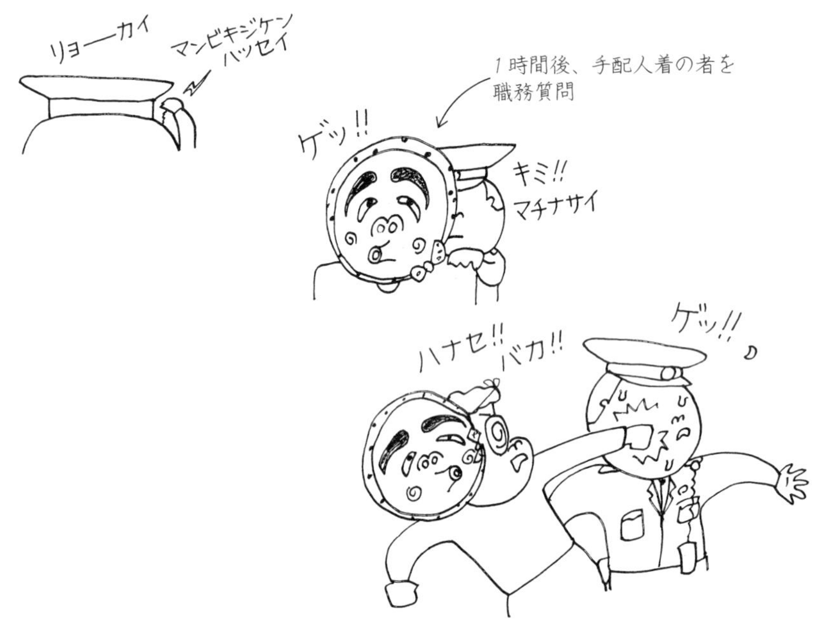

関係判例

窃盗未遂の犯行現場から約100メートル離れた場所で約1時間休んだ後、窃盗を断念して帰りかけ、その場所から約100メートル離れた地点で、届出により窃盗未遂事件の発生を知り捜査中にその場を通り合わせた警察官に誰何されて逃走し、逮捕を免れるために警察官を殺害した事案では、犯行の現場から窃盗犯人として追跡を受けているときになされたものではなく、事後強盗罪による強盗殺人罪は成立しない（福岡高判昭29.5.29）。

論文答案例

1　結　論

甲は、事後強盗罪の刑責は負わず、窃盗罪の刑責を負うにとどまる。

2　争　点

甲が逮捕を免れるため警察官の顔面を拳骨で殴打したなどの暴行は、刑法第238条（事後強盗罪）にいう窃盗の機会になされたといえるか。

3　法的検討

⑴　本罪における暴行・脅迫は、強盗罪にいう暴行・脅迫と同様、相手方の反抗を抑圧するに足りるものでなければならず、その相手方は、窃盗の被害者だけでなく、犯行の目撃者や、犯人を逮捕しようとする警察官など、①財物を得てこれを取り返されることを防ぐため、②逮捕を免れるため、③罪跡を隠滅するためという目的の障害となる者であれば、いずれの者であってもよい。

⑵　事後強盗罪が成立するためには、窃盗の現場に限られないものの、財物取得の場面と暴行・脅迫の場面との間の場所的・時間的関係などを総合して、当該暴行・脅迫が財物取得と密接な関連性を有すると認められる状況（窃盗の機会）で行われる必要がある。

4　関係判例

窃盗未遂の犯行現場から約100メートル離れた場所で約1時間休んだ後、窃盗を断念して帰りかけ、その場所から約100メートル離れた地点で、届出により窃盗未遂事件の発生を知り捜査中にその場を通り合わせた警察官に誰何されて逃走し、逮捕を免れるために警察官を殺害した事案では、犯行の現場から窃盗犯人として追跡を受けているときになされたものではなく、事後強盗罪による強盗殺人罪は成立しない（福岡高判昭29.5.29）。

5　事例検討

事例の場合、甲による暴行は、窃盗事件（万引き）の捜査に従事している警察官に対して行われているが、発生から約1時間が経過し、かつ、距離は犯行現場である書店から約1キロメートル離れた場所で行われ、また、甲を窃盗で現行犯逮捕することができる特段の事情もないことから、甲は、書店における万引き事件に関して、事後強盗罪の刑責は負わず、窃盗罪の刑責を負う。

【窃盗後に駆けつけた家人を殴打した】

甲は、遊興費に窮したことから窃盗を決意し、昼間、留守のＡ宅に侵入してたんすの中を物色し、現金等を持って玄関から外に出たが、甲の侵入を見ていた隣人の主婦Ｂが外出中の家人Ａに連絡し、甲がＡ宅を出て数メートル歩いたところでＡが帰宅し、待っていたＢから「あの人が犯人よ。」と教えられてＡが追いついたが、甲はＡの顔面を一発殴打して逃走した。この場合、甲の刑責は何か。

関係判例

窃盗の機会継続中であるかどうかについては、被害者等からの追跡から離脱をしたかどうかが一応の基準となるところ、窃盗犯人が犯行から30分後に約１キロメートル離れた場所で、連絡を受けて駆けつけてきた被害者に暴行を加えた場合、事後強盗罪が成立する（広島高判昭28.5.27）。

論文答案例

1　結　論

甲は、事後強盗罪の刑責を負う。

2　争　点

窃盗犯人である甲が、A宅を出た後に帰宅した家人に対して暴行を行った場合でも、窃盗の機会に行われた暴行であるとして事後強盗罪が成立するか。

3　法的検討

(1)　事後強盗の意義

窃盗犯人が、窃盗の現場又は機会において、

①　財物を取り返されるのを防ぐため

②　逮捕を免れるため

③　罪跡を隠滅するため

に暴行・脅迫を加えること。

(2)　保護法益

財産権と人の生命、身体、生活の平穏等

(3)　「窃盗犯人」とは

窃盗の実行に着手した者のことをいう。したがって、窃盗の実行に着手しない限り、事後強盗罪は成立しない。

(4)　「窃盗の機会」とは

①　窃盗の犯行現場に接着した場所であること。

②　窃盗の犯行後に接着した時間であること。

③　暴行・脅迫の目的が犯行に関連していること。

以上の要件を充足する場合に、窃盗の機会に行われた暴行・脅迫であるとして、事後強盗罪が成立する。

4　関係判例

窃盗の機会継続中であるかどうかについては、被害者等からの追跡から離脱をしたかどうかが一応の基準となるところ、窃盗犯人が犯行から30分後に約1キロメートル離れた場所で、連絡を受けて駆けつけてきた被害者に暴行を加えた場合、事後強盗罪が成立する（広島高判昭28.5.27）。

5　事例検討

事例の場合、上記法的検討、関係判例のとおり、甲が行った暴行は窃盗の機会に行われたものであるから、甲の行為は、事後強盗罪が成立する。

【現行犯逮捕されて逃走する際に殴った】

甲は、遊興費に窮したことから窃盗を決意し、昼間、留守のＡ宅に侵入してたんすの中を物色し、現金等を持って玄関から外に出たが、甲の侵入を見ていた隣人の主婦Ｂが警察に連絡し、犯行現場から数メートル離れた地点で警察官に現行犯逮捕され、警察署まで同行される途中に逃げ出し、これを捕まえようとした警察官を殴打する等の暴行を加えた。この場合、甲の刑責は何か。

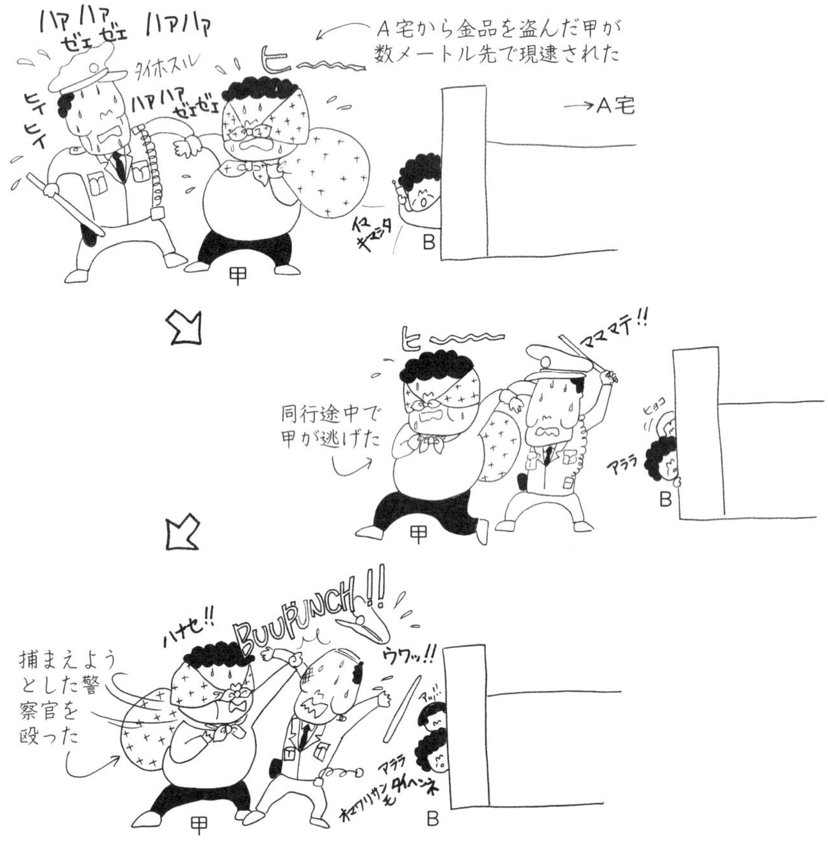

関係判例

窃盗を犯した者が、犯行現場から数十メートル離れた地点で警察官に現行犯逮捕され、警察署等の施設まで連行される途中に逃げ出し、これを捕まえようとした警察官に暴行を加えた場合、事後強盗罪が成立する（最決昭34.6.12）。

論文答案例

1　結　論

甲は、事後強盗罪の刑責を負う。

2　争　点

窃盗犯人である甲が警察官に現行犯逮捕された後に暴行を行った場合でも、窃盗の機会に行われた暴行であるとして事後強盗罪が成立するか。

3　法的検討

(1)　事後強盗の意義

窃盗犯人が、窃盗の現場又は機会において、

①　財物を取り返されるのを防ぐため

②　逮捕を免れるため

③　罪跡を隠滅するため

に暴行・脅迫を加えること。

(2)　保護法益

財産権と人の生命、身体、生活の平穏等

(3)　「窃盗犯人」とは

窃盗の実行に着手した者のことをいう。したがって、窃盗の実行に着手しない限り、事後強盗罪は成立しない。

(4)　「窃盗の機会」とは

①　窃盗の犯行現場に接着した場所であること。

②　窃盗の犯行後に接着した時間であること。

③　暴行・脅迫の目的が犯行に関連していること。

以上の要件を充足する場合に、窃盗の機会に行われた暴行・脅迫であるとして、事後強盗罪が成立する。

4　関係判例

窃盗を犯した者が、犯行現場から数十メートル離れた地点で警察官に現行犯逮捕され、警察署等の施設まで連行される途中に逃げ出し、これを捕まえようとした警察官に暴行を加えた場合、事後強盗罪が成立する（最決昭34.6.12）。

5　事例検討

事例の場合、上記法的検討、関係判例のとおり、甲が行った暴行は窃盗の機会に行われたものであるから、甲の行為は、事後強盗罪が成立する。

【現行犯逮捕された際に傷害を負わせた】

甲は、遊興費に窮したことから窃盗を決意し、深夜、包丁を持ってA宅に侵入してたんすを物色中、物音に気づいたAが起きてきて現行犯逮捕されたため、甲は、包丁を振り回してAに傷害を与えた。この場合、甲の刑責は何か。

関係判例

私人に現行犯逮捕された窃盗犯人が、警察官に引き渡されるまでの間に逃走し、その際に、ナイフを振り回して逮捕者に傷害を与えた場合、強盗致傷罪が成立する（最決昭33.10.31）。

論文答案例

1　結　論

甲は、強盗致傷罪の刑責を負う。

2　争　点

窃盗犯人である甲が私人に現行犯逮捕された後に行った傷害行為についても、窃盗の機会に行われた傷害であるとして強盗致傷罪が成立するか。

3　法的検討

(1)　事後強盗の意義

窃盗犯人が、窃盗の現場又は機会において、

①　財物を取り返されるのを防ぐため

②　逮捕を免れるため

③　罪跡を隠滅するため

に暴行・脅迫を加えること。

(2)　強盗致傷罪の意義

強盗犯人が、強盗の機会において、人を負傷させることによって成立する。

(3)　事後強盗と強盗致傷の関係

事後強盗罪の犯人が暴行の結果、人に傷害を与え、あるいは死亡させた場合、強盗致死（傷）罪のみが成立し、本罪はこれに吸収される。

4　関係判例

私人に現行犯逮捕された窃盗犯人が、警察官に引き渡されるまでの間に逃走し、その際に、ナイフを振り回して逮捕者に傷害を与えた場合、強盗致傷罪が成立する（最決昭33.10.31）。

5　事例検討

事例の場合、上記法的検討、関係判例のとおり、甲が行った傷害は私人に現行犯逮捕された後に行われたものであるから、甲の行為は、強盗致傷罪が成立する。

【すりが駅で逃走後に包丁で抵抗した】

甲は、遊興費に窮したことから窃盗を決意し、電車内でサラリーマンAの財布をすりとったが、Aに発見されて騒がれたことから逃走し、数分後に同一車両内において警ら中の私服警察官に発見されて停車した駅で降車して逃走したが、約5分後、約300メートル離れた駅の改札口において、追跡してきた警察官に逮捕されそうになったため、警察官の顔面を殴打した。この場合、甲の刑責は何か。

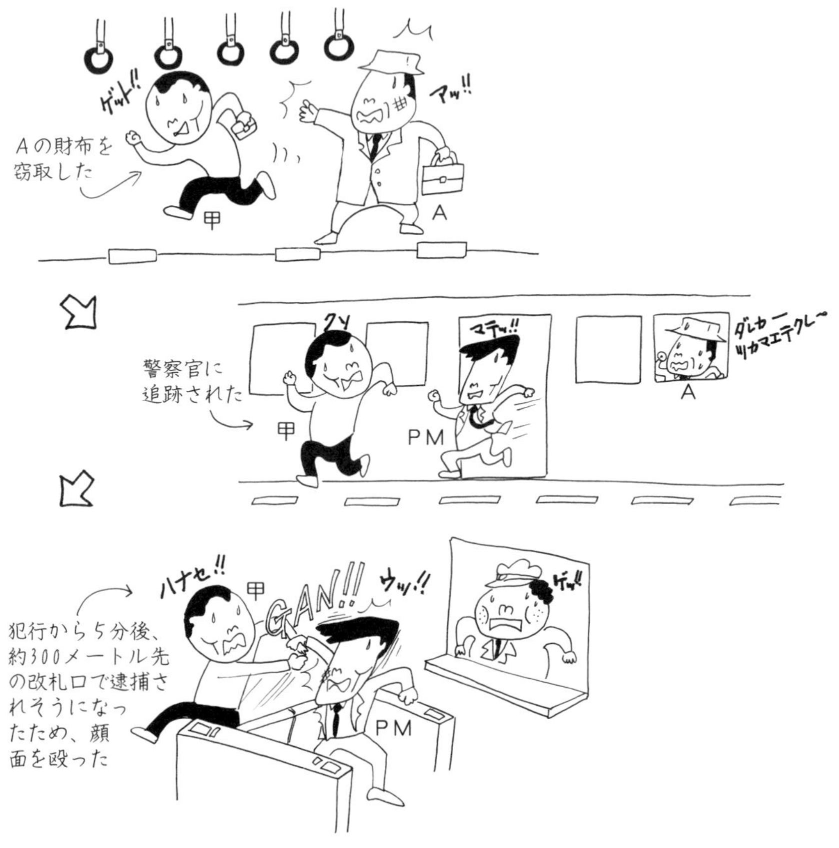
ゲッド!!
アッ!!
Aの財布を
窃取した
甲
A
ダレカー
ツカマエテクレー
マテッ!!
警察官に
追跡された
甲
PM
A
ハナセ!!
甲
GAN!!
ウッ!!
ゲッ!!
犯行から5分後、
約300メートル先
の改札口で逮捕さ
れそうになっ
たため、顔
面を殴った
PM

関係判例

電車内でハンドバッグを窃取した犯人が、数分後に同一車両内において鉄道公安職員に発見されて逃走したが、約10分後、約700メートル離れた地点において、追跡してきた鉄道公安職員に暴行を加えた場合、事後強盗罪が成立する（広島高判昭47.3.31）。

論文答案例

1　結　論

甲は、事後強盗罪の刑責を負う。

2　争　点

窃盗犯人である甲がある程度時間が経過してから逮捕されそうになった際に行った暴行であっても、窃盗の機会に行われた暴行であるとして強盗致傷罪が成立するか。

3　法的検討

(1)　事後強盗の意義

窃盗犯人が、窃盗の現場又は機会において、

①　財物を取り返されるのを防ぐため

②　逮捕を免れるため

③　罪跡を隠滅するため

に暴行・脅迫を加えること。

(2)　保護法益

財産権と人の生命、身体、生活の平穏等

(3)　「窃盗犯人」とは

窃盗の実行に着手した者のことをいう。したがって、窃盗の実行に着手しない限り、事後強盗罪は成立しない。

(4)　「窃盗の機会」とは

①　窃盗の犯行現場に接着した場所であること。

②　窃盗の犯行後に接着した時間であること。

③　暴行・脅迫の目的が犯行に関連していること。

以上の要件を充足する場合に、窃盗の機会に行われた暴行・脅迫であるとして、事後強盗罪が成立する。

4　関係判例

電車内でハンドバッグを窃取した犯人が、数分後に同一車両内において鉄道公安職員に発見されて逃走したが、約10分後、約700メートル離れた地点において、追跡してきた鉄道公安職員に暴行を加えた場合、事後強盗罪が成立する（広島高判昭47.3.31）。

5　事例検討

事例の場合、上記法的検討、関係判例のとおり、甲が行った暴行は窃盗の機会に行われたものであるから、甲の行為は、事後強盗罪が成立する。

事後強盗罪の未遂か既遂か

【窃盗が未遂で暴行をした】

甲は、遊興費に窮したことから窃盗を決意し、深夜、A宅に侵入してたんすの中を物色し、隠してあった現金を発見したため、これを領得しようと手を伸ばした瞬間、物音に気づいたAが起きてきて逮捕されそうになったことから、甲は逃走をするためにAの顔面を殴打し、Aが痛みで一瞬たじろいだすきに現金を窃取しないまま屋外に逃走した。この場合、甲の刑責は何か。

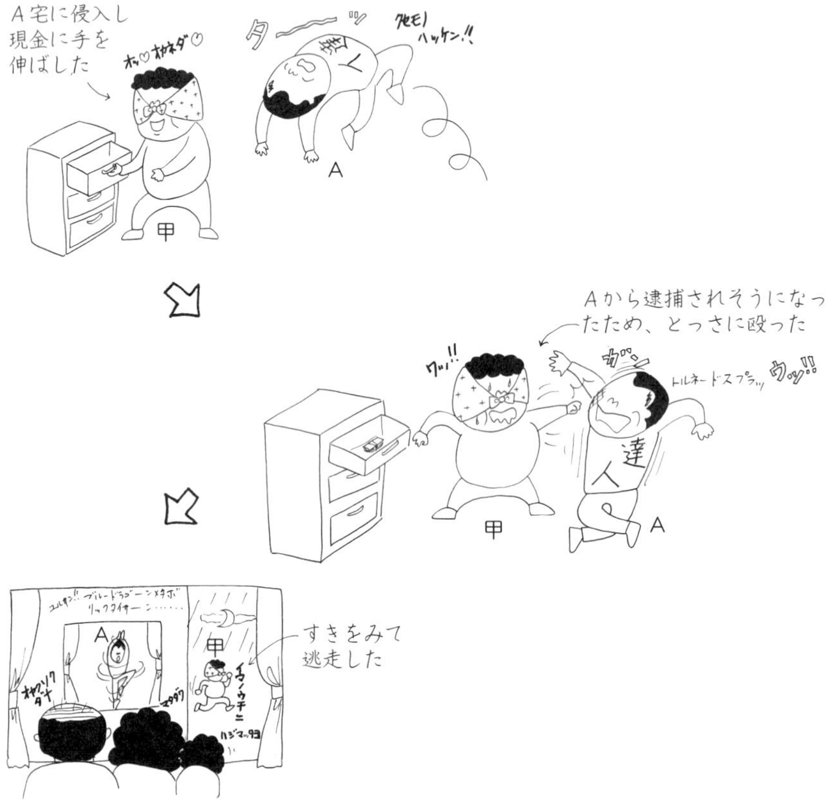

関係判例

事後強盗罪の既遂・未遂は、先行行為である窃盗が既遂か未遂かによって判断されることから、窃盗行為が既遂であれば、その後に逮捕を免れたかどうか、窃取した財物の取還を防ぐことができたかどうかを問わず、既遂となる（最判昭22.11.29）。

論文答案例

1　結　論

甲は、事後強盗未遂罪の刑責を負う。

2　争　点

窃盗犯人である甲の窃盗行為が未遂で暴行を行った場合、事後強盗罪は未遂か、既遂か。

3　法的検討

(1)　事後強盗の意義

窃盗犯人が、窃盗の現場又は機会において、

①　財物を取り返されるのを防ぐため

②　逮捕を免れるため

③　罪跡を隠滅するため

に暴行・脅迫を加えること。

(2)　保護法益

財産権と人の生命、身体、生活の平穏等

(3)　「窃盗犯人」とは

窃盗の実行に着手した者のことをいう。したがって、窃盗の実行に着手しない限り、事後強盗罪は成立しない。

(4)　「窃盗の機会」とは

①　窃盗の犯行現場に接着した場所であること。

②　窃盗の犯行後に接着した時間であること。

③　暴行・脅迫の目的が犯行に関連していること。

以上の要件を充足する場合に、窃盗の機会に行われた暴行・脅迫であるとして、事後強盗罪が成立する。

4　関係判例

事後強盗罪の既遂・未遂は、先行行為である窃盗が既遂か未遂かによって判断されることから、窃盗行為が既遂であれば、その後に逮捕を免れたかどうか、窃取した財物の取還を防ぐことができたかどうかを問わず、既遂となる（最判昭22.11.29）。

5　事例検討

事例の場合、上記法的検討、関係判例のとおり、甲の窃盗行為が未遂の場合には事後強盗罪も未遂となることから、甲の行為は、事後強盗罪の未遂となる。

事後強盗罪か強盗罪か

【窃盗に着手した後に強盗の意思が生じた】

甲は、遊興費に窮したことから窃盗を決意し、深夜、包丁を携帯してA宅に侵入し、たんすの中を物色していたところ、物音に気づいたAが起きてきたことから「この際だから強盗をしてやろう。」と決意し、Aの腹部に包丁を突き付けて「金を出せ。騒ぐとぶっ殺すぞ。」と脅迫したことから、Aが極度の畏怖状態に陥って金庫から現金を出し、甲に手渡した。この場合、甲の刑責は何か。

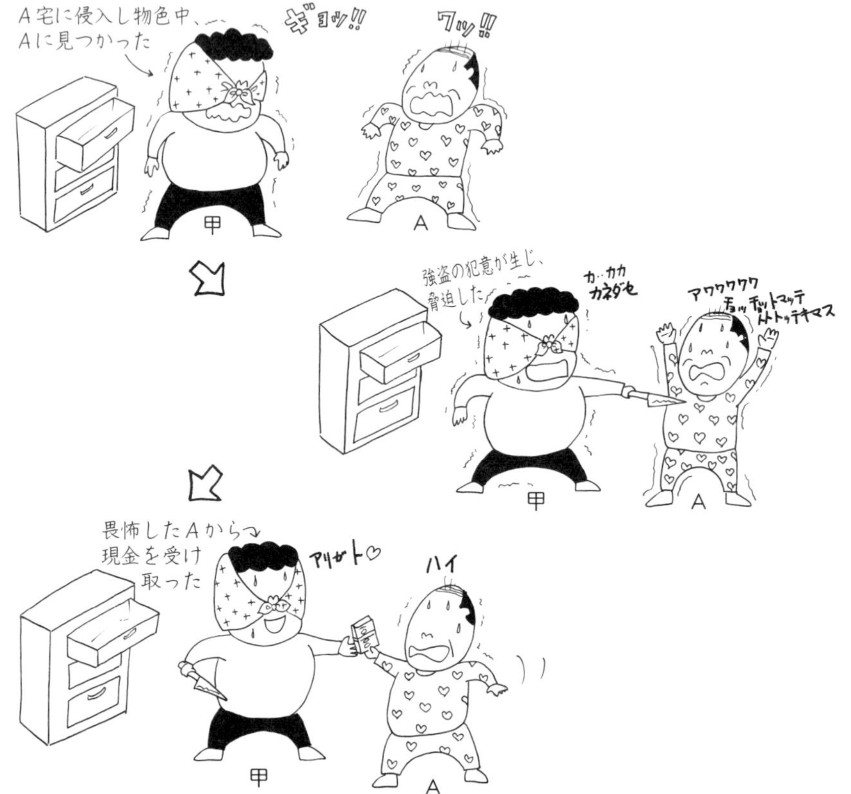

関係判例

窃盗犯人が窃盗の実行行為に着手した後に、家人に発見されたたために居直って強盗の意思が生じ、暴行・脅迫を加えて財物を奪う、いわゆる居直り強盗は、事後強盗罪ではなく、前後を包括して第236条の強盗罪が成立する（大判明7.6.9）。

論文答案例

1　結　論

甲は、強盗罪の刑責を負う。

2　争　点

窃盗の意思で侵入し、その後に強盗の意思が生じた場合、事後強盗罪か、強盗罪か。

3　法的検討

(1)　事後強盗の意義

窃盗犯人が、窃盗の現場又は機会において、

①　財物を取り返されるのを防ぐため

②　逮捕を免れるため

③　罪跡を隠滅するため

に暴行・脅迫を加えること。

(2)　保護法益

財産権と人の生命、身体、生活の平穏等

(3)　「窃盗犯人」とは

窃盗の実行に着手した者のことをいう。したがって、窃盗の実行に着手しない限り、事後強盗罪は成立しない。

(4)　「窃盗の機会」とは

①　窃盗の犯行現場に接着した場所であること。

②　窃盗の犯行後に接着した時間であること。

③　暴行・脅迫の目的が犯行に関連していること。

以上の要件を充足する場合に、窃盗の機会に行われた暴行・脅迫であるとして、事後強盗罪が成立する。

4　関係判例

窃盗犯人が窃盗の実行行為に着手した後に、家人に発見されたために居直って強盗の意思が生じ、暴行・脅迫を加えて財物を奪う、いわゆる居直り強盗は、事後強盗罪ではなく、前後を包括して第236条の強盗罪が成立する（大判明7.6.9）。

5　事例検討

事例の場合、上記法的検討、関係判例のとおり、甲は新たな犯意によって強盗を行っていることから、甲の行為は、強盗罪となる。

罪　　数

【窃盗をした後に事後強盗を行った】

甲は、遊興費に窮したことから窃盗を決意し、深夜、Ａ宅に侵入して現金等を窃取し、さらに、金目のものを物色するために２階に上がって物色中、物音に気づいたＡが起きてきて逮捕されそうになったことから、逃走をするためにＡの顔面を手拳で一発殴打し、Ａの目が一瞬くらんで後方によろめいたすきに屋外に逃走した。この場合、甲の刑責は何か。

A宅に侵入
して金品を
窃取し
現ナマ
BOX
甲
2階に上がって
甲
更に物色
していたところ
ドラミドン
甲
ドラミニサワルナ!!
Aに見つかっ
て捕まりそう
になったため
甲
A
Aの顔面を
殴って
BUTA PUNCH!!
甲
A
逃走した
A
甲

関係判例

事後強盗罪が成立する場合には、前段の犯罪行為である窃盗罪は事後強盗罪に吸収され、別罪を構成しない（大判明43.11.24）。

論文答案例

1　結　論

甲は、事後強盗罪の刑責を負う。

2　争　点

前段に行った窃盗罪が後段に行った事後強盗罪とは別に併合罪として成立するか、前段の窃盗は吸収されて事後強盗罪のみが成立するか。

3　法的検討

(1)　事後強盗の意義

窃盗犯人が、窃盗の現場又は機会において、

①　財物を取り返されるのを防ぐため

②　逮捕を免れるため

③　罪跡を隠滅するため

に暴行・脅迫を加えること。

(2)　保護法益

財産権と人の生命、身体、生活の平穏等

(3)　「窃盗犯人」とは

窃盗の実行に着手した者のことをいう。したがって、窃盗の実行に着手しない限り、事後強盗罪は成立しない。

(4)　「窃盗の機会」とは

①　窃盗の犯行現場に接着した場所であること。

②　窃盗の犯行後に接着した時間であること。

③　暴行・脅迫の目的が犯行に関連していること。

以上の要件を充足する場合に、窃盗の機会に行われた暴行・脅迫であるとして、事後強盗罪が成立する。

4　関係判例

事後強盗罪が成立する場合には、前段の犯罪行為である窃盗罪は事後強盗罪に吸収され、別罪を構成しない（大判明43.11.24）。

5　事例検討

事例の場合、上記法的検討、関係判例のとおり、甲が行った前段の窃盗罪は後段の事後強盗罪に吸収されるから、甲の行為は、事後強盗罪一罪となる。

【事後強盗の犯人が傷害を与えた】

甲は、遊興費に窮したことから窃盗を決意し、深夜、A宅に侵入して現金等を窃取し、さらに、金目のものを物色するために2階に上がって物色中、物音に気づいたAが起きてきて逮捕されそうになったことから、逃走をするためにAの顔面を手拳で一発殴打し、Aが顔面裂傷の傷害を負ったすきに屋外に逃走した。この場合、甲の刑責は何か。

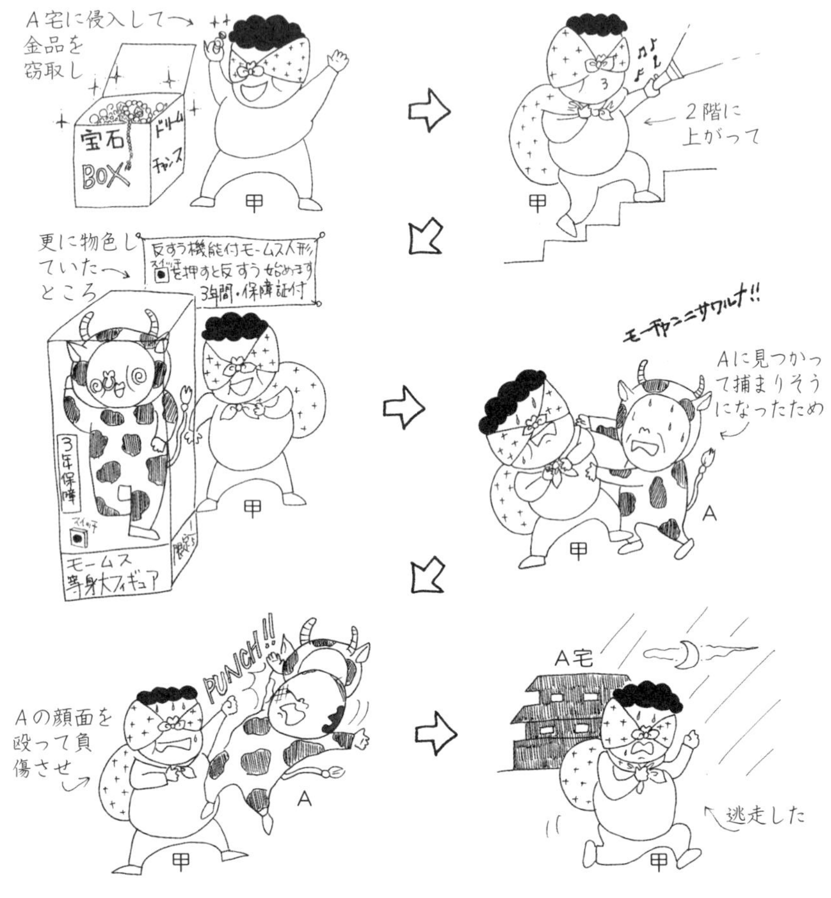
A宅に侵入して金品を窃取し
宝石BOX
ドリーム
チャンス
甲
2階に上がって
甲
更に物色していたところ
反すう機能付モームス人形
反すう始めます
3年間・保障証付
3年保障
モームス等身大フィギュア
甲
モーチャンニサワルナ!!
Aに見つかって捕まりそうになったため
甲
A
PUNCH!!
Aの顔面を殴って負傷させ
甲
A
A宅
逃走した
甲

関係判例

本罪の犯人が暴行の結果、人に傷害を与え、あるいは死亡させた場合、強盗致傷罪のみが成立し、本罪はこれに吸収される（死傷に関し、大判昭6.7.8、致死に関し、最決昭40.3.9）。

論文答案例

1　結　論

甲は、強盗致傷罪の刑責を負う。

2　争　点

甲は事後強盗罪とは別に強盗致傷罪が成立するか、事後強盗罪は吸収されて強盗致傷罪のみが成立するか。

3　法的検討

(1)　事後強盗の意義

窃盗犯人が、窃盗の現場又は機会において、

①　財物を取り返されるのを防ぐため

②　逮捕を免れるため

③　罪跡を隠滅するため

に暴行・脅迫を加えること。

(2)　保護法益

財産権と人の生命、身体、生活の平穏等

(3)　「窃盗犯人」とは

窃盗の実行に着手した者のことをいう。したがって、窃盗の実行に着手しない限り、事後強盗罪は成立しない。

(4)　「窃盗の機会」とは

①　窃盗の犯行現場に接着した場所であること。

②　窃盗の犯行後に接着した時間であること。

③　暴行・脅迫の目的が犯行に関連していること。

以上の要件を充足する場合に、窃盗の機会に行われた暴行・脅迫であるとして、事後強盗罪が成立する。

4　関係判例

事後強盗罪の犯人が暴行の結果、人に傷害を与え、あるいは死亡させた場合、強盗致傷罪のみが成立し、事後強盗罪はこれに吸収される（死傷に関し、大判昭6.7.8、致死に関し、最決昭40.3.9）。

5　事例検討

事例の場合、上記法的検討、関係判例のとおり、甲が行った事後強盗罪は強盗致傷罪に吸収されるから、甲の行為は、強盗致傷罪のみが成立する。

【窃盗が未遂で暴行をした後に窃盗をした】

甲は、遊興費に窮したことから窃盗を決意し、深夜、A宅に侵入して現金を窃取しようと手を伸ばした瞬間、物音に気づいたAが起きてきて逮捕されそうになったことから、逃走をするためにAの顔面を殴打し、Aが痛みでたじろいだすきに現金を窃取しないまま逃走したが、その際、玄関にあったフィギュアを窃取して逃げた。この場合、甲の刑責は何か。

関係判例

事後強盗罪の未遂は、窃盗犯人が窃盗の実行行為に着手したが、財物を取得するまでに至らない未遂の段階において、逮捕を免れるため又は罪証を湮滅するために暴行・脅迫をし、しかも、なお財物を得なかった場合をいう（最判昭24.7.9）。

論文答案例

1　結　論

甲は、事後強盗既遂罪の刑責を負う。

2　争　点

窃盗未遂犯が事後強盗をしたとして事後強盗の未遂罪と窃盗の既遂罪が成立するか、後段の窃盗既遂犯が事後強盗をしたとして事後強盗の既遂となるか。

3　法的検討

(1)　事後強盗の意義

窃盗犯人が、窃盗の現場又は機会において、

①　財物を取り返されるのを防ぐため

②　逮捕を免れるため

③　罪跡を隠滅するため

に暴行・脅迫を加えること。

(2)　保護法益

財産権と人の生命、身体、生活の平穏等

(3)　「窃盗犯人」とは

窃盗の実行に着手した者のことをいう。したがって、窃盗の実行に着手しない限り、事後強盗罪は成立しない。

(4)　「窃盗の機会」とは

①　窃盗の犯行現場に接着した場所であること。

②　窃盗の犯行後に接着した時間であること。

③　暴行・脅迫の目的が犯行に関連していること。

以上の要件を充足する場合に、窃盗の機会に行われた暴行・脅迫であるとして、事後強盗罪が成立する。

4　関係判例

事後強盗罪の未遂は、窃盗犯人が窃盗の実行行為に着手したが、財物を取得するまでに至らない未遂の段階において、逮捕を免れるため又は罪証を湮滅するために暴行・脅迫をし、しかも、なお財物を得なかった場合をいう（最判昭24.7.9）。

5　事例検討

事例の場合、上記法的検討、関係判例のとおり、甲は結果的に窃盗の既遂犯であるから、甲の行為は、包括して事後強盗既遂罪のみが成立する。

詐　欺　罪

<刑法ノート>

第246条・詐欺

第１項　人を欺いて財物を交付させた者は、10年以下の懲役に処する。

第２項　前項の方法により、財産上不法の利益を得、又は他人にこれを得させた者も、同項と同様とする。

1　詐欺罪の構成要件

⑴　**詐欺罪の故意（不法領得の意思）**

人を欺いて財物を交付させる意思

⑵　**詐欺罪の構成要件（隠れた構成要件）**

①　人を欺く行為があること。

②　欺く行為により錯誤に陥ったこと。

③　錯誤に基づく財産的処分行為があったこと。

④　その結果、財物の交付を得たこと。

⑶　**財産的処分行為の意義**

財物を処分できる権限を有する者が、財物を交付すること。

⑷　**詐欺罪の成立要件**

詐欺罪が成立するためには、「欺く行為→錯誤→財産的処分行為→財物の交付」の間に連鎖的因果関係がなければならない。

⑸　**欺かれた者と被害者が同一人でない場合**

欺かれた者と被害者が同一人でなくとも成立するが、その場合には被害者のために財産的処分権限を有する者でなければならない。

⑹　**既 遂 時 期**

欺く行為によって錯誤に陥り、その錯誤に基づいて財産的処分行為がなされ、その結果、財物の占有が行為者に移ることにより既遂となる。

2　恐喝罪の構成要件

⑴　**恐喝罪の故意（不法領得の意思）**

人に暴行・脅迫を加えて財物を交付させる意思

⑵　**恐喝罪の要件（隠れた構成要件）**

①　恐喝（暴行・ 脅迫）行為があること。

②　それによって畏怖したこと。

③　畏怖に基づく財産的処分行為があったこと。

④ その結果、財物の交付を得たこと。

3 窃盗罪の構成要件

⑴ 窃盗罪の故意

他人の占有を排除し財物を自己又は第三者の占有に移す意思

⑵ 窃盗罪の構成要件

他人が占有する財物を窃取する行為は、窃盗罪を構成する。

⑶ 着手時期について

他人の財物の占有を侵害する密接な行為が開始されたときに着手が認められる。

この場合、いつ侵害行為が開始されたかについては、財物の性質、形状、窃取行為の態様等によって判断すべきである。

⑷ 既遂時期について

ア 通説・判例

取得説

イ 取得説の意義

財物を安全な場所まで運ばなくても、事実上、自己の支配内に移したときに既遂となる。

詐欺罪の成否

【誤って振り込まれた現金を領得した】

甲は、自分の預金口座から金を下ろすために残高を確認しようとして通帳に記帳をしたところ、会社の会計担当者がAに振り込むべき給料を誤って自分の口座に振り込んでいることに気づいたが、遊興費に窮していた甲はこれを不法に領得しようと考え、銀行に行って払戻請求書に金額を記入し、銀行の窓口の担当係員に示して、払戻しを受けた。この場合、甲の刑責は何か。

関係判例

誤って振り込まれた現金を、窓口の担当係員を欺いて払戻しを受けた場合、詐欺罪が成立する（最決平15.3.12）。

論文答案例

1　結　論

甲は、詐欺罪の刑責を負う。

2　争　点

自分の銀行口座に誤って振り込まれた現金を、事情を知りながら引き出す行為は、窃盗罪か詐欺罪か。

3　法的検討

(1)　詐欺罪の故意（不法領得の意思）

人を欺いて財物を交付させる意思

(2)　詐欺罪の要件（隠れた構成要件）

①　人を欺く行為があること。

②　欺く行為により錯誤に陥ったこと。

③　錯誤に基づく財産的処分行為があったこと。

④　その結果、財物の交付を得たこと。

4　関係判例

誤って振り込まれた現金を、窓口の担当係員を欺いて払戻しを受けた場合、詐欺罪が成立する（最決平15.3.12）。

5　事例検討

事例の場合、上記法的検討、関係判例のとおり、詐欺罪の構成要件を充足することから、甲の行為は、詐欺罪となる。

【詐欺の被害者に、自己が管理する預金口座に現金を振り込ませた】

甲は、遊ぶ金欲しさに、高齢者から金銭をだまし取ろうと考え、A宅に電話をかけ、現実には存在しない債務の返済が滞っている旨のうそを言い、保証金を振り込まなければ裁判になると誤信させ、同人に100万円を自己の預金口座に振り込ませた。

この場合、甲は、何罪の刑責を負うか。

エッ!!♡
電話で
だまされた
イソガナクッチャ
オオオクサマ
ソレハサギデハ…
銀行で振り込んだ

実務上の通説

詐欺の被害者に、自己が管理する預金口座に金員を振り込ませた場合、1項・2項のいずれの詐欺罪を適用するかについては、預金口座に振り込まれた預金は、犯人が自由に処分することができる状態に置かれたということを根拠に、1項詐欺罪として構成するのが妥当である。

論文答案例

1 結 論

1項詐欺罪の刑責を負う。

2 争 点

甲が詐欺罪の刑責を負うことは明らかなところ、1項詐欺罪と2項詐欺罪のいずれの罪が成立するか。

3 法的検討

甲は、Aを欺いて100万円を自己が管理する預金口座に振り込ませており、同人から財物として100万円そのものの交付を受けたわけではなく、100万円の預金債権を得たにすぎない。しかし、預金口座内の預金は、ほぼ確実に現金化することが可能であり、現金の交付を受けたのと同視し得ることから、1項詐欺罪として構成するのが妥当である。

4 事例検討

事例の場合、甲は、Aを欺いて、自己の預金口座に100万円を振り込ませており、これによって甲は、その預金を自由に処分することができる地位を得たことから、甲は、1項詐欺罪の刑責を負う。

詐欺罪の未遂か既遂か

【交通事故だとだまして現金を口座に振り込ませた】

甲は、遊興費に窮したことから、近所の主婦Aから金をだまし取ることを考え、電話で主婦Aに「ご主人が交通事故を起こしたので示談金を振り込んでください。」などと言ったところ、Aは甲の言葉を信じて甲の口座に金を振り込んだが、甲が銀行に引き下ろしに行く直前に、夫から電話があったことから嘘だと分かり、すぐに銀行に手配をしたため、結局、甲は、現金を得ることができなかった。この場合、甲の刑責は何か。

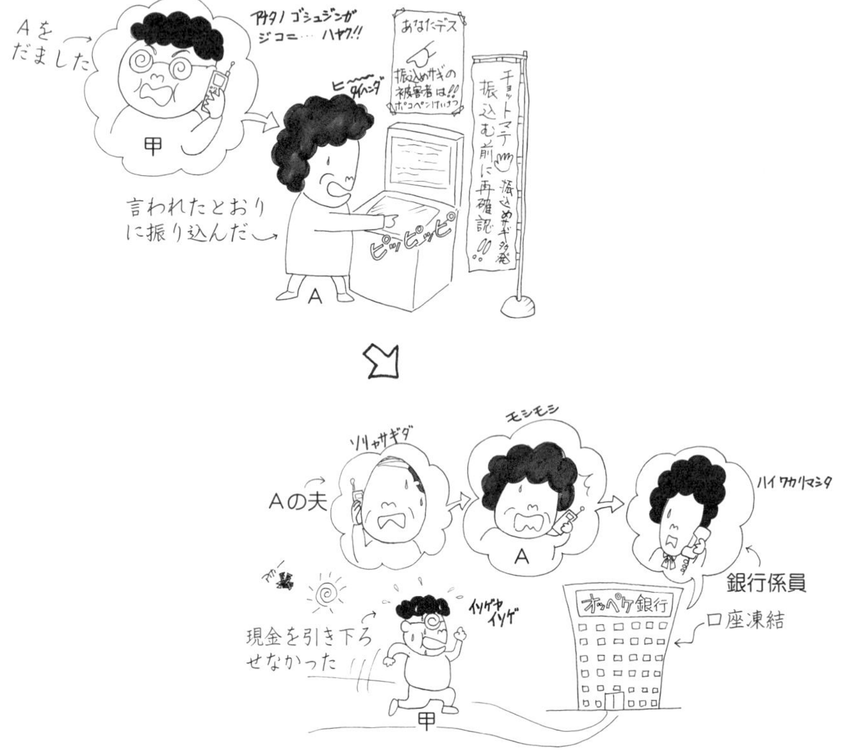

関係判例

詐欺又は恐喝による振込入金事犯については、行為者の銀行口座に入金された時点で行為者が自由に処分できる状態になっているのであるから、その現金を現実に引き出すまでもなく、被害者が欺きあるいは恐喝によって入金した段階で、犯罪行為は既遂となる（大判昭2.3.15）。

論文答案例

1　結　論

甲は、詐欺罪の既遂の刑責を負う。

2　争　点

詐欺により自分の銀行口座に現金を振り込ませたが現金を領得することができなかった場合、詐欺罪の未遂か、既遂か。

3　法的検討

(1)　詐欺罪の故意（不法領得の意思）

人を欺いて財物を交付させる意思

(2)　詐欺罪の要件（隠れた構成要件）

①　人を欺く行為があること。

②　欺く行為により錯誤に陥ったこと。

③　錯誤に基づく財産的処分行為があったこと。

④　その結果、財物の交付を得たこと。

(3)　既遂時期

欺く行為によって錯誤に陥り、その錯誤に基づいて財産的処分行為がされ、その結果、財物の占有が行為者に移ることにより既遂となる。

4　関係判例

詐欺又は恐喝による振込入金事犯については、行為者の銀行口座に入金された時点で行為者が自由に処分できる状態になっているのであるから、その現金を現実に引き出すまでもなく、被害者が欺きあるいは恐喝によって入金した段階で、犯罪行為は既遂となる（大判昭2.3.15）。

5　事例検討

事例の場合、上記法的検討、関係判例のとおり、入金した段階で既遂に達することから、甲の行為は、詐欺罪の既遂となる。

【だまして現金を口座に振り込ませたが出金禁止の措置がとられたⅠ】

甲は、遊興費に窮したことから、近所の主婦Aから金をだまし取ることを考え、電話で主婦Aに「ご主人が交通事故を起こしたので示談金を振り込んでください。」などと言ったところ、Aは甲の言葉を信じて銀行に振込みに向かったが、不審に思った子供Bが父親Cに連絡した結果、詐欺だと判明したため、Bが直ちに銀行に連絡して出金禁止措置をとり、その後、銀行に到着したAが甲の指定口座に振り込んだ。この場合、甲の刑責は何か。

関係判例

金員喝取の目的で脅迫によって自己の口座に入金させた場合、その時点で恐喝行為は既遂となるが、同口座が既に出金禁止等の措置がとられ、その払戻しを受けることが事実上できない状況にある状態で振り込まれた場合には、本件恐喝は、未遂に終わったものと認めるほかない（浦和地判平4.4.24）。

論文答案例

1　結　論

甲は、詐欺罪の未遂の刑責を負う。

2　争　点

出金禁止の措置がとられた口座に現金が振り込まれた場合、詐欺罪の未遂か、既遂か。

3　法的検討

(1)　詐欺罪の故意（不法領得の意思）

人を欺いて財物を交付させる意思

(2)　詐欺罪の要件（隠れた構成要件）

①　人を欺く行為があること。

②　欺く行為により錯誤に陥ったこと。

③　錯誤に基づく財産的処分行為があったこと。

④　その結果、財物の交付を得たこと。

(3)　既遂時期

欺く行為によって錯誤に陥り、その錯誤に基づいて財産的処分行為がされ、その結果、財物の占有が行為者に移ることにより既遂となる。

4　関係判例

金員喝取の目的で脅迫によって自己の口座に入金させた場合、その時点で恐喝行為は既遂となるが、同口座が既に出金禁止等の措置がとられ、その払戻しを受けることが事実上できない状況にある状態で振り込まれた場合には、本件恐喝は、未遂に終わったものと認めるほかない（浦和地判平4.4.24)。

5　事例検討

事例の場合、上記法的検討、関係判例のとおり、Aは出金禁止措置がとられた後に銀行に入金したことから、甲の行為は、詐欺罪の未遂となる。

【だまして現金を口座に振り込ませたが出金禁止の措置がとられたⅡ】

甲は、遊興費に窮したことから、インターネットを利用して架空の会社のホームページを開設し、「飲むだけでダイエットマカ不思議粉末ミラクルX」と広告を出し、指定口座に入金した場合に限り商品を発送する旨の注意書きを載せたが、本件詐欺行為を察知した警察が銀行に通報したため、出金禁止措置が銀行でとられ、その後、だまされた数人の者から現金の振込みがあった。この場合、甲の刑責は何か。

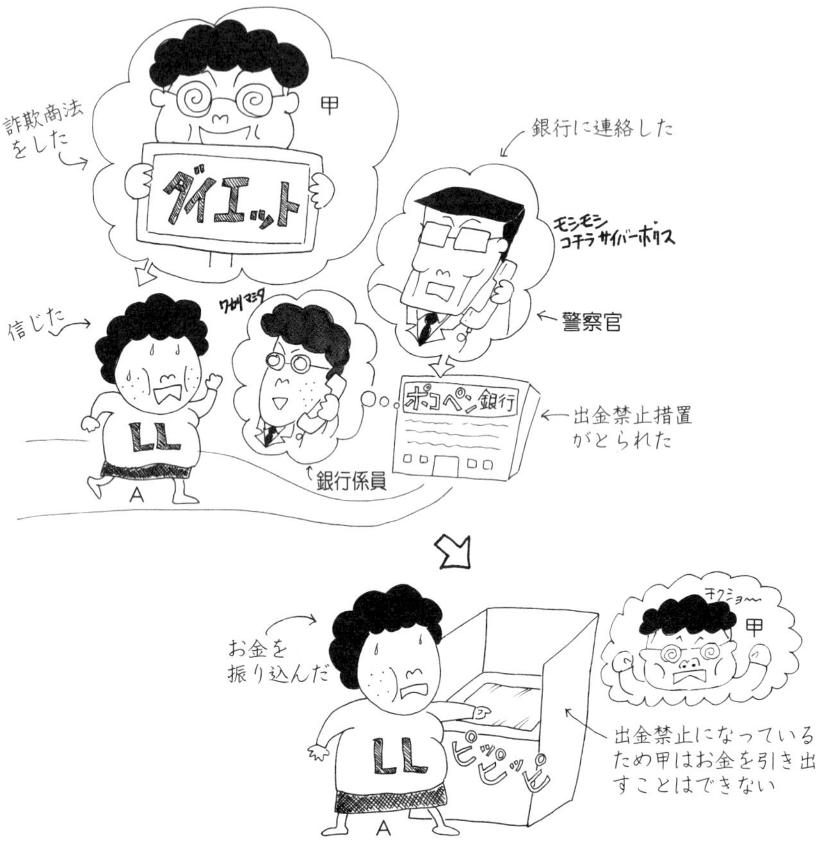

関係判例

口座利用のインターネット詐欺行為によって相手方を欺いて自己の口座に入金させたが、同口座が出金禁止措置がとられた後に入金された場合には、詐欺の未遂罪である（宮崎地判平13.2.26）。

論文答案例

1　結　論

甲は、詐欺罪の未遂の刑責を負う。

2　争　点

出金禁止の措置がとられた口座に現金が振り込まれた場合、詐欺罪の未遂か、既遂か。

3　法的検討

(1)　詐欺罪の故意（不法領得の意思）

人を欺いて財物を交付させる意思

(2)　詐欺罪の要件（隠れた構成要件）

① 人を欺く行為があること。

② 欺く行為により錯誤に陥ったこと。

③ 錯誤に基づく財産的処分行為があったこと。

④ その結果、財物の交付を得たこと。

(3)　既遂時期

欺く行為によって錯誤に陥り、その錯誤に基づいて財産的処分行為がされ、その結果、財物の占有が行為者に移ることにより既遂となる。

4　関係判例

口座利用のインターネット詐欺行為によって相手方を欺いて自己の口座に入金させたが、同口座が出金禁止措置がとられた後に入金された場合には、詐欺の未遂罪である（宮崎地判平13.2.26）。

5　事例検討

事例の場合、上記法的検討、関係判例のとおり、甲の口座には出金禁止措置がとられた後に入金されていることから、甲の行為は、詐欺罪の未遂が成立する。

【憐憫の情から現金を振り込んだ】

甲は、生活費に窮したことから、近所の主婦Aから金をだまし取ることを考え、電話で主婦AにAの子供Bになりすまし、「Bだけど友人の甲から金を借りっぱなしなので返しといて。」と言ったところ、Aは、電話の主が顔見知りである甲だと分かったが、Bの友人でもあるし、以前から金に困っていることも知っていたので、かわいそうになって甲の口座に金を振り込み、甲は現金を引き出した。この場合、甲の刑責は何か。

コノコエハ
甲チャンダワ
しかしだまされなかった→
Bダケド甲ニ
オカネカエシトイテ
1000エンダヨ
甲
←Aをだまそうとした
A
ソウトウコマッテ
イルンダワ
かわいそうになって入金してあげた
ソウイエバコドモノトキ…
Bチャンヲイジメルナ!!
アリガト
甲チャン
甲
B
A
ヤッタ!!
ワッコンナニ!!
コレデゴハンガタベラレル♡
←お金を引き出して使った
甲

関係判例

他人を欺く行為を行ったが、相手方が錯誤に陥ることなく憐憫の情から財物を交付した場合、結果として行為者が財物の占有を得ても、詐欺未遂罪の成立にとどまる(大判大11.12.22)。

論文答案例

1　結　論

甲は、詐欺未遂罪の刑責を負う。

2　争　点

欺く行為であることを知りながら憐憫の情から金を支払った場合、詐欺罪は既遂か、未遂か。

3　法的検討

(1)　詐欺罪の故意（不法領得の意思）

人を欺いて財物を交付させる意思

(2)　詐欺罪の要件（隠れた構成要件）

①　人を欺く行為があること。

②　欺く行為により錯誤に陥ったこと。

③　錯誤に基づく財産的処分行為があったこと。

④　その結果、財物の交付を得たこと。

(3)　詐欺罪の成立要件

詐欺罪が成立するためには、「欺く行為→錯誤→財産的処分行為→財物の交付」の間に連鎖的因果関係がなければならない。

4　関係判例

他人を欺く行為を行ったが、相手方が錯誤に陥ることなく憐憫の情から財物を交付した場合、結果として行為者が財物の占有を得ても、詐欺未遂罪の成立にとどまる（大判大11.12.22）。

5　事例検討

事例の場合、上記法的検討、関係判例のとおり、Aは錯誤に陥らず憐憫の情から金を支払ったのであり、連鎖的因果関係がないことから、甲の行為は、詐欺罪の未遂となる。

詐欺罪か横領罪か

【集金権限のない者が、自己の用に供する目的を秘して、顧客から現金を受け取った】

X社の営業担当者である甲は、自己の遊興費として費消する意図を秘して、同社と工事請負契約を締結しているAから、請負代金の支払名目で現金をだまし取ろうと考え、某日、A宅を訪れ、同人に対し、早急に請負代金の一部を支払ってもらう必要がある旨のうそをいい、それを信じて錯誤に陥った同人に現金20万円を交付させ、これを領得し、それを飲食代金等に充てた（X社では、個々の契約につき、顧客に対する集金業務を行う権限を営業担当者に与えていない。）。この場合、甲は、どのような刑責を負うか。

関係判例

集金を業務上預かり保管していたというためには、被告人に請負代金の支払いを現金で受領する権限が付与されていたことが必要である（東京高判平29.10.31）。

論文答案例

1　結　論

詐欺罪の刑責を負う。

2　争　点

自己の遊興費として費消する意図を秘して、請負代金の支払い名目で現金を受領した場合、業務上横領罪又は詐欺罪のどちらが成立するか。

3　法的検討

集金業務については、法人等の集金業務担当者が、会社の正規の領収書を使用するなどして集金を行っている限り、集金人の内心の意図にかかわらず、客観的には会社の業務を遂行している状態が存在するとして、業務上横領罪が成立する。

4　関係判例

集金を業務上預かり保管していたというためには、被告人に請負代金の支払いを現金で受領する権限が付与されていたことが必要である（東京高判平29.10.31。なお、集金権限が認められない場合は、業務上横領罪ではなく詐欺罪が成立する。）。

5　事例検討

上記法的検討、関係判例のとおり、事例の場合、甲は、X社から個々の契約について集金権限を付与されておらず、自己の遊興費として費消する意図を秘して、同社の工事請負契約の相手方であるAに対し、請負代金の一部を支払う必要がある旨のうそを言い、同人を錯誤に陥らせて現金を受け取っていることから、詐欺罪が成立する。

詐欺罪か恐喝罪か

【「祈禱しないと死ぬ。」と言って金員の交付を受けた】

甲は、遊興費に窮したことから、信心深い近所の主婦Ａから金をだまし取ることを考え、路上で主婦Ａに「今祈禱しなければあなたは死ぬでしょう。」などと言って祈禱料を自分の口座に振り込むように言ったところ、Ａは甲の言葉に畏怖をしたが、主として「金を払って助かるなら払おう。」との意思により甲の口座に金を振り込んだ。この場合、甲の刑責は何か。

関係判例

祈禱しなければ夫が死ぬなどと言って金員の交付を受けた事案について、犯人自らが危害を加えると威嚇したものではなく、専ら、相手の欺く行為による錯誤に基づいて金員を交付したものと評価できることから、本件事案については、恐喝罪ではなく、詐欺罪を構成する（大判明36.4.7）。

論文答案例

1　結　論

甲は、詐欺罪の刑責を負う。

2　争　点

甲の行為は、Aを欺いて財物の交付を受けたとして詐欺罪が成立するか、Aを恐喝して財物の交付を受けたとして恐喝罪が成立するか。

3　法的検討

(1)　詐欺罪

ア　詐欺罪の故意（不法領得の意思）

人を欺いて財物を交付させる意思

イ　隠れた要件（隠れた構成要件）

①　人を欺く行為があること。

②　欺く行為により錯誤に陥ったこと。

③　錯誤に基づく財産的処分行為があったこと。

④　その結果、財物の交付を得たこと。

(2)　恐喝罪

ア　恐喝罪の故意（不法領得の意思）

人に暴行・脅迫を加えて財物を交付させる意思

イ　恐喝罪の要件（隠れた構成要件）

①　恐喝（暴行・脅迫）行為があること。

②　それによって畏怖したこと。

③　畏怖に基づく財産的処分行為があったこと。

④　その結果、財物の交付を得たこと。

4　関係判例

祈禱しなければ夫が死ぬなどと言って金員の交付を受けた事案について、犯人自らが危害を加えると威嚇したものではなく、専ら、相手の欺く行為による錯誤に基づいて金員を交付したものと評価できることから、本件事案については、恐喝罪ではなく、詐欺罪を構成する（大判明36.4.7）。

5　事例検討

事例の場合、上記法的検討、関係判例のとおり、詐欺罪の構成要件を充足することから、甲の行為は、詐欺罪となる。

【刑事だと偽って金員の交付を受けた】

甲は、ひょんなことから同じアパートに住むAが窃盗の前歴をもっていることを知ったため、Aと面識がないことを利用して金をだまし取ることを考え、刑事に変装してA宅に行き、「おれは○△警察署の刑事だ。この前盗んだ金を返さないと豚箱にぶち込むぞ。」などと言って金を口座に振り込むように言ったところ、Aは甲を本当の刑事だと信じ、「逮捕されたくない。」と極度に畏怖し、甲が指定した口座に金を振り込んだ。この場合、甲の刑責は何か。

関係判例

警察官を装った者が窃盗犯人から盗品の交付を受けた場合、警察官だと言ったことによって相手方に畏怖の念を生じさせ、その畏怖に基づいて財物を交付するに至ったのであるから、詐欺罪ではなく、恐喝罪が成立する（最判昭24.2.8）。

論文答案例

1　結　論

甲は、恐喝罪の刑責を負う。

2　争　点

刑事だと偽って自分の銀行口座に現金を振り込ませた行為が、相手を欺いたとして詐欺罪が成立するか、脅迫したとして恐喝罪が成立するか。

3　法的検討

(1)　詐欺罪

ア　詐欺罪の故意（不法領得の意思）

人を欺いて財物を交付させる意思

イ　詐欺罪の要件（隠れた構成要件）

①　人を欺く行為があること。

②　欺く行為により錯誤に陥ったこと。

③　錯誤に基づく財産的処分行為があったこと。

④　その結果、財物の交付を得たこと。

(2)　恐喝罪

ア　恐喝罪の故意（不法領得の意思）

人に暴行・脅迫を加えて財物を交付させる意思

イ　恐喝罪の要件（隠れた構成要件）

①　恐喝（暴行・脅迫）行為があること。

②　それによって畏怖したこと。

③　畏怖に基づく財産的処分行為があったこと。

④　その結果、財物の交付を得たこと。

4　関係判例

警察官を装った者が窃盗犯人から盗品の交付を受けた場合、警察官だと言ったことによって相手方に畏怖の念を生じさせ、その畏怖に基づいて財物を交付するに至ったのであるから、詐欺罪ではなく、恐喝罪が成立する（最判昭24.2.8）。

5　事例検討

事例の場合、上記法的検討、関係判例のとおり、Aに対する脅迫行為となるから、甲の行為は、恐喝罪となる。

【暴力団だと偽って金員の交付を受けた】

甲は、遊興費に窮したことから、気が小さい近所の主婦Aから金をだまし取ることを考え、電話で主婦Aに「暴力団の者だ。お前の夫の車と事故になっておれがけがをした。お前たち家族が無事でいたいなら示談金を払え。」などと言って現金を自分の口座に振り込むように言ったところ、Aは甲の言葉を信じ、極度の畏怖心から甲の口座に金を振り込んだ。この場合、甲の刑責は何か。

関係判例

欺く行為が恐喝そのものの手段である場合においては、たとえ相手方がその虚偽の事実に欺かれたとしても、主観的に生じた畏怖心に基づいて財物を交付した以上、恐喝罪を構成し、詐欺罪は成立しない（東京高判昭38.6.6）。

論文答案例

1　結　論

甲は、恐喝罪の刑責を負う。

2　争　点

暴力団だと偽って自分の銀行口座に現金を振り込ませた行為が、相手を欺いたとして詐欺罪が成立するか、脅迫したとして恐喝罪が成立するか。

3　法的検討

(1)　詐欺罪

ア　詐欺罪の故意（不法領得の意思）

人を欺いて財物を交付させる意思

イ　詐欺罪の要件（隠れた構成要件）

①　人を欺く行為があること。

②　欺く行為により錯誤に陥ったこと。

③　錯誤に基づく財産的処分行為があったこと。

④　その結果、財物の交付を得たこと。

(2)　恐喝罪

ア　恐喝罪の故意（不法領得の意思）

人に暴行・脅迫を加えて財物を交付させる意思

イ　恐喝罪の要件（隠れた構成要件）

①　恐喝（暴行・脅迫）行為があること。

②　それによって畏怖したこと。

③　畏怖に基づく財産的処分行為があったこと。

④　その結果、財物の交付を得たこと。

4　関係判例

欺く行為が恐喝そのものの手段である場合においては、たとえ相手方がその虚偽の事実に欺かれたとしても、主観的に生じた畏怖心に基づいて財物を交付した以上、恐喝罪を構成し、詐欺罪は成立しない（東京高判昭38.6.6）。

5　事例検討

事例の場合、上記法的検討、関係判例のとおり、Aに対する脅迫行為となるから、甲の行為は、恐喝罪となる。

窃盗罪か詐欺罪か

【コンビニ店員をだましてたばこを受け取った】

甲は、コンビニに入って代金を支払う意思がないにもかかわらずたばこを店員Ａから受け取った後に、「車に財布を忘れたから取ってくる。」と店員Ａに告げ、店員Ａがこれを信じて「分かりました。」と了承したため、甲は外に出てそのまま逃走した。この場合、甲の刑責は何か。

関係判例

代金を支払う意思がないにもかかわらずテレホンカード80枚を注文し、店員から同カードを受け取った後に、車の中に財布を忘れたから取ってくる旨を店員に告げ、店員がこれを信じてカードを店外に持ち出すことを容認させた上で逃走した場合、１項詐欺罪が成立する（東京高判平12.8.29）。

論文答案例

1 結 論

甲は、詐欺罪の刑責を負う。

2 争 点

コンビニ店員に財産的処分権限があるとして詐欺罪が成立するか、財産的処分権限がないとして窃盗罪が成立するか。

3 法的検討

(1) 詐欺罪

ア 詐欺罪の故意（不法領得の意思）

人を欺いて財物を交付させる意思

イ 詐欺罪の構成要件（隠れた構成要件）

① 人を欺く行為があること。

② 欺く行為により錯誤に陥ったこと。

③ 錯誤に基づく財産的処分行為があったこと。

④ その結果、財物の交付を得たこと。

ウ 財産的処分行為の意義

財物を処分できる権限を有する者が、財物を交付すること。

(2) 窃盗罪

ア 窃盗罪の故意

他人の占有を排除し財物を自己又は第三者の占有に移す意思

イ 窃盗罪の構成要件

他人が占有する財物を窃取する行為は、窃盗罪を構成する。

4 関係判例

代金を支払う意思がないにもかかわらずテレホンカード80枚を注文し、店員から同カードを受け取った後に、車の中に財布を忘れたから取ってくる旨を店員に告げ、店員がこれを信じてカードを店外に持ち出すことを容認させた上で逃走した場合、1項詐欺罪が成立する（東京高判平12.8.29）。

5 事例検討

事例の場合、上記法的検討、関係判例のとおり、財産的処分権限を有するコンビニ店員を欺いてたばこをだまし取ったのであるから、甲の行為は、詐欺罪となる。

【他人の預金通帳を使って払戻しを受けた】

甲は、遊興費に窮したことから、同じアパートに同居している友人Aの預金を引き出すことを決意し、Aの部屋から預金通帳と印鑑を持ち出し、そのまま銀行に行ってAになりすまして銀行備付けの払戻請求書を記載し、銀行の窓口の係員に提出したところ、係員は甲をAだと思って支払の手続を行い、現金を甲に交付した。この場合、甲の刑責は何か（Aの預金通帳に対する窃盗罪は別論とする。）。

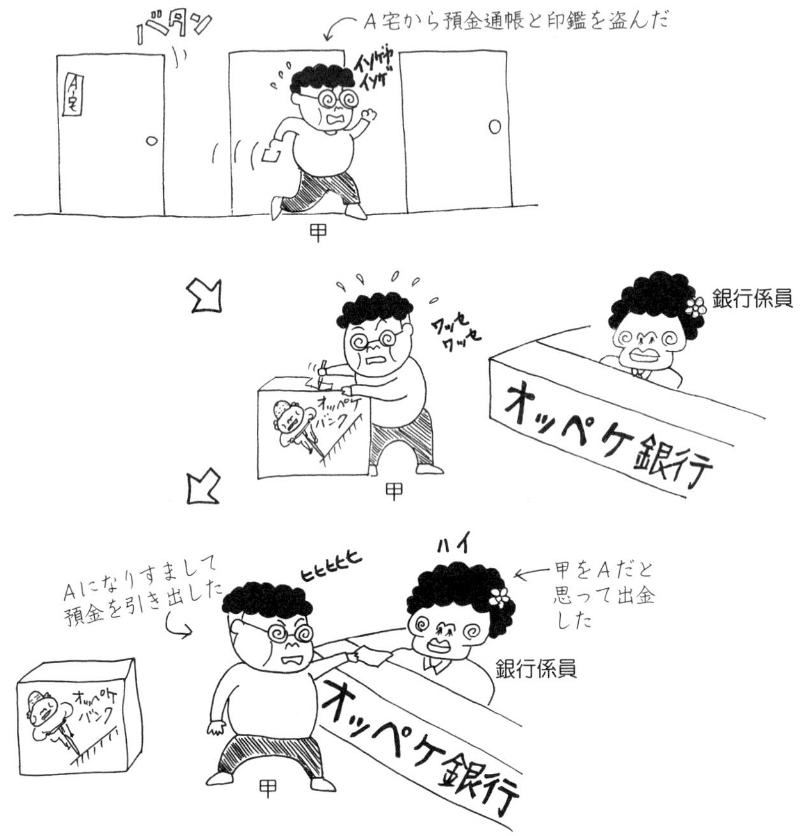

関係判例

他人の預金通帳を使って銀行員を欺き、預金の払戻しを受けた場合には、銀行員は、銀行が占有する現金を処分する地位及び権限を有していることから、詐欺罪が成立する（大判明44.5.29）。

論文答案例

1　結　論

甲は、詐欺罪の刑責を負う。

2　争　点

銀行係員に財産的処分権限があるとして詐欺罪が成立するか、財産的処分権限がないとして窃盗罪が成立するか。

3　法的検討

(1)　詐欺罪

ア　詐欺罪の故意（不法領得の意思）

人を欺いて財物を交付させる意思

イ　詐欺罪の構成要件（隠れた構成要件）

①　人を欺く行為があること。

②　欺く行為により錯誤に陥ったこと。

③　錯誤に基づく財産的処分行為があったこと。

④　その結果、財物の交付を得たこと。

ウ　財産的処分行為の意義

財物を処分できる権限を有する者が、財物を交付すること。

エ　欺かれた者と被害者が同一人でない場合

欺かれた者と被害者が同一人でなくとも成立するが、その場合には被害者のために財産的処分権限を有する者でなければならない。

(2)　窃盗罪

ア　窃盗罪の故意

他人の占有を排除し財物を自己又は第三者の占有に移す意思

イ　窃盗罪の構成要件

他人が占有する財物を窃取する行為は、窃盗罪を構成する。

4　関係判例

他人の預金通帳を使って銀行員を欺き、預金の払戻しを受けた場合には、銀行員は、銀行が占有する現金を処分する地位及び権限を有していることから、詐欺罪が成立する（大判明44.5.29）。

5　事例検討

事例の場合、上記法的検討、関係判例のとおり、被害者は銀行であるが、銀行の窓口係員には財産的処分権限があることから、甲の行為は、詐欺罪となる。

【店員をだまして商品を受け取った】

甲は、パソコンが欲しかったが買う金がなかったことから、近所の電器店からだまし取ることを決意し、A電器店に行って店主のAがいないことを確認した上で、店番をしているAの子供B（18歳）に対し、「商品を受け取りに来た。支払いは後日振り込むことでお父さんのAと話はついている。」と言ったため、これを信じたBがパソコンを甲に渡した。この場合、甲の刑責は何か。

関係判例

店主の委託を受けて店番をしていた17歳の店員をだまして、店の商品を交付させた場合、財産的処分権限を有する店員をだまして、店主の財物を侵害したとして、詐欺罪を構成する（東京高判昭33.10.30）。

論文答案例

1　結　論

甲は、詐欺罪の刑責を負う。

2　争　点

店番をしていたBに財産的処分権限があるとして詐欺罪が成立するか、財産的処分権限がないとして窃盗罪が成立するか。

3　法的検討

(1)　詐欺罪

ア　詐欺罪の故意（不法領得の意思）

人を欺いて財物を交付させる意思

イ　詐欺罪の構成要件（隠れた構成要件）

①　人を欺く行為があること。

②　欺く行為により錯誤に陥ったこと。

③　錯誤に基づく財産的処分行為があったこと。

④　その結果、財物の交付を得たこと。

ウ　財産的処分行為の意義

財物を処分できる権限を有する者が、財物を交付すること。

エ　欺かれた者と被害者が同一人でない場合

欺かれた者と被害者が同一人でなくとも成立するが、その場合には被害者のために財産的処分権限を有する者でなければならない。

(2)　窃盗罪

ア　窃盗罪の故意

他人の占有を排除し財物を自己又は第三者の占有に移す意思

イ　窃盗罪の構成要件

他人が占有する財物を窃取する行為は、窃盗罪を構成する。

4　関係判例

店主の委託を受けて店番をしていた17歳の店員をだまして、店の商品を交付させた場合、財産的処分権限を有する店員をだまして、店主の財物を侵害したとして、詐欺罪を構成する（東京高判昭33.10.30）。

5　事例検討

事例の場合、上記法的検討、関係判例のとおり、被害者は店主Aであるが、店番をしていたBには財産的処分権限があることから、甲の行為は、詐欺罪となる。

遺失物横領罪か詐欺罪か

【不正に入手した他人名義のプリペイドカードを使用して商品を購入した】

甲は、通勤途中、歩道上にＸ社発行のＡ名義のプリペイドカードが落ちているのを発見し、拾得した。その後、甲は、コンビニエンスストアに行き、会計時、当該プリペイドカードを店員に提示し、チャージされていた電子マネーで支払いを行い、弁当等を購入した。

この場合、甲は、どのような刑責を負うか。

なお、当該プリペイドカードは、電子マネーをチャージし、そのチャージ額の範囲内で商品を購入することができるものであり、クレジットカード機能等は付加されていない。

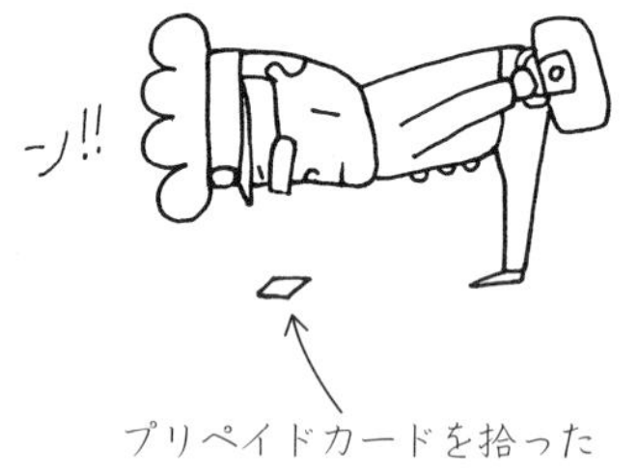

イラッシャイマセー
ピッ
拾ったカードで
自動決済をした

関係判例

前払い式のプリペイドカードは、発行及び利用の際に本人確認は行われていないため、他人名義のプリペイドカードによる商品の購入申込行為は、挙動による欺き行為には当たらない（静岡地富士支判平29.10.16）。

論文答案例

1 結 論

甲は、商品に対する詐欺罪の刑責を負わず、プリペイドカードを客体とする遺失物横領罪の刑責を負うにとどまる。

2 争 点

甲が、会計時、コンビニエンスストアの店員に、拾得したA名義のプリペイドカードを提示して支払いを行い、商品を購入した行為が、詐欺罪の構成要件要素の一つである欺き行為に当たるか。

3 法的検討

欺く手段・方法には制限はなく、言語によるものでも挙動によるものでもよい。そして、欺き行為は、相手方が真実を知れば財物の交付をしないであろうという判断の基礎となる重要な事項について、虚偽の意思表示をすることを要する。

4 関係判例

前払い式のプリペイドカードは、発行及び利用の際、アカウント認証等の本人確認は行われていないため、他人名義のプリペイドカードによる商品の購入申込行為は、挙動による欺き行為には当たらない（静岡地富士支判平29.10.16）。

5 事例検討

上記法的検討、関係判例のとおり、事例の場合、甲は、詐欺罪ではなく、プリペイドカードを客体とする遺失物横領罪の刑責を負うにとどまる。

罪　　数

【財物をだましとった後に債務を免れた】

甲は、酒を飲みに行こうと思ったが金を持っていなかったことから、詐欺をする意思で高級スナックに行き、金を支払う意思もないままに飲み食いをした後、支払をするときにカウンターで店長を呼びつけ、「自分はこの店のオーナーの○△と同級生で、今日は好きなだけ飲んでくれと言われた。代金は後で○△が支払う。」と欺いたところ、これを店長が信じたため、甲は債務の支払を免れた。この場合、甲の刑責は何か。

関係判例

財物をだまし取った後に、さらに、欺く行為によって支払の猶予を得た場合、支払猶予行為については、新たな法益を侵害するものではないから、１項詐欺罪のほかに、２項詐欺罪は成立しない（大判大2.10.30）。

論文答案例

1　結　論

甲は、1項詐欺罪の刑責を負う。

2　争　点

財物（酒や食べ物）をだましとった後に、さらに、支払を免れた場合、1項詐欺と2項詐欺の併合罪となるか、1項詐欺罪のみが成立するか。

3　法的検討

(1)　詐欺罪の故意（不法領得の意思）

人を欺いて財物を交付させる意思

(2)　詐欺罪の要件（隠れた構成要件）

①　人を欺く行為があること。

②　欺く行為により錯誤に陥ったこと。

③　錯誤に基づく財産的処分行為があったこと。

④　その結果、財物の交付を得たこと。

(3)　既遂時期

欺く行為によって錯誤に陥り、その錯誤に基づいて財産的処分行為がなされ、その結果、財物の占有が行為者に移ることにより既遂となる。

4　関係判例

財物をだまし取った後に、さらに、欺く行為によって支払の猶予を得た場合、支払猶予行為については、新たな法益を侵害するものではないから、1項詐欺罪のほかに、2項詐欺罪は成立しない（大判大2.10.30）。

5　事例検討

事例の場合、上記法的検討、関係判例のとおり、支払を免れたことについては新たな法益の侵害ではないことから、甲の行為は、1項詐欺罪のみが成立する。

【友人になりすましてローンを借りた】
甲は、遊興費に窮したことから、無人ローンから金を借りることを思いついたが返済のめどが立たないことから、同じアパートに住む友人Aが自分と顔がそっくりだと言われていたのを利用し、Aの免許証を持ち出して、消費者金融会社の無人契約機でA名義のローンカードの交付を受けた後に、同カードを利用してＡＴＭ機から現金を下ろして遊興費に充てた。この場合、甲の刑責は何か。

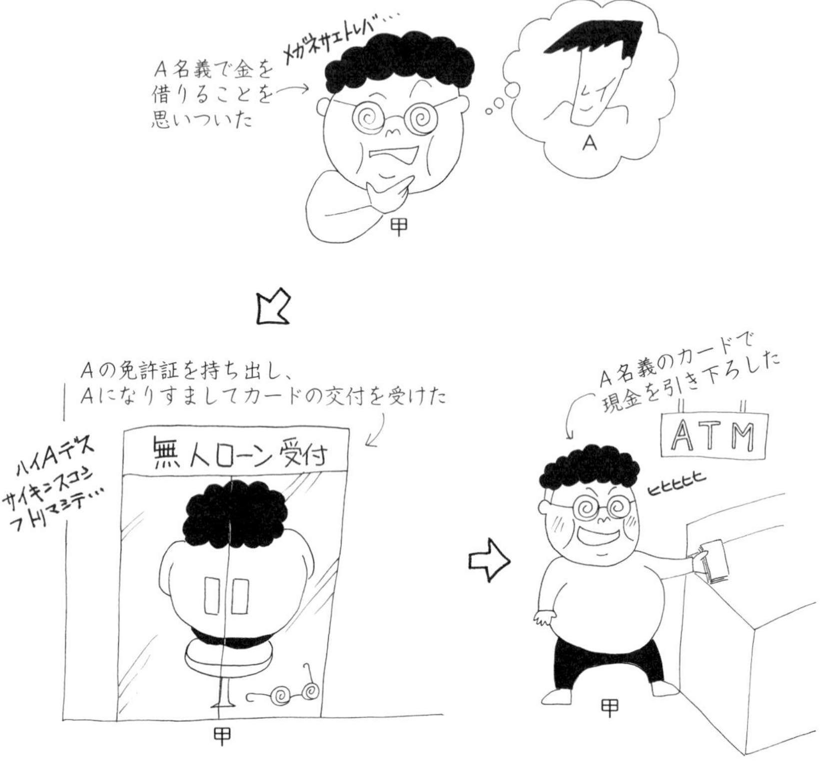
A名義で金を
借りることを
思いついた
メガネサエトレバ…
A
甲
Aの免許証を持ち出し、
Aになりすましてカードの交付を受けた
無人ローン受付
ハイAデス
サイキンスコシ
フトリマシテ…
甲
A名義のカードで
現金を引き下ろした
ATM
ヒヒヒヒヒ
甲

関係判例

他人になりすまして消費者金融会社の無人契約機でローンカードの交付を受けた場合、これは無人契約機を介して社員が審査した上で交付しているものであるから、消費者金融会社を被害者とする１項詐欺罪が成立し、そのカードを利用してＡＴＭ機から現金を下ろした場合、ＡＴＭ機の管理者を被害者とする窃盗罪が成立し、両罪は併合罪となる（最決平14.2.8）。

論文答案例

1　結　論

甲は、詐欺罪と窃盗罪の刑責を負う。

2　争　点

ローンカードをだまし取った後に、さらに、無人ＡＴＭから現金を引き出した場合、詐欺罪か、窃盗罪か、あるいはその両方の刑責を負うのか。

3　法的検討

(1)　詐欺罪

ア　詐欺罪の故意

人を欺いて財物を交付させる意思

イ　詐欺罪の構成要件（隠れた構成要件）

①　人を欺く行為があること。

②　欺く行為により錯誤に陥ったこと。

③　錯誤に基づく財産的処分行為があったこと。

④　その結果、財物の交付を得たこと。

(2)　窃盗罪

ア　窃盗罪の故意

他人の占有を排除し財物を自己又は第三者の占有に移す意思

イ　窃盗罪の構成要件

他人が占有する財物を窃取する行為は、窃盗罪を構成する。

4　関係判例

他人になりすまして消費者金融会社の無人契約機でローンカードの交付を受けた場合、これは無人契約機を介して社員が審査した上で交付しているものであるから、消費者金融会社を被害者とする１項詐欺罪が成立し、そのカードを利用してＡＴＭ機から現金を下ろした場合、ＡＴＭ機の管理者を被害者とする窃盗罪が成立し、両罪は併合罪となる（最決平14.2.8）。

5　事例検討

事例の場合、上記法的検討、関係判例のとおり、金融会社を欺いてカードを領得し、さらに、自動支払機から現金を窃取したのであるから、甲の行為は、詐欺罪と窃盗罪が成立し、両罪は併合罪となる。

【他人になりすまして国民健康保険被保険者証の交付を受けた】

甲は、健康保険証の交付を受けていなかったため、不正に健康保険証を入手しようと考え、X区役所において、「届出人」欄にAと記入して申請書類を偽造し、「健康保険証を紛失した。」と虚偽の申告をし、不正に入手したA名義の個人番号カードを提出し、健康保険証の交付を受けた。

この場合、甲は、どのような刑責を負うか。

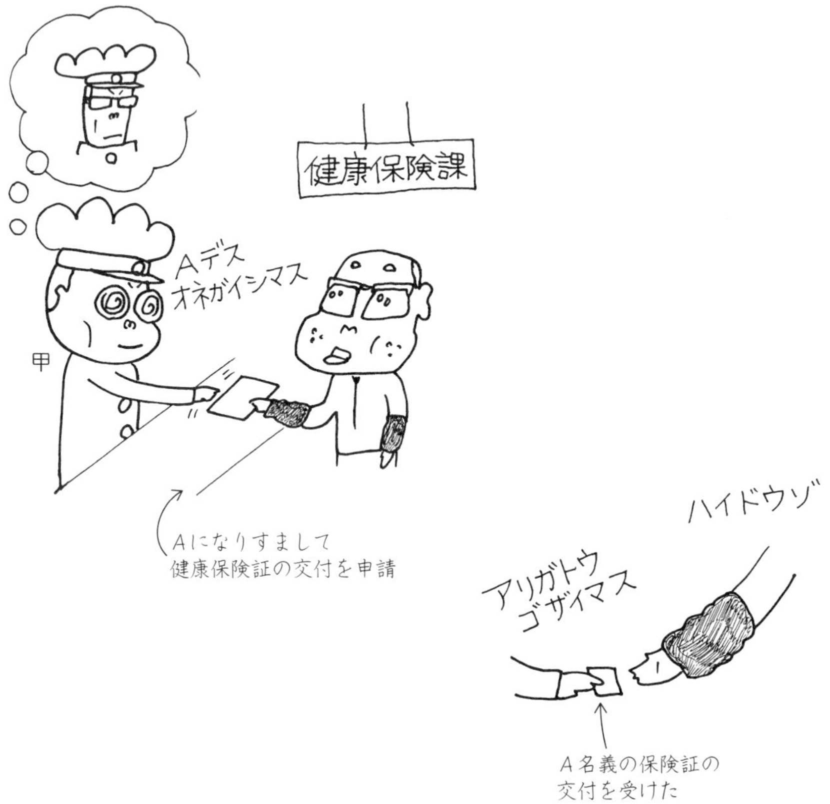

関係判例

市役所窓口において、係員を欺いて健康保険証の交付を受けた事案につき、欺罔行為によって国家的・社会的法益が侵害される場合においても、当該行為が同時に詐欺罪の保護法益である財産権を侵害し、同罪の構成要件を充足する以上、詐欺罪の成立を認める（大阪高判昭59.5.23）。

論文答案例

1　結　論

有印私文書偽造、同行使罪及び詐欺罪の刑責を負う。

2　争　点

公の証明書とも考えられる健康保険証を不正に取得した行為にあっても、詐欺罪が成立するか。

3　法的検討

(1)　有印私文書偽造、同行使罪

事例の場合、甲は、Aになりすまして健康保険証の交付を受けるため、A名義の申請書類を偽造し、X区役所の係員に提出したことについて、有印私文書偽造・同行使罪（刑法159条1項、161条1項）が成立する。

(2)　1項詐欺罪の「財物」

1項詐欺罪（刑法246条1項）は、人を欺いて「財物」を交付させることによって成立するところ、健康保険証は、単なる事実証明に関する文書ではなく、市町村等から療養の給付を受け得る権利という財産上の権利義務に関する事実を証明する効力を有する文書であり、それ自体が社会生活上重要な経済的価値・効用を有する。

4　関係判例

市役所窓口において、係員を欺いて健康保険証の交付を受けた事案につき、欺罔行為によって国家的・社会的法益が侵害される場合においても、当該行為が同時に詐欺罪の保護法益である財産権を侵害し、同罪の構成要件を充足する以上、詐欺罪の成立を認める（大阪高判昭59.5.23）。

5　事例検討

甲がX区役所の係員を欺いてA名義の健康保険証の交付を受けた行為は、国家的・社会的法益の侵害に向けられた側面を有するものの、同時に個人の財産を侵害するものであることから、詐欺罪が成立する。

以上から、甲は、有印私文書偽造、同行使罪及び詐欺罪の刑責を負う。

「ニューウェーブ昇任試験対策シリーズ」は、これまでの昇任試験対策の常識を破る、全く新しい手法で作成された教材です。

本書の内容等について、ご意見・ご要望がございましたら、編集室までお寄せください。FAX・メールいずれでも受け付けております。

〒112―0002　東京都文京区小石川5―17―3
TEL　03(5803)3304
FAX　03(5803)2560
e-mail　police-law@tokyo-horei.co.jp

ニューウェーブ昇任試験対策シリーズ
イラストでわかりやすい　擬律判断・刑法［第2版］

平成21年3月25日　初　版　発　行
令和6年3月10日　第　2　版　発　行

著　　者　ニューウェーブ昇任試験対策委員会
発 行 者　星　沢　卓　也
発 行 所　東京法令出版株式会社

112-0002　東京都文京区小石川5丁目17番3号　03(5803)3304
534-0024　大阪市都島区東野田町1丁目17番12号　06(6355)5226
062-0902　札幌市豊平区豊平2条5丁目1番27号　011(822)8811
980-0012　仙台市青葉区錦町1丁目1番10号　022(216)5871
460-0003　名古屋市中区錦1丁目6番34号　052(218)5552
730-0005　広島市中区西白島町11番9号　082(212)0888
810-0011　福岡市中央区高砂2丁目13番22号　092(533)1588
380-8688　長野市南千歳町1005番地
〔営業〕TEL 026(224)5411　FAX 026(224)5419
〔編集〕TEL 026(224)5412　FAX 026(224)5439
https://www.tokyo-horei.co.jp/

ISBN978-4-8090-1474-1